重庆文理学院年鉴

（2022）

主　编　蔡华锋

副主编　马　雁　徐红川

西南交通大学出版社

·成　都·

图书在版编目（CIP）数据

重庆文理学院年鉴. 2022 / 蔡华锋主编. -- 成都 ：西南交通大学出版社，2023.11
ISBN 978-7-5643-9571-1

Ⅰ. ①重… Ⅱ. ①蔡… Ⅲ. ①重庆文理学院 – 2022 – 年鉴 Ⅳ. ①G649.287.19-54

中国国家版本馆 CIP 数据核字（2023）第 222475 号

Chongqing Wenli Xueyuan Nianjian (2022)
重庆文理学院年鉴（2022）
主编　蔡华锋

责任编辑　李　欣
封面设计　曹天擎

出版发行　西南交通大学出版社
（四川省成都市金牛区二环路北一段 111 号
西南交通大学创新大厦 21 楼）
营销部电话　028-87600564　028-87600533
邮政编码　610031
网　　址　http://www.xnjdcbs.com
印　　刷　成都蜀通印务有限责任公司
成品尺寸　175 mm × 250 mm
印　　张　19
字　　数　298 千
版　　次　2023 年 11 月第 1 版
印　　次　2023 年 11 月第 1 次
书　　号　ISBN 978-7-5643-9571-1
定　　价　150.00 元

前　言

2021 年是党和国家历史上具有里程碑意义的一年，举国上下共同欢庆中国共产党成立 100 周年。这一年，是学校奋进“十四五”的开局之年，学校坚持以习近平新时代中国特色社会主义思想为指导，全面贯彻党的教育方针，坚持社会主义办学方向，全面实施“创新开放、顶天立地”发展战略，深入落实立德树人根本任务，按照“建设应用型学科，开展应用型研究，培养应用型人才，创建高水平应用型大学”的办学定位，大力推动转型发展，学校综合实力和核心竞争力显著增强和提升。

《重庆文理学院年鉴（2022）》汇集了 2021 年学校事业发展和重大活动基本情况。重点反映重庆文理学院在人才培养、科学研究、社会服务、文化传承与创新等方面的重要活动和所取得的成绩、经验等，供全校各个部门及相关单位了解和研究重庆文理学院历史、现状、发展时参考，同时也是重庆文理学院发展概况的历史记载。

《重庆文理学院年鉴（2022）》是资料性文献，是根据高等学校的职能、学校的办学特色，同时借鉴兄弟院校年鉴编纂的成功经验，在传承学校历年年鉴编撰体例基础上，作了适当调整。全书设置学校概况、特载与专文、党建与思想政治工作、教育教学、科研工作、学生工作、发展与管理、保障与服务、二级学院、大事记等栏目。其中“党建与思想政治工作、学生工作、二级学院”章节由蔡华锋负责编写，共计 12.3 万字；“学校概况、教育教学、发展与管理”章节由马雁负责编写，共计 6.5 万字；“特载与专文”章节由徐红川负责编写，共计 5.5 万字；“保障与服务”章节由潘澜月负责编写，共计 2.7 万字；“科研工作、大事记”章节由余嘉负责编写，共计 2.2 万字。

年鉴选材时间为 2021 年 1 月 1 日至 2021 年 12 月 31 日，部分内容依据实际情况略有回溯。年鉴收录的统计数据，由学校相关职能部门审定、提供。

我们力图全面、系统地记载学校 2021 年在教学、科研、管理、服务等方面的工作和成绩，客观、真实地反映学校在人才培养、科学研究、社会服务、文化传承与创新等方面的发展状况，但限于我们的能力和水平，虽竭尽全力，难免仍有缺失和疏漏，敬请各位读者批评指正。我们将不断探索、改进、创新，进一步提高年鉴的编纂质量和编纂水平，把年鉴的编辑与出版工作做得更好。在此，对年鉴编纂提供支持和帮助的单位表示衷心感谢。

编　者

2022 年于重庆文理学院

目　录

学校概况

XUEXIAO GAIKUANG

重庆文理学院2021年工作综述

【概况】2021年，是党和国家历史上具有里程碑意义的一年。这一年，举国上下共同欢庆中国共产党成立100周年，中华大地全面建成小康社会，也是学校全面实施“创新开放、顶天立地”发展战略、奋进“十四五”的起步之年。一年来，学校坚持以习近平新时代中国特色社会主义思想为指导，全面贯彻党的教育方针，全体师生员工砥砺奋进、攻坚克难，取得了一系列突出成效，为创建“区域性、国际化、高水平应用型大学”奠定了坚实基础。是年，全校有全日制在校学生22 276人，比2020年增加1 605人，增加7.2%；有教职工1 601人，比2020年增加59人，增加3.6%；开设64个本科专业，比2020年减少3个，减少4.7%。全校占地1 177 676平方米，校舍建筑面积715 820平方米。全校教育经费总收入71 264万元，比2020年增加5 850万元，增加8.2%；总支出66 455万元，比2020年增加1 749万元，增长2.6%。

【全面从严治党】3月30日，重庆市委第四巡视组巡视重庆文理学院党委工作动员会在恪勤楼304会议室召开。学校全力支持和配合市委巡视工作，确保巡视顺利完成。将市委巡视反馈意见整改作为学校重大政治任务，组建巡视整改专班，制定巡视整改方案，建立具体整改台账，党委常委会研究部署整改工作13次。纪委组建4个督查小组，开展2次全覆盖监督检查。市委巡视整改督导组来校指导检查，对学校巡视整改工作给予了充分认可和较高的评价。完成对马克思主义学院、电子信息与电气工程学院党总支的政治巡察。

规范开展干部队伍和基层组织建设，健全学校干部选任工作制度，制定《重庆文理学院中层领导干部选拔任用工作实施办法》《重庆文理学院科级干部选拔任用工作实施办法》，进一步明确规范学校中层干部、科级干部选任的基本原则、任职资格、工作程序和相关纪律要求。严格遵循《党政领导干部选拔任用工作条例》和相关政策规定，深入落实新时期好干部标准，始终以正确导向、严密制度、清朗风气选人用人。提拔正、副处级干部30名，其中：选派到脱贫攻坚、乡村振兴一线的驻村第一书记 5 名，抽调到学校申硕指挥部办公室、巡视整改领导小组办公室的同志 6 名，主持工作的副职 6 名；已获博士学位和在读博士生 14 名；副高以上职称 18 名；党外干部 3 名；女干部 5 名；少数民族干部 3 名。落实《关于适应新时代要求大力发现培养选拔优秀年轻干部的意见》，健全落实年轻干部日常发现、动态管理、持续培养、适时使用工作机制。建立健全优秀年轻干部适时使用机制，助推优秀年轻干部脱颖而出。2 名“85 后”干部、1 名“90 后”干部提拔到处级领导岗位。与巡视时相比，学校 50 周岁以上的处级干部已由 43 名下降至 34 名，42 周岁以下的正处级干部已由 12 名上升至 17 名，35 岁以下的处级干部已由 1 名上升至 3 名。精准开展党员干部教育培训，举办中层干部和党务干部专题培训班，把专题讲座与现场教学、工作交流相结合，把具体业务培训与加强党性锻炼、提升思维层次相结合，邀请市内知名专家授课，全国首批样板党支部和市级标杆院系、样板支部交流基层党建工作经验，组织全体处级干部到喻茂坚纪念馆接受政德教育。广大干部积极响应，进一步提升了业务素质和综合能力。持续开展缅怀涂铭旌院士主题党日活动，组织 1 224 名新发展大学生党员赴红色教育基地进行党性教育和实践锤炼。组织开展“信仰的力量——入党志愿书里的档案故事”系列活动，有效激励干部担当作为。

高校党建“双创”工作取得新突破，材料科学与工程学院党总支作为全市首批标杆院系，药学院党总支教工支部、人工智能学院党总支学生支部作为全市首批样板支部已经成功通过验收。代武春同志获评重庆市“优秀共产党员”。

成立学校新媒体联盟，打造全媒体宣传矩阵，重点推出学校系列招生宣传报道。将意识形态工作纳入党委常委会重要议题和年度考核重要内容，开展网络安全专项排查整改，着力防范和化解网络安全风险。推荐 10 名党外人士进入新一届区级民主党派领导班子，3 名党外人士提拔为学校中层干部，1 名党外人士提拔为重庆市厅级干部。

严格监督执纪问责，深化纪检监察体制改革，持续深化“三转”，全面清退过程性监督事项，退出议事机构 4 个、议事协调机构 10 个。创新作风督查工作方式，组建 8 个监督检查小组，进行常态化提醒 5 次，推送廉洁短信 740 余条，与永川区纪委监委联合开展明察暗访 6 次。组织开展“以案四说”“以案四改”，推动以案示警与以案促改双向发力。完成“一人多证”专项清理整治，配合市审计局完成对学校干部经济责任审计工作。

【党史学习教育和建党100周年活动】组织召开党史学习教育动员大会，邀请市委宣讲团成员开展专题辅导报告5次。开展习近平总书记“七一”重要讲话精神和党的十九届六中全会精神宣讲共200余场，达到师生全覆盖。扎实开展“我为群众办实事”实践活动，按期完成红河校区室外停车场建设等5项学校层面的重点民生实事。深入开展“信仰的力量：入党志愿书里的档案故事”活动，以学校老党员入党志愿书为依托，深挖红色档案资源，创新档案开发方式，将尘封的老档案转化为党史、教育和艺术资源，创作为红色档案故事，通过走进党课、联合主题党日、党性教育等活动，传承党性育人红色基因，发挥档案育人功能，获得良好的社会反响，为创新档案资源价值发挥提供了生动案例。6月26日，在学校庆祝中国共产党成立100周年晚会上，“信仰的力量：入党志愿书旦的档案故事”成功搬上舞台，将老党员的榜样精神淋漓尽致地体现在节目中，令现场观众眼眶湿润，备受教育，掌声经久不息。6月，重庆市档案局、重庆市教委联合下发文件，公布高校档案工作优秀案例评选结果，学校《“信仰的力量：入党志愿书里的档案故事活动”融入高校党性教育的探索与实践》案例获二等奖，位居市属高校第一名。

【助力乡村振兴】2月，学校荣获中共中央、国务院表彰为全国脱贫攻坚先进集体（重庆市教育系统唯一先进集体）。获批人力资源和社会保障部2021年国家级专家服务基地——成渝地区双城经济圈乡村振兴专家服务基地（川渝地区唯一，全国共15个）。联合川渝16所高校率先发起成立全国第一个乡村振兴学院联盟——成渝地区双城经济圈乡村振兴学院联盟。在全国率先提出乡村全科人才培养的理念和模式，在全国率先提出乡村人才分类评价标准（20个）及其振兴指标体系（13个）。成功申报4项国家级新农科研究与改革实践项目，位列重庆市属高校第一位。获批4个首批共青团中央中国乡村振兴青年服务站。

成功申报2个重庆市人力资源和社会保障局首批和第二批脱贫攻坚及乡村振兴专家服务团项目。获中共重庆市委编办批准成立重庆市本科高校第一个乡村振兴学院和重庆乡村振兴研究院。获批重庆市第一个关于乡村全科人才培养的市级教改重大项目。获批关于校地合作共建乡村振兴学院的重庆市教育综合改革试点项目。作为首个乡村振兴学院率先承担重庆市委组织部委托的全市新任第一书记示范培训班、重庆市人社局委托的新农村高中级专业技术人员培训计划高级研修班等各类培训。率先牵头成立乡村振兴服务团和工作站，定点服务地方乡村振兴示范村建设。《校地合作共建重庆乡村振兴学院试点成果》在重庆市教育改革试点成果奖评选中获得全市本科高校一等奖。

12 月，学校音乐学院原创舞蹈作品《书记，爸爸》获评文化和旅游部第十三届全国舞蹈展演优秀节目，10 月 21 日在广州第十三届全国舞蹈展演中演出，作品以脱贫攻坚真实事迹为创作素材，通过“女儿”的心理表达，反映作为第一书记的“父亲”用汗水耕耘热土，用生命为群众蹚出脱贫之路的感人故事。《书记，爸爸》由音乐学院舞蹈系国家二级编导黎丙松创作，青年舞蹈教师易信任主演，18 名舞蹈学专业学生参演。

【教育教学】《新时代高校思想政治理论课“金课”建设标准与实现》获批国家级思政课教学研究项目，新增重庆市高校课程思政示范建设课程 6 门。材料科学与工程、环境科学、机械工程、环境设计 4 个专业获批“双万计划”国家级一流本科专业建设点，软件工程等 4 个专业获批省级一流本科专业建设点，数学与应用数学、汉语言文学等 5 个专业入选重庆市一流专业立项建设项目。截至 12 月底，学校有国家“双万计划”国家级一流本科专业建设点 4 个，省级一流本科专业建设点 19 个。工程教育专业通过工程教育专业评估，数学与应用数学、思想政治教育 2 个专业通过师范专业第二级认证，小学教育、体育教育和化学 3 个师范专业完成认证现场考查。机器人工程、文化遗产、物流工程 3 个新专业通过市教委专家评审获得学士学位授予权。学校在艾瑞深校友会网的 2021 中国综合类大学一流专业排名（应用型）高居第 1 位。

一流课程建设取得成效，校—市—国家三级一流本科课程体系不断完善，“统计学”“数据库原理及应用”“Web 前端开发基础”和“工业机器人技术”4 门课程入选重庆市高校精品在线开放课程，“新视野大学英语（综合教程）”入选重庆市本科高校一流外语在线课程。推荐“汉语方言调查与保护”等 9 门课程参评 2021 年国家一流本科课程，“景观生态学”等 19 门课程获评 2021 年重庆市一流本科课程（公示中）。学校一流本科课程建设经验先后得到人民网、新华网和华龙网等媒体广泛关注。

教育教学改革持续推进，立项重庆市教改重大项目 3 项，重点项目 8 项，立项数量并列市属本科高校第 1 位，立项教育部产学合作协同育人项目 82 项，列重庆市高校第 1 位。

“四新”建设和教育教学改革深入推进，智能制造现代产业学院、光电材料与技术现代产业学院获批重庆市示范性现代产业学院（含培育），获市财政建设经费 1 500 万元。人工智能学院获批重庆市特色化示范性软件学院。

全力推进基层教学组织和专家组织建设，2 个教研室入选市级虚拟教研室试点名单，2 个建设案例入选市级优秀基层教学组织典型案例，1 个案例遴选推荐到教育部。78 人次入选首届重庆市普通本科高校教学指导委员会，5 人次入选重庆市职业教育行业指导委员会。

学生获各类竞赛国家级奖励 150 余人次、省部级奖励近 600 人次，“国产大飞机用隔音隔热超细玻璃纤维棉”项目、“无刺花椒种苗助力乡村振兴”项目分别获第七届“互联网+”大赛全国金奖、银奖，实现市属高校获国家金奖零的突破。学校教师获全国首届博士后创新创业大赛金奖（重庆市共有 2 项金奖），获重庆市微课教学比赛、教学创新大赛一等奖各 3 项，获奖数量分别居全市本科高校第一、第三。

一流教风学风建设不断夯实，严格教学管理，强化督导检查，发布督导通报 7 期，查处教学事故 16 起，开展专项督查 8 次，为提高人才培养质量提供了有力保障。

申报国培项目 7 个、市级培训项目 4 个，继续教育学历教育办学规模达到 1.5 万余人，年创收总额 2 690 余万元。

【学科科研】11 月 12 日，学校正式获批成为硕士学位授予单位，获批材料与化工、农业、机械 3 个专业硕士学位授权点，实现了学校硕士学位授予单位和硕士点“零”的突破。获批“十四五”市级重点学科 7 个，较“十三五”期间净增 3 个。新申报市级研究生联合培养基地 5 个（截至 12 月底有 10 个）。

2021 年，获批国家自科基金项目 10 项，其中面上项目 4 项（含合作立项 1 项），青年项目 4 项，天元基金项目 1 项，国际合作基金项目 1 项。获批国家社会科学基金项目 5 项，其中一般项目 1 项，西部项目 3 项。

获批 2021 年在渝高校与中国科学院所属院所合作重点项目 1 项，培育项目 1

项，立项数量在全市同类高校中名列前茅，重点项目获批资助经费 700 万元。

2021 年，组织申报重庆市科技局、重庆市教委、重庆市社会科学规划项目等各类科研项目近 400 项，申报数量较 2020 年增长 1 倍。新增各级各类纵向科研项目 187 项，获批立项经费 1 800 余万元，其中科技项目立项经费 1 648 万元，立项经费较 2020 年同比增长 104%。

“重庆文理学院教育创新研究院”获批市人文社会科学普及基地，成为学校第 3 个市级人文社科平台。入选重庆市高校创新研究群体 1 个，新增市级及以上科技特派员近 20 人。12 月 7 日，药学院（创新靶向药物国际研究院）院长陈中祝获“2021 十大重庆科技创新年度人物”称号。

学校 5 项科技成果获 2020 年度科学技术奖，其中《高性能超细玻璃纤维材料关键制造技术研究与产业化应用》成果获科技进步奖一等奖，《高性能中大尺寸金属网格一体化电容式触摸屏关键技术创新与产业化》成果获科技进步奖二等奖，《山地城镇水环境氮污染“源—迁—汇”协同治理关键技术研究与应用》《数字医学影像大数据智能交互服务平台研发及应用》《基于物联网技术与北斗技术的桥梁安全监测关键技术》等 3 项成果获科技进步奖三等奖。获奖数量在全市同类高校中名列前茅。自 2018 年以来，学校科研成果连续三年荣获重庆市科学技术一等奖。取得专利授权 149 项，其中发明专利 65 项。

产学研合作和军民融合深入推进，达成横向类科研服务合同 770 余项，合同金额 2 300 余万元。实现成果转化 11 项，转化金额 71 万元。研发的抗癌新药 PZ-1 片获得国家药监局一类药物临床批文。

3 月，《重庆高教研究》创刊 8 年，首次入选《中文核心期刊要目总览（2020 年版）》，在入选的 19 种高等教育类核心期刊中，排名第 9 位。同时入选中国人大“复印报刊资料重要转载来源期刊（2020 年版）”。

【学生工作】生源质量逐步提高，机器人工程、园林两个专业在广西获批一本招生，新增 3 个大类招生项目。2021 年共录取新生 5 333 人，一本线上录取人数达 1 428 人，较 2020 年增加 437 人。

就业渠道不断拓宽，建立引才基地和联络站 12 个，牵头组建西部职教基地就业联盟，获批“全国高校毕业生就业能力培训基地”。截至 8 月 31 日，2021 届毕业生毕业去向落实率为 88.06%，较 2020 届增长 3.03%。截至 12 月 31 日，2021 届毕业生毕业去向落实率为 94.81%，较 2020 届增长 0.56%。

3 月 25 日，艾瑞深校友会网（cuaa.net）正式公布“2021 校友会中国大学排名”，学校排名居校友会中国大学排名（主榜）第 282 位，社会影响逐年提升。

学生教育管理规范有序，扎实推进“三全育人”，全面开展学生网贷清理排查。获评重庆市特色寝室、文明寝室 23 个，1 人获评“2020 年重庆市高校优秀辅导员”。

心理健康教育全面加强，健全心理健康排查研判机制，投入 100 万元建成心理咨询中心，成立心理健康教育教研室，全覆盖开展学生心理健康普查。

【创新创业与合作办学】与永川区共同举办申硕建大签约活动，就城东新校区建设签订合作协议。双方正就城东新校区建设规模、建设规划、选址等开展进一步论证。积极融入成渝地区双城经济圈建设，与内江市教育局、内江师范学院、内江职业技术学院签订合作协议，协调组织专家团队为内江编制生姜、天冬产业发展方案。举办成渝地区双城经济圈创新创业能力提升高级培训班，完成首届成渝地区双城经济圈创新创业峰会各项筹备工作。获批“首批西部（重庆）科学城大创谷卫星园建设高校”。

坚持做大做深对俄合作，打造国际合作新亮点，与俄罗斯罗斯托夫国立交通大学等 4 所高校和机构开办联合培养项目，“中俄科教合作交流平台”获批重庆市国际化特色项目立项。22 名学生获得公派出国读研留学资格，数量超过前 2 年总和。

【人才集聚】出台师德师风考核办法，开展“进德大讲堂”、时代楷模王红旭事迹宣讲等活动，推动师德师风建设常态化、长效化。

出台《重庆文理学院铭旌学者计划实施办法》，构建“学术骨干—学术带头人—学科带头人”三位一体人才培养机制。承办“博士渝行周”走进高校活动。加强教师分层激励，首批遴选 34 名优秀教师。新增重庆英才、巴渝学者等市级人才 9 人次，新进站博士后 29 人，引进博士 18 人。

修订出台学校岗位设置与聘用系列文件，持续探索绩效工资分配制度改革，新版绩效工资改革明确做到“四公开”。设立高层次人才服务交流中心，正式启用学校英才专家沙龙室。

4 月，以学校为依托单位申报的成渝地区双城经济圈乡村振兴国家级专家服务基地获批。学校是川渝两地唯一获此殊荣的单位，实现了国家级人才工作平台建设的重大突破。7月，人社部专技司司长专程来永川为成渝地区双城经济圈国家级专家服务基地揭牌。

学校以成渝地区双城经济圈乡村振兴国家级专家服务基地为依托组建26个专家服务团，领衔专家由百千万人才工程国家级人选、国务院特殊津贴专家、重庆英才计划优秀科学家等国家级、市级专家担任，包括各行业领域学术技术带头人、博士后科研人员、青年科技人才以及当地专业技术人员骨干，形成多层次、多元化、跨学科“1+N+1”团队模式，积极为脱贫攻坚和乡村振兴提供持续的人才支撑和坚强的技术保障。

【校务管理和服务保障】完成《重庆文理学院章程》修订并获市教委核准，制定发布《重庆文理学院“十四五”事业发展规划》及 5 个子规划，对学校规章制度进行了全面清理。获得 2021 年度重庆市教育评价改革试点单位立项和“十四五”教育强国工程项目。

积极拓展资金渠道，强化预算编制，完成 2021 年度政府专项债券申请准备。积极盘活资产，推动资产有偿使用，完成固定资产全面清查工作，资产管理信息化水平进一步提高。

完成资产管理系统、合同管理系统、科研系统等的建设和数据集成，获批重庆市高校智慧校园建设创新示范项目，获资金支持 500 万元。

有序推进重点工程建设，把彻底解决星湖校区消防供水问题列入学校重点工程，实现了星湖校区消防供水全覆盖。综合实训楼装修工程招标，红河 A 区学生（研究生）公寓建设项目完成地质勘查和初步设计。新建红河校区菁华广场室外停车场和改建的原东门停车场启动使用，两个停车场总面积为 4 871 平方米，共 188 个车位。

协调做好星湖校区水网改造，制定制止餐饮浪费系列举措，获批“重庆市绿色示范学校”、教育部全国急救教育试点学校。

常态化做好疫情防控和安全稳定工作，树牢底线思维，强化安全风险管控，加强消防安全、反诈宣传和车辆管理，校园车辆测速系统正式投入运行。处置校内疫情防控排查 27 次，协调组织校内人员核酸检测 4 万余人次、新冠疫苗接种 3 万余人次，有效确保师生健康平安。

学校领导

序号	职　务	姓　名
1	党委书记	孙泽平
2	党委副书记、校长	黄伟九
3	党委副书记	兰　刚
4	党委常委、副校长	谭　宏
5	党委常委、副校长	漆新贵
6	副校长	王明华
7	党委常委、副校长	金　盛
8	党委常委、纪委书记、市监委驻重庆文理学院监察专员	罗　茂
9	党委常委、副校长	李天福

重庆文理学院中层干部一览表

序号	姓　名	职　务
1	黎　志	党委常委、党委统战部部长、党政办公室主任
2	乐万里	党政办公室副主任
3	李　莉	党政办公室副主任
4	刘　辉	党政办公室副主任
5	周洪亮	党委常委、组织部部长
6	高一文	党委组织部副部长（党校办公室主任）
7	杨正强	乡村振兴学院院长、党委宣传部副部长
8	胡在东	党委宣传部副部长
9	史甲庆	纪检监察室主任
10	孟江平	纪检监察室副主任
11	王东强	教务处处长
12	丁武泉	教务处副处长
13	李召红	教务处副处长
14	姜玉松	教务处副处长
15	钱闻建	学生工作处处长、机关第三党总支书记
16	夏　赟	学生工作处副处长
17	李兴春	学生工作处副处长
18	吴小伟	人事处处长
19	黄　华	人事处副处长
20	何万国	发展规划处处长
21	何家洪	科研处副处长

续表

序号	姓　名	职　务
22	卢成武	研究生处处长
23	樊汶樵	研究生处副处长
24	何独明	招生就业处处长
25	周道林	招生就业处副处长
26	杨　勇	审计处处长
27	余泽标	国际合作与交流处处长、机关第二党总支书记
28	郑　立	计划财务处处长
29	付　恩	计划财务处副处长
30	何小兵	国有资产管理处处长
31	王熙艳	国有资产管理处副处长
32	刘元勇	基建处处长、机关第四党总支书记
33	刘厚东	基建处副处长
34	邓德学	基建处副处长
35	黄贵懿	离退休工作处处长、离退休党总支书记
36	彭拥军	信息化办公室主任
37	李宗斌	信息化办公室副主任
38	陈泽兵	安全管理处处长（人民武装部部长）
39	陈明勇	安全管理处副处长（人民武装部副部长）
40	周　仁	后勤管理处处长
41	傅　万	后勤管理处副处长
42	凌　伟	工会主席、机关第一党总支书记
43	向　明	团委书记
44	周独奇	团委副书记
45	李芹燕	文化与传媒学院党总支副书记、院长

续表

序号	姓　名	职　务
46	皮　锋	文化与传媒学院党总支书记
47	邱　飞	文化与传媒学院党总支副书记
48	王长武	文化与传媒学院副院长
49	余大鹏	数学与大数据学院党总支书记、副院长
50	马纪成	数学与大数据学院党总支副书记、执行院长
51	陈晓东	数学与大数据学院党总支副书记
52	李金宝	数学与大数据学院副院长
53	刘安洪	外国语学院党总支副书记、院长
54	杜　勇	外国语学院党总支书记
55	胡庆洪	外国语学院党总支副书记、副院长
56	刘俊玲	外国语学院副院长
57	谢志刚	化学与环境工程学院党总支副书记、院长
58	朱　江	化学与环境工程学院党总支书记、副院长
59	谢云成	化学与环境工程学院党总支副书记、副院长
60	杨　俊	化学与环境工程学院副院长
61	唐建忠	体育学院党总支副书记、院长
62	李　旻	体育学院党总支书记、副院长
63	袁高燕	体育学院党总支副书记
64	王　勇	体育学院副院长
65	刘　嘉	园林与生命科学学院（特色植物研究院）院长
66	刘小利	园林与生命科学学院（特色植物研究院）党总支书记
67	谢吉容	园林与生命科学学院（特色植物研究院）副院长
68	孙翰昌	园林与生命科学学院（特色植物研究院）党总支副书记、副院长

续表

序号	姓　名	职　务
69	陈泽雄	园林与生命科学学院（特色植物研究院）副院长
70	刘明明	马克思主义学院党总支书记、副院长
71	胡守敏	马克思主义学院党总支副书记、院长
72	张　莉	马克思主义学院副院长
73	程正富	电子信息与电气工程学院党总支书记、副院长
74	石东平	电子信息与电气工程学院党总支副书记、执行院长
75	杨守良	电子信息与电气工程学院副院长
76	梁康有	电子信息与电气工程学院党总支副书记
77	夏继宏	电子信息与电气工程学院副院长
78	李劲松	音乐学院党总支副书记、院长
79	杨　桦	音乐学院党总支书记、副院长
80	隋剑飞	音乐学院党总支副书记、副院长
81	蒋　巧	音乐学院副院长
82	谢荣成	美术与设计学院党总支书记
83	陈龙国	美术与设计学院党总支副书记、院长
84	阙　佼	美术与设计学院副院长
85	高小勇	美术与设计学院副院长
86	孔庆波	教育学院党总支书记、院长
87	贺能坤	教育学院副院长
88	何玲玲	教育学院党总支副书记
89	胡媛艳	教育学院副院长
90	陈天培	经济管理学院党总支副书记、院长
91	赵　锋	经济管理学院党总支书记
92	林　锐	经济管理学院副院长

续表

序号	姓　名	职　务
93	王瑞胡	旅游学院党总支副书记、院长
94	颜　珂	旅游学院党总支书记、副院长
95	王爱忠	旅游学院副院长
96	陈本炎	旅游学院党总支副书记、副院长
97	杨加强	人工智能学院党总支书记
98	罗代忠	人工智能学院院长
99	马新强	人工智能学院党总支副书记、副院长
100	雷　宇	材料科学与工程学院（新材料技术研究院）党总支书记
101	李　璐	材料科学与工程学院（新材料技术研究院）党总支副书记、院长
102	韩　涛	材料科学与工程学院（新材料技术研究院）副院长
103	郭朝中	材料科学与工程学院（新材料技术研究院）党总支副书记、副院长
104	王锦标	材料科学与工程学院（新材料技术研究院）副院长
105	曹　勇	智能制造工程学院党总支书记
106	罗天洪	智能制造工程学院党总支副书记、院长；科研处处长（兼）
107	赵华君	智能制造工程学院副院长
108	陈　星	智能制造工程学院党总支副书记、副院长
109	苏兴文	药学院（创新靶向药物国际研究院）党总支书记
110	陈中祝	药学院（创新靶向药物国际研究院）党总支副书记、院长
111	唐典勇	药学院（创新靶向药物国际研究院）副院长

续表

序号	姓　名	职　务
112	蔡艳华	药学院（创新靶向药物国际研究院）党总支副书记、副院长
113	蒋礼文	纪委副书记、土木工程学院党总支书记
114	张海龙	土木工程学院党总支副书记、副院长
115	沈中友	土木工程学院副院长
116	代武春	文化遗产学院（非物质文化遗产研究中心）、国际教育学院党总支书记
117	李景国	文化遗产学院（非物质文化遗产研究中心）、国际教育学院党总支副书记、副院长
118	田永西	继续教育学院（培训学院）院长
119	白成良	继续教育学院（培训学院）党总支书记、副院长
120	张东	继续教育学院（培训学院）副院长
121	陈盛兴	创新创业学院院长
122	杜孝田	乡村振兴学院副院长
123	韩贞禄	星湖校区教育实践中心主任
124	谢华琳	政产学研研究院院长
125	申传斌	图情信息党总支书记
126	冯利朋	图书馆副馆长
127	李　云	图书馆副馆长
128	蔡华锋	档案馆馆长
129	董　刚	选派重庆科创职业学院党委书记、督导专员

截至2021年12月底

重庆文理学院科级干部一览表

序号	姓　名	职　务
1	孙培春	党政办公室行政科科长
2	周友兵	党政办公室机要科科长
3	许浩然	党委组织部干部科科长
4	郑慧颖	党委宣传部宣传科副科长
5	许菲菲	党委宣传部融媒体中心主任
6	赵　洁	党委宣传部网络信息科科长
7	张海容	党委统战部统战科科长
8	谭　静	纪检监察室监督检查科科长
9	郭　立	纪检监察室案件审理科科长
10	阮　吉	教务处教学行政科副科长
11	唐家荣	教务处教学运行科科长
12	朱　俊	教务处学务科科长
13	程　华	教务处教学督导科科长
14	蓝　璘	教务处教师发展中心办公室副主任
15	李亮林	学生工作处学生事务科副科长
16	何　雯	学生工作处思想政治教育科科长
17	李志芳	学生工作处学生资助管理中心副主任
18	魏莉萍	学生工作处心理健康教育科科长
19	卢　刚	人事处人事科科长
20	唐洪辉	人事处工资社保科科长
21	崔瑞夫	人事处专技科副科长

续表

序号	姓　名	职　务
22	熊　丽	人事处专家服务中心主任
23	尚春雅	发展规划处规划科科长
24	郭　霞	发展规划处统计与评估科科长
25	江　松	科研处社会科学管理科副科长
26	谢睦琴	科研处科研条件与平台科科长
27	康　阳	科研处成果转化科科长
28	吴朝平	期刊社办公室主任
29	伏春平	研究生处研究生招生办公室主任
30	罗富林	研究生处研究生培养科科长
31	程海军	招生就业处招生办公室主任
32	周　进	审计处综合审计科科长
33	阮明越	审计处基建审计科科长
34	王家军	计划财务处财管科科长
35	黄爱华	计划财务处计划科科长
36	蔡　翔	计划财务处资金科科长
37	刘传会	计划财务处会计科科长
38	罗　杰	国有资产管理处资产科科长
39	廖春美	国有资产管理处采购科副科长
40	冯　宇	基建处工程规划科科长
41	蔡朋杞	基建处工程造价科副科长
42	江绍虎	信息化办公室网络运维科科长
43	明　亮	信息化办公室系统建设科科长
44	汤金燕	安全管理处（人民武装部）政治保卫科科长
45	杨宏涛	安全管理处（人民武装部）国防教育科科长

续表

序号	姓　名	职　务
46	黎军军	后勤管理处劳务科副科长
47	袁　驰	后勤管理处质量监管科科长
48	程　淦	后勤管理处餐饮服务中心主任
49	王　平	后勤管理处能源服务中心主任
50	王立新	后勤管理处宿舍管理中心主任
51	杨文杰	后勤管理处维修服务中心主任（电梯管理中心主任）
52	邓旭东	后勤管理处红河维修中心主任
53	陈卫华	后勤管理处环卫绿化中心主任
54	龚吉淼	后勤管理处卫生防疫中心副主任
55	乐　波	校医院院长
56	张　沁	工会办公室主任
57	孙小媛	星湖校区分团委书记
58	钟晓霞	文化与传媒学院党政办公室主任
59	钟聿新	文化与传媒学院教学办公室主任
60	孙绍慧	文化与传媒学院教学办公室副主任
61	刘友洪	文化与传媒学院学生工作办公室主任、团总支书记
62	李　勇	数学与大数据学院党政办公室主任
63	罗章涛	数学与大数据学院教学办公室主任
64	邹佳桃	数学与大数据学院学生工作办公室副主任、团总支副书记
65	王德易	外国语学院党政办公室主任
66	张　鹏	外国语学院教学办公室主任
67	邹盛瑜	外国语学院学生工作办公室主任、团总支书记
68	黄　浩	化学与环境工程学院党政办公室副主任
69	杨和山	化学与环境工程学院教学办公室副主任

续表

序号	姓　名	职　务
70	邵志鹏	化学与环境工程学院学生工作办公室副主任、团总支副书记
71	匡志兵	体育学院党政办公室主任
72	刘　田	体育学院教学办公室主任
73	郑云峰	学校体育运动委员会办公室主任
74	刘　静	园林与生命科学学院（特色植物研究院）党政办公室主任
75	冷进松	园林与生命科学学院（特色植物研究院）教学办公室主任
76	游玉明	园林与生命科学学院（特色植物研究院）实验实训中心主任
77	贺方云	园林与生命科学学院（特色植物研究院） 学生工作办公室主任、团总支书记
78	宋亦薪	马克思主义学院党政办公室副主任
79	曾福文	马克思主义学院教学办公室副主任
80	李华夏	马克思主义学院学生工作办公室主任、团总支书记
81	包宋建	电子信息与电气工程学院党政办公室主任
82	曾令刚	电子信息与电气工程学院实验实训中心主任
83	陈海峰	电子信息与电气工程学院学生工作办公室主任、团总支书记
84	毛　君	音乐学院党政办公室主任、团委兼职副书记
85	张　薇	音乐学院教学办公室副主任
86	范宣辉	音乐学院学生工作办公室副主任、团总支副书记
87	周小钦	美术与设计学院党政办公室副主任
88	赵　勇	美术与设计学院学生工作办公室主任、团总支书记
89	谢应宽	教育学院党政办公室主任
90	刘　波	教育学院教学办公室主任
91	吴　波	教育学院学生工作办公室主任、团总支书记
92	胡春梅	蔚蓝心理健康教育与咨询中心办公室主任

续表

序号	姓　名	职　务
93	左永艳	经济管理学院党政办公室主任
94	王　东	经济管理学院教学办公室主任
95	肖　壮	经济管理学院教学办公室副主任
96	熊小伟	经济管理学院学生工作办公室主任、团总支书记
97	李　朦	旅游学院党政办公室副主任
98	王春宝	旅游学院教学办公室主任
99	秦荣廷	旅游学院学生工作办公室副主任、团总支副书记
100	高　峰	人工智能学院党政办公室主任
101	秦福建	人工智能学院教学办公室主任
102	邹永康	人工智能学院实验实训中心主任
103	余继军	人工智能学院学生工作办公室主任、团总支书记
104	戴　甄	材料科学与工程学院（新材料技术研究院）党政办公室副主任
105	敬小龙	材料科学与工程学院（新材料技术研究院）教学办公室副主任
106	孙凌涛	材料科学与工程学院（新材料技术研究院） 学生工作办公室主任、团总支书记
107	张海鹰	智能制造工程学院党政办公室主任
108	李兴成	智能制造工程学院学生工作办公室主任、团总支书记
109	罗　洁	药学院（创新靶向药物国际研究院）教学办公室主任
110	黄　政	药学院（创新靶向药物国际研究院）党政办公室主任
111	王　俊	药学院（创新靶向药物国际研究院） 学生工作办公室副主任、团总支副书记
112	徐建卿	土木工程学院党政办公室副主任
113	张长亮	土木工程学院教学办公室副主任
114	兰　洁	土木工程学院实验实训中心主任

续表

序号	姓　名	职　务
115	左雨婷	土木工程学院学生工作办公室副主任、团总支副书记
116	邓颖卓	文化遗产学院（非物质文化遗产研究中心）、国际教育学院党政办公室主任
117	向　冲	文化遗产学院（非物质文化遗产研究中心）、国际教育学院教学科研办公室主任
118	张绍彬	继续教育学院（培训学院）学历教育办公室主任
119	姚晓兰	继续教育学院（培训学院）教师培训部主任
120	周相宇	继续教育学院（培训学院）市场拓展部主任
121	刘贵玉	图书馆事务管理部主任
122	金　济	图书馆资源与技术部主任
123	陈诗琴	图书馆信息服务部主任
124	唐　洁	图书馆阅读推广部主任
125	徐小红	图书馆流通阅览部主任
126	潘澜月	档案馆档案建设科副科长
127	张　翼	政产学研研究院校友联络与服务科副科长

截至2021年12月底

特载与专文

TEZAI YU ZHUANWEN

重庆文理学院章程

（2021 年修订）

序　言

重庆文理学院（以下简称学校）的前身是重庆师范高等专科学校和渝州教育学院，2001 年两校合并组建渝西学院，2005 年更名为重庆文理学院。2007 年学校通过教育部本科教学工作水平评估，2008 年开启应用型大学转型发展之路，2017 年通过教育部本科教学工作审核评估，2021 年获批硕士学位授权单位。

学校实施“创新开放、顶天立地”发展战略，全面提升办学综合实力和核心竞争力，努力建成高水平应用型大学。

第一章　总则

第一条　为建设现代大学制度，保障学校依法自主办学，保障举办者、学校和师生员工的合法权益，规范学校办学行为，推进治理体系和治理能力的现代化，实现学校管理的科学化、民主化、法治化，依据《中华人民共和国教育法》《中华人民共和国高等教育法》《中国共产党普通高等学校基层组织工作条例》等法律法规，制定本章程。

第二条　学校中文名称：重庆文理学院。英文名称：Chongqing University of Arts and Sciences（简称 CUAS）。

学校网址：http：//www.cqwu.edu.cn

第三条　学校法定住所地为重庆市永川区红河大道 319 号，分设为红河校区（位于永川区红河大道）和星湖校区（位于永川区卫星湖街道）。

根据事业发展需要，学校可依法依规建立新校区、调整校区布局。

第四条　学校是重庆市人民政府举办的全日制普通高等学校，由重庆市教育委员会主管。

第五条　学校为非营利法人，是具有法人资格的事业单位。学校依法享有办学自主权，独立承担法律责任。

第六条　学校以马克思列宁主义、毛泽东思想、邓小平理论、“三个代表”重要思想、科学发展观、习近平新时代中国特色社会主义思想为指导，坚持党的全面领导，深入践行新发展理念，主动服务国家战略和区域经济社会发展，全面贯彻党的教育方针，全面落实立德树人根本任务，遵循高等教育规律，弘扬优良传统，坚持与时俱进，鼓励学术创新，致力于人才培养、科学研究、社会服务、文化传承创新和国际合作交流。

第七条　学校办学类型定位：应用型，即建设应用型学科，开展应用型研究，培养应用型人才，创建高水平应用型大学。

第八条　学校服务面向定位：立足重庆，服务成渝地区双城经济圈，面向全国。

第九条　学校发展目标：建设区域性、国际化、高水平应用型大学。

第十条　学校办学特色：应用为本，产科教融合。

第十一条　学校统筹规划学科专业布局，围绕区域经济社会需求和产业结构调整升级，重点发展和建设应用型学科专业，形成多学科协调发展的学科专业体系。

第十二条　学校根据区域经济社会发展需要和办学条件，合理确定办学规模。

第十三条　学校以本科生教育和研究生教育为主体，发展留学生教育和国际合作教育，办活继续教育。

第二章　举办者与学校

第十四条　举办者依法对学校实施宏观管理和监督，考核评估学校办学质量和水平，为学校提供办学经费、基本保障条件和政策支持，保护学校的合法权益。

第十五条　学校接受举办者的领导和主管部门的指导与监督；依照法律法规和本章程自主办学。

第十六条　学校依法行使下列权利：

（一）按照章程自主管理。

（二）依法设置和调整学科专业。

（三）根据社会需求、办学条件，制定招生方案，自主调节院系招生比例。

（四）根据人才培养需要，自主制定人才培养方案、组织实施教育教学活动。

（五）对学生进行学籍管理，依照法律法规和学校规定颁发相应的学历证书（或者其他学业证书）、学位证书。

（六）与企业事业单位、社会团体及其他社会组织在科学研究、技术开发和推广应用等方面进行多种形式的合作。

（七）按照国家有关规定，自主开展与境外高等学校之间的交流与合作，开展留学生教育和国际合作教育。

（八）根据实际需要和精简、效能的原则，自主确定教学、科研、党政职能部门等内部组织机构的设置和人员配备；按照国家有关规定，评聘教师和其他专业技术人员的职称职务，自主管理和使用人才，自主确定内部收入分配。

（九）对举办者提供的财产、国家财政性资助、事业收入、受捐赠财产依法自主管理和使用；根据国家有关规定收取学费及有关费用；依法独立或者与其他组织和个人合作办学，收取合理回报。

（十）法律法规规定的其他权利。

第十七条　学校依法履行下列义务：

（一）遵守国家法律、法规。

（二）贯彻党的教育方针，执行国家教育教学标准，保证教育教学质量达到国家规定的标准。

（三）保证学校资产不被侵占、破坏和流失，保证不将用于教学和科学研究活动的财产挪作他用。

（四）遵守国家有关收费规定，公开收费项目及标准。

（五）维护师生员工的合法权益。

（六）及时公开相关信息，主动接受监督。

（七）法律法规规定的其他义务。

第三章　管理体制

第十八条　学校实行党委领导下的校长负责制。坚持党委领导、校长负责、教授治学、民主管理，不断完善内部治理结构。

第十九条　中国共产党重庆文理学院委员会（以下简称学校党委）全面领导

学校工作，履行管党治党、办学治校主体责任，把方向、管大局、作决策、抓班子、带队伍、保落实，支持校长依法独立负责地行使职权，保证以人才培养为中心的各项任务完成。其主要职责是：

（一）宣传和执行党的路线方针政策，宣传和执行党中央以及上级党组织和本组织的决议，坚持社会主义办学方向，依法治校，依靠全校师生员工推动学校科学发展，培养德智体美劳全面发展的社会主义建设者和接班人。

（二）坚持马克思主义指导地位，组织党员认真学习马克思列宁主义、毛泽东思想、邓小平理论、“三个代表”重要思想、科学发展观、习近平新时代中国特色社会主义思想，学习党的路线方针政策和决议，学习党的基本知识，学习业务知识和科学、历史、文化、法律等各方面知识。

（三）审议确定学校基本管理制度，讨论决定学校改革发展稳定以及教学、科研、行政管理中的重大事项。

（四）讨论决定学校内部组织机构的设置及其负责人的人选。按照干部管理权限，负责干部的教育、培训、选拔、考核和监督。加强领导班子建设、干部队伍建设和人才队伍建设。

（五）坚持党管人才原则，讨论决定学校人才工作规划和重大人才政策，创新人才工作体制机制，优化人才成长环境，统筹推进学校各类人才队伍建设。

（六）按照党要管党、全面从严治党要求，加强学校党组织的政治建设、思想建设、组织建设、作风建设、纪律建设。落实基层党建工作责任制，发挥学校基层党组织战斗堡垒作用和党员先锋模范作用。

（七）履行学校党风廉政建设主体责任，领导、支持内设纪检组织履行监督执纪问责职责，接受同级纪检组织和上级纪委监委及其派驻纪检监察机构的监督。

（八）领导学校思想政治工作和德育工作。坚持用习近平新时代中国特色社会主义思想武装师生员工头脑，培育和践行社会主义核心价值观。落实意识形态工作责任制，维护学校安全稳定，促进和谐校园建设。

（九）领导学校群团组织、学术组织和教职工代表大会。

（十）做好统一战线工作。对学校内民主党派的基层组织实行政治领导，支持其依照各自章程开展活动。支持无党派人士等统一战线成员参加统一战线相关活动，发挥积极作用。加强党外知识分子工作和党外代表人士队伍建设。加强民族和宗教工作，深入开展铸牢中华民族共同体意识教育，坚决防范和抵御各类非法传教、渗透活动。

（十一）讨论决定其他事关师生员工切身利益的重要事项。

（十二）履行党章党规规定的其他职责。

第二十条　学校党委由学校党员代表大会依照《中国共产党章程》的规定，通过选举并报上级党组织批准产生。学校党委每学期至少召开一次委员会全体会议，如遇重大问题可临时召开。

第二十一条　学校党委坚持民主集中制，实行集体领导和个人分工负责相结合的制度。凡属重大问题和重要事项都要按照集体领导、民主集中、个别酝酿、会议决定的原则，由党委集体讨论作出决定。

第二十二条　学校党委全委会在党员代表大会闭会期间领导学校工作，主要对事关学校改革发展稳定和师生员工切身利益及党的建设等全局性重大问题作出决策，听取和审议常务委员会工作报告。会议由常务委员会召集，议题由常务委员会确定。全委会必须有三分之二以上委员到会方能召开。表决事项时，以超过应到会委员人数的半数同意为通过。

第二十三条　学校党委设立常务委员会（简称常委会）。常委会由学校党委全体会议选举产生，对学校党委全委会负责并定期报告工作。常委会在学校党委全委员会闭会期间行使党委职权。其主要议事规则如下：

（一）常委会议原则上定期举行。如遇特殊情况，可提前或延后召开。

（二）常委会议由党委书记召集并主持，党委书记因故不能参加，可委托党委副书记召集并主持。

（三）会议必须有半数以上常委委员到会方能召开；讨论决定干部任免等重要事项时，应有三分之二以上常委委员到会方能召开。

（四）会议议题由常委委员提出，党委书记确定。常委会议决定重要事项应当进行表决。采用何种表决方式，由会议主持人决定。

（五）常委会议表决议题，以到会常委过半数通过方为有效。

第二十四条　中国共产党重庆文理学院纪律检查委员会（以下简称学校纪委）

是学校党内监督专责机关，由学校党员代表大会选举产生，在同级党委和上级纪委双重领导下进行工作，履行监督执纪问责职责。主要任务是：

（一）维护党章和其他党内法规，检查党的路线方针政策和决议的执行情况，协助党委推进全面从严治党、加强党风建设和组织协调反腐败工作。

（二）经常对党员进行遵守纪律的教育，作出关于维护党纪的决定。

（三）对党的组织和党员领导干部履行职责、行使权力进行监督，受理处置党员群众检举举报，开展谈话提醒、约谈函询。

（四）检查和处理党的组织和党员违反党章和其他党内法规的比较重要或者复杂的案件，决定或者取消对这些案件中的党员的处分；进行问责或者提出责任追究的建议。

（五）受理党员的控告和申诉，保障党员权利不受侵犯。

学校纪委严格按照职责权限和工作程序处理违犯党纪的线索和案件，把处理特别重要或者复杂案件中的问题和处理结果，向同级党委和上级纪委报告。

（六）履行党章党规规定的其他职责。

第二十五条　校长是学校的法定代表人，在学校党委领导下，贯彻党的教育方针，组织实施学校党委有关决议，行使高等教育法等规定的各项职权，全面负责教育教学、科学研究和其他行政管理工作。其主要职责是：

（一）组织拟订和实施学校发展规划、基本管理制度、重大教学科研改革措施、重要办学资源配置方案。组织制定和实施具体规章制度、年度工作计划。

（二）组织拟订和实施学校内部组织机构的设置方案。在党委统一领导下，按照国家法律和干部选拔任用工作有关规定，推荐副校长人选，任免内部组织机构的负责人。

（三）组织拟订和实施学校人才发展规划、重要人才政策和重大人才工程计划。负责教师队伍建设，依据有关规定聘用（任）与解聘教师以及内部其他工作人员。

（四）组织拟订和实施学校重大基本建设、年度经费预算等方案。加强财务管理和审计监督，管理和保护学校资产。

（五）组织开展教学活动和科学研究，创新人才培养机制，提高人才培养质量，推进文化传承创新，服务区域经济社会发展，把学校办出特色、争创一流。

（六）组织开展思想品德教育，负责学生学籍管理并实施奖励或处分，开展招生和就业工作。

（七）做好学校安全稳定和后勤保障工作。

（八）组织开展学校对外交流与合作，依法代表学校与各级政府、社会各界和境外机构等签署合作协议，接受社会捐赠。

（九）向党委报告重大决议执行情况，向教职工代表大会报告工作，组织处理教职工代表大会、工会会员代表大会、学生代表大会或团员代表大会有关行政工作的提案。支持学校各级党组织、民主党派基层组织、群众组织和学术组织开展工作。

（十）履行法律法规规定的其他职责。

第二十六条　校长办公会议是学校行政议事决策机构，是校长行使职权的基本形式。其主要议事规则如下：

（一）校长办公会议原则上定期举行，如果校长认为必要，可临时召开。

（二）校长办公会议由校长召集并主持，校长因故不能参会，可委托副校长召集并主持，会议议题由学校领导班子成员提出，校长确定。

（三）会议须有半数以上班子成员到会方能召开，学校工会主席和纪检监察室主任一般应列席会议。

（四）校长办公会议实行集体讨论、校长决定的制度。

第二十七条　学校设立学术委员会。学术委员会行使学术事务的咨询、评定、审议和决策等职权。其主要职责是：

（一）审议学科建设、科学研究计划方案。

（二）审议学术政策、重大学术事务。

（三）评定科学研究成果。

（四）调查、处理学术纠纷。

（五）调查、认定学术不端行为。

（六）按照学术委员会章程审议、决定有关学术发展、学术评价、学术规范的其他事项等。

学校设立教学委员会、学位评定委员会、职称评定委员会等，作为学校专项工作的咨询、评定、审议和决策机构。

第二十八条　学校教职工代表大会是学校教职工依法行使民主权利、参与学校民主管理和实施民主监督的基本形式。在学校党委的领导下开展工作，实行民主集中制的组织原则。学校建立二级教代会（或职代会）。

教职工代表大会依法行使以下职权：

（一）听取学校章程草案的制定和修订情况报告，提出修改意见和建议。

（二）听取学校发展规划、教职工队伍建设、教育教学改革、校园建设以及其他重大改革和重大问题解决方案的报告，提出意见和建议。

（三）听取学校年度工作、财务工作、工会工作报告以及其他专项工作报告，提出意见和建议。

（四）讨论通过与教职工切身利益相关的重大事项和重要规章制度。

（五）审议学校上一届（次）教职工代表大会提案的办理情况报告。

（六）按照有关工作规定和安排评议学校领导干部。

（七）通过多种方式对学校工作提出意见和建议，监督学校章程、规章制度和决策的落实，提出整改意见和建议。

（八）讨论法律法规规定的以及学校与学校工会商定的其他事项。

第二十九条　教职工代表大会议事规则如下：

（一）教职工代表大会原则上每年举行一次，遇有重大事项，经学校党委、学校工会或三分之一以上教职工代表大会代表提议，可临时召开教职工代表大会。

（二）召开教职工代表大会，须有三分之二以上教职工代表大会代表出席。

（三）教职工代表大会的选举和表决，须经教职工代表大会代表过半数通过方为有效。

（四）教职工代表大会根据实际情况和需要，可以在教职工代表大会代表中选举产生教代会暨工会委员会。委员会中，教师代表应占多数。教职工代表大会闭会期间，遇有急需解决的重要问题，可由教代会暨工会委员会联系有关专门委员会（工作小组）与学校有关机构协商处理。其结果向下一次教职工代表大会报告。

（五）学校民主管理工作委员会是教代会下设的专门组织，是学校日常民主管理的组织协调机构，协调解决涉及教职工个人切身利益的问题和实际困难。

第三十条　学校工会是学校党委和上级工会组织领导下的教职工自愿参加的群众组织，为教职工代表大会的工作机构，负责教职工代表大会的日常工作，检查、督促教职工代表大会决议的执行。按照《中华人民共和国工会法》和《中国工会章程》开展工作，履行工会职责。二级部门建立本部门工会组织。

第三十一条　学校实行学生代表大会制度。学生代表大会（以下简称学代会）是学生在学校党委的领导下、在校团委和上级学联的指导下依法依规行使民主权利、参与学校治理的机构。

学生会委员会（研究生委员会）是学生代表大会的常设机构，在大会闭会期间代表全体同学帮助和监督学生会组织的工作。学生会委员会简称学委会，学委会对学代会负责。学生会是学代会和学委会的执行机构。学生会主席团（简称主席团）负责学生会组织的日常工作，对学生代表大会及其常设机构负责，并定期向其报告工作。

第三十二条　学代会行使下列职权：

（一）制定或修订学生会组织章程，监督章程的实施。

（二）听取、审议上一届学生代表大学常设机构、学生会组织执行机构的工作报告。

（三）选举产生学生新一届学生会组织主席团成员。

（四）选举产生学生新一届学生代表大会常设机构。

（五）选举产生出席上级学联代表大会的代表。

（六）征求广大同学对学校工作的意见和建议，合理有序表达和维护同学的正当权益。

（七）讨论和决定由学生代表大会决议的其他重大事项。

第三十三条　学生代表大会每年召开一次。如遇特殊情况，由校学生会主席团提议，经学生代表大会常设机构总数三分之二以上成员通过并经学校党委批准，可提前或延期召开学生代表大会。延长或者提前期限一般不超过 1 个学期。学生代表大会须有应到代表总数三分之二以上代表出席方能召开。

第三十四条　学校团委是共产主义青年团的基层组织，在学校党委和上级团组织的领导下，依照法律和《中国共产主义青年团章程》开展活动。

第三十五条　学校各民主党派、无党派人士和群团组织依据法律和各自章程开展活动，参与学校民主管理和民主监督。

第四章　机构设置

第三十六条　学校按照精简、统一和高效的原则设置党政职能机构。党政职能机构根据学校授权履行相关管理和服务职责。

第三十七条　学院、职能部门、教辅部门、独立设置的研究院（所、中心）的设立、变更或者撤销由校长提议，在一定规模内由党委全委会或常委会审议决定。

第三十八条　学院是学校下设的管理机构和办学主体，是人才培养、科学研究、社会服务、文化传承创新和国际合作交流的组织实施单位，在学校授权范围内实行自主管理。学院的职责是：

（一）贯彻落实党和国家的路线方针政策，贯彻执行学校的发展战略、重大决策和规章制度；负责本院的党建与思想政治工作和教代会、工会、共青团工作。

（二）组织制定学院发展规划、年度工作计划、管理制度并组织实施。

（三）组织开展教育教学活动，进行学科专业建设、课程建设，保障教育教学质量。

（四）组织开展科学研究、学术交流、技术开发及其他学术活动，提高研究能力和水平。

（五）根据学校的统一安排和要求，具体负责本院的招生咨询工作和毕业生就业推荐工作，积极开展社会服务、文化传承创新和对外交流合作等活动。

（六）组织实施人才队伍建设，按规定聘用（任）、管理和考核学院教职员工，推荐本院教师申报专业技术职务资格。

（七）负责学生的教育、管理、指导和服务，组织学生活动。

（八）编制学院年度经费预算草案，执行学校批准的年度经费预算方案，科学使用办学资源。

（九）学校赋予的其他职责。

第三十九条　学院党政联席会议是学院的决策机构。学院党政联席会议，讨论决定学院发展规划、人才培养、科学研究、学科建设、师资队伍建设、思想政治工作和行政管理等重要事务。根据议题，会议由院长或党总支书记主持。

学院制定党政联席会议议事规则，明确成员组成、会议的会期、议题的提出、议事程序等内容。

第四十条　学院院长全面负责学院的教学、科研、学科专业建设、队伍建设、国际合作与交流等工作，定期向学院教职工代表大会报告工作。

第四十一条　学院党总支强化政治功能，履行政治责任，保证教学科研管理等各项任务完成，支持本单位行政领导班子和负责人开展工作，健全集体领导、党政分工合作、协调运行的工作机制。主要职责是：

（一）宣传和执行党的路线方针政策以及上级党组织的决议，并为其贯彻落实发挥保证监督作用。

（二）通过党政联席会议，讨论和决定本单位重要事项。召开党组织会议研究决定干部任用、党员队伍建设等党的建设工作。涉及办学方向、教师队伍建设、师生员工切身利益等事项的，应当经党组织研究讨论后，再提交党政联席会议决定。

（三）加强党组织自身建设，建立健全党支部书记工作例会等制度，具体指导党支部开展工作。

（四）领导本单位思想政治工作，加强师德师风建设，落实意识形态工作责任制。把好教师引进、课程建设、教材选用、学术活动等重要工作的政治关。

（五）做好本单位党员、干部的教育管理工作，以及学生辅导员、班主任的配备、管理工作，做好人才的教育引导和联系服务工作。

（六）领导本单位群团组织、学术组织和教职工代表大会。做好统一战线工作。

第四十二条　学院根据办学和科学研究的需要，设置和调整教研室（系）、科研院所等基层教学研究组织，并按相关规定进行管理。

第四十三条　学院设立学术分委员会作为本学院学术事务咨询审议机构。

学院设立分工会，实行教职工代表大会制度，在学院党总支领导下，保障本院教职工参与学院民主管理和民主监督，维护教职工的合法权益。

第四十四条　独立建制的研究院、所（中心）等科研机构，根据学校有关规定设立内部学术机构和管理机构，承担相应的科学研究、人才培养、社会服务、文化传承创新和国际合作交流等任务。

第四十五条　学校设置图书馆、档案馆、信息化办公室等，引入后勤服务公司，为教职员工和学生提供服务，保障学校各项工作。

第四十六条　学校可以与个人（自然人）、法人和其他组织联合设置教学科研机构，开展合作办学、合作研究与社会服务等活动。

第五章　人才培养

第四十七条　立德树人是学校的根本任务。学校各项工作必须服从、服务于人才培养工作，始终坚持把人才培养作为学校中心工作。

第四十八条　学校本科教育以培养适应区域经济社会发展需要，具有社会责任感、实践能力、创新创业意识和职业素养的高素质应用型专门人才为目标；学校研究生教育以培养区域经济社会发展急需，具有优良综合素质和实践创新能力的高层次应用型专门人才为目标。

第四十九条　学校根据人才培养目标与要求，组织实施教育教学活动，开展教育教学研究与改革，建立健全创新创业教育体系，分类探索并创新人才培养模式，构建特色鲜明的本科与研究生教育一体化应用型人才培养体系。

办好思想政治理论课，推进课程思政建设，建立健全“十大育人”体系和“三全育人”机制。

第五十条　学校加强教学基本建设，提供适应应用型人才培养的教学保障条件。强化实践育人环节，完善实践教学管理，提高实验、实习实训和毕业论文（设计）质量，有效开展社会实践活动。

第五十一条　学校本科教育实行学分制及相应的第二学士学位制、双专业制、辅修制、转专业制、导师制等，构建学生个性化发展的培养机制。学校研究生教育实行学分制、双导师制。

第五十二条　学校引导和支持教师开展教育教学研究与改革、采用信息技术手段，推进信息技术与教育教学的深度融合。

第五十三条　关爱学生，建立健全学生教育管理服务体系，促进学生全面发展、健康成长。建立鼓励学生自主学习、自我管理、个性发展、特长展示的综合素质评价、奖学金评定及优秀学生评定机制。

第五十四条　学校建立和严格执行教学与学生管理制度，严肃处理各种教学、管理事故和违纪行为，加强教风、学风建设。

第五十五条　学校实行教学工作督导、评估（认证）制度，健全校内教育教学质量保证体系，建立本科教学质量年度报告发布制度。

第五十六条　学校建立教学激励制度，不断优化教学激励机制。

第六章　学科与科研

第五十七条　学校确立学科建设的基础地位，按照学校发展规划确定学科建设目标任务，优化学科结构，加强学科要素与内涵建设，提升学科实力和水平，带动学校建设整体水平的提高。

第五十八条　坚持“系统化设计、一体化建设、差异化发展、整体化推进”的原则，加强重点学科、特色学科建设。

第五十九条　学校根据区域经济社会发展需要，加强硕士（专业）学位点培育与建设。

第六十条　科学研究是学校办学活动的重要内容。坚持科学研究与人才培养密切结合，科学合理地配置科技资源，大力开展科学研究与科技开发，发挥科学研究对学科建设、师资队伍建设和人才培养的支撑和促进作用。

第六十一条　学校坚持应用研究导向，加强校地合作、校企合作、校际合作、校所合作，建立政产学研用相结合的机制，探索建立协同创新的新模式和新机制，支持科研团队和科技人员投身经济建设主战场，参与企业的技术进步和技术改造，开展应用技术研究，促进科技成果的转化。

第六十二条　学校不断优化科研管理体制机制，建立激发创新活力、科学规范、运行高效的科研管理机制，建立以创新质量、应用效果以及科研对人才培养贡献为导向的评价激励机制。健全以创新能力、质量、实效、贡献为导向的科技人才评价体系。

第七章　社会服务

第六十三条　学校组织开展实体共建、合作研发、技术转让、科技咨询和科技服务，建立健全技术转移机制，促进科技成果转化和产业化，主动服务区域经济发展方式转变和产业转型发展。

第六十四条　学校瞄准地方需求，坚持以重大现实问题为方向，开展服务地方经济社会发展的资政研究，提供决策参考、政策咨询服务，促进哲学社会科学成果转化。

第六十五条　学校积极发挥研究平台的辐射作用和智力优势、科研优势，加强重庆地域文化、特色领域及特色项目研究，形成有影响力的成果，服务公共文化事业和文化产业的发展。

第六十六条　学校建立健全适应终身学习需要的形式多样、灵活开放的继续教育体系。

第六十七条　建立学校、合作单位、科研院所和科技人员等多方成果共享、风险共担、知识产权得到有效保护的合作机制，建立将成果转化与推广成效作为科技人员职称评聘、职务晋升和科研奖励依据的激励机制，推动技术创新和科技产业发展，增强科技服务功能。

第八章　教职员工

第六十八条　学校教职员工由教师、其他专业技术人员、管理人员和工勤技能人员等组成。

教师是学校办学的主体。教师由具有优良师德，具备较好知识结构，善于教书育人，能够进行学术创新且获得高校教师资格的人担任。

其他专业技术人员、管理人员和工勤技能人员应当具备良好职业道德、专业知识和专业技能。

第六十九条　学校教职员工依法享有下列权利：

（一）使用学校的公共资源。

（二）获得自身发展所需的相应学习、工作机会。

（三）在德、能、勤、绩等方面获得公正评价。

（四）获得各种奖励和荣誉称号。

（五）知悉学校建设、改革和发展及关涉切身利益的重大事项。

（六）参与民主管理，对学校工作提出意见和建议。

（七）离退休教职员工依法享有相应经济待遇。

（八）就职务、福利待遇、评优评奖、纪律处分等事项表达异议和提出申诉。

（九）聘约规定的权利。

（十）法律法规规定的其他权利。

第七十条　学校教职员工依法履行下列义务：

（一）遵守法律法规、学校规章制度和职业道德。

（二）恪尽职守，勤勉工作。

（三）尊重和爱护学生。

（四）珍惜和维护学校声誉，维护学校利益。

（五）自觉进行学习提高，主动参与学校改革。

（六）聘约规定的义务。

（七）法律法规规定的其他义务。

第七十一条　学校对教职员工实行岗位聘用和职务聘任制度。

第七十二条　学校实行目标责任制、岗位责任制、考核奖惩制。学校对教职员工定期进行考核，考核结果作为聘用（任）晋升、奖励、解聘或者处分的依据。

学校深化教师评价改革，建立科学的分配制度和奖励制度。对履行义务中业绩突出的教职员工给予奖励。

学校建立奖惩制度。对不履行或不适当履行义务并造成损失的教职员工，依法依规给予相应处罚。

第七十三条　学校尊重和保护学术自由，为教师开展教育教学和科学研究活动、自主进行学术创新提供必要的条件和保障。

教师应为人师表，教书育人，遵守学术规范和学术道德，努力创造科学新知，传播先进思想和先进文化，努力成为有理想信念、有道德情操、有扎实学识、有仁爱之心的“四有”好教师。

第七十四条　教职员工通过教代会、工会等形式依法参与学校管理，维护自身权益。

学校建立并实施劳动人事争议调解制度和教职员工申诉制度。

第九章　学生与校友

第七十五条　学生是指在学校注册、取得学籍、接受学历教育的受教育者。学生是学习和发展的主体，学校坚持以生为本的理念，一切工作必须服务于学生的健康成长和成才。学校为学生提供平等的受教育机会，维护学生的合法权益，履行教育、管理、服务职能。

第七十六条　学生在校期间依法享有下列权利：

（一）参加学校教育教学计划安排的各项活动，使用学校提供的教育教学资源。

（二）按规定条件和程序选择专业，跨学科、学院选修课程。

（三）符合条件的学生按程序获得在国内外深造学习和参加学术文化交流活动的机会。

（四）参加社会实践、志愿服务、勤工助学、文娱体育及科技文化创新等活动，获得就业创业指导和服务。

（五）申请奖学金、助学金及助学贷款。

（六）在思想品德、学业成绩等方面获得科学、公正评价，完成学校规定学业后获得相应的学历证书、学位证书。

（七）在校内组织、参加学生团体，以适当方式参与学校管理，对学校与学生权益相关事务享有知情权、参与权、表达权和监督权。

（八）对学校给予的处理或者处分有异议，向学校、教育行政部门提出申诉，对学校、教职员工侵犯其人身权、财产权等合法权益的行为，提出申诉或者依法提起诉讼。

（九）法律法规规定的其他权利。

第七十七条　学生在校期间依法履行下列义务：

（一）遵守宪法和法律、法规。

（二）遵守学校章程和规章制度。

（三）恪守学术道德，完成规定学业。

（四）按规定缴纳学费及有关费用，履行获得贷学金及助学金的相应义务。

（五）遵守学生行为规范，尊敬师长，养成良好的思想品德和行为习惯。

（六）珍惜和维护学校声誉，维护学校利益。

（七）爱护并合理使用教育设备和生活设施。

（八）法律法规规定的其他义务。

第七十八条　学校对思想品德、学业成绩、科技创造、体育运动及社会服务等方面表现突出的学生，给予表彰和奖励。

对有违法、违规、违纪行为的学生，学校给予批评教育或者纪律处分。

学校建立学生申诉制度和权利保护机制。

第七十九条　学生根据有关规定组织学生社团，依照法律和学校规定开展活动。学校支持学生利用业余时间参加勤工助学和社会服务活动。

第八十条　学校根据有关规定建立并执行外国留学生管理制度。

第八十一条　学员是指按照规定在学校登记，但没有学籍的接受非学历教育的受教育者。

学员按照国家和学校的有关规定或者教育服务协议的约定，享有相应的权利和履行相应的义务。

学校按照有关规定发给学员相应的结业证书或学习证明。

第八十二条　凡是在学校发展的不同历史阶段学习过的学生和学员、工作过的教职员工均是学校的校友。

第八十三条　鼓励校友参与学校的建设与发展。学校对优秀校友授予荣誉称号并设置纪念。校友应当维护学校的声誉。

第八十四条　学校设立校友总会、校友分会等机构，联络服务校友，建立学校与校友共同发展的机制。

第十章　资产与经费

第八十五条　学校资产包括流动资产、固定资产、在建工程、无形资产和对外投资等。学校对拥有的资产依法自主管理和使用。

第八十六条　学校经费来源主要包括财政拨款收入、学校事业收入、上级补助收入、附属单位上缴收入、经营收入、投资收益、利息收入、捐赠收入等。学校积极拓展资金来源渠道，鼓励通过合法途径增加收入，吸引社会资金，不断提高办学实力。

学校建立以政府投入为主，学校事业收入、企业出资、社会捐资、后勤社会化融资等多渠道融资方式，建立多元筹资体系。

第八十七条　学校建立健全资产管理制度，实行分级、分类归口管理。合理配置资源，提高资源使用效率，确保资产的保值增值，防止资产流失。

学校加强对校名等有形无形资产的保护和合理利用。

第八十八条　学校实行严格的财务预决算制度，建立健全内部财务监督制度，完善经济责任制度和审计监察制度，确保资金安全运行。

第十一章　后勤与安全

第八十九条　学校后勤坚持为师生和教学科研服务的宗旨，不断完善后勤管理和服务体系，为师生员工的学习、工作和生活提供保障。

第九十条　学校建设网络化、数字化、智能化、个性化、便捷化的校园信息化环境，建设资源共享、有效服务师生与决策的智慧校园，推动信息技术与教育管理融合，不断提高教育信息化水平。

第九十一条　学校加强环境教育和建设，增强师生的环境意识，各类污染物排放符合国家和地方标准，绿化美化校园，打造特色人文景观，建设绿色生态校园、特色人文校园。

第九十二条　学校各类活动的作业环境符合职业健康安全要求，有效控制影响职业健康安全的有害因素或潜在危险。

第九十三条　学校建立完备的安全防控体系，各类危险源识别充分，预防与控制有效。定期进行消防、交通、校车、食品、实验教学等安全检查。

第十二章　学校标识

第九十四条　校训：进德修业，博文达理。

第九十五条　校徽：方形书阵、中英文校名和圆形外环组成。

第九十六条　校歌：《青春放歌》。

第九十七条　建校时间：1976 年；校庆日：11 月 7 日。

第十三章　附则

第九十八条　本章程经校教职工代表大会讨论、校长办公会议审议、学校党委全委会讨论审定，报重庆市教育委员会核准后发布生效。

第九十九条　本章程需要修订时，由校长向教职工代表大会提议并进行说明，章程修正案由学校教职工代表大会审议、学校党委全委会讨论审定、报重庆市教育委员会核准后生效。

第一百条　本章程生效之后制定的学校规章制度，不得与本章程相抵触。

本章程生效之前制定的学校规章制度与本章程不一致的，以本章程为准。

第一百零一条　本章程经核准，自公布之日起施行，由学校党委负责解释。

在重庆文理学院党史学习教育总结大会上的讲话

党委书记　孙泽平

（2022 年 1 月 14 日）

党史学习教育开展以来，学校党委坚决贯彻落实习近平总书记关于党史学习教育重要讲话、重要指示精神和党中央决策部署，在市委党史学习教育第 27 巡回指导组的有力指导下，始终把开展好党史学习教育作为一项重大政治任务，按照“学史明理、学史增信、学史崇德、学史力行”的总要求，围绕“学党史、悟思想、办实事、开新局”目标，学校党委加强组织领导，精心谋划部署，拓展渠道方式，以高度政治自觉扎实推进党史学习教育各项工作任务，取得了预期效果。现将学校开展党史学习教育情况报告如下：

一、主要举措和做法

（一）学校党委高度重视，精心策划部署

一是强化组织领导。学校党委专门成立了党史学习教育领导小组，下设领导小组办公室，内设综合协调组、宣传报道组、实践活动组、巡回指导组四个工作组，明确了工作职责。

二是精心制定方案。学校按照中央、市委党史学习教育有关文件精神和重点任务清单，进行了精心策划，印发了学校党史学习教育实施方案、宣传报道方案、“我为群众办实事”实践活动方案及党史学习教育宣讲、学习贯彻习近平总书记“七一”重要讲话精神宣讲、党的十九届六中全会精神宣讲工作的通知等系列文件，就党史学习教育具体工作进行了详细安排。

三是认真动员部署。学校于 3 月 15 日召开党史学习教育动员大会，我在会上进行了动员，就深入学习贯彻习近平总书记重要讲话精神，扎实开展党史学习教育作出全面部署，要求提高政治站位，搞清楚为什么要开展党史学习教育；把握任务重点，弄清楚党史学习教育究竟学什么；深入贯彻落实，弄清楚如何开展好党史学习教育。各二级单位立即行动起来，通过召开专题会议、主题党日等方式进行层层动员，全校迅速掀起了党史学习教育热潮。

（二）多形式“用心学起来”，加强理论武装

一是提供丰富的学习资源保障，督促自我学习。学校购买了《论中国共产党历史》《习近平新时代中国特色社会主义思想学习问答》《中国共产党简史》《习近平总书记教育重要论述讲义》等10余本必备的学习资料，并每次中心组学习、教职工政治理论学习提醒督促干部职工加强自学。

二是党委常委会坚持学习，领导带头示范。每次党委常委会第一个议题就安排学习习近平总书记系列重要讲话、重要指示精神及党史学习教育有关内容，2021年党委常委会学习共计40余个专题。

三是坚持“三级三化”学习制度，强化集体学习研讨。2021年组织学校党委理论学习中心组集中学习研讨8次。组织二级中心组专题读书班学习5期，每期5个班，共25班次，全体校领导、中层干部均参加了学习研讨。组织全体教职工政治理论学习8次。

四是充分利用网络平台，组织线上学习。第一，建立了党委理论学习中心组微信群平台，组织领导干部带头及时跟进学习，2021年学习内容近100个；第二，建立了“党史学习教育专题网站”，设置了重要论述、上级部署、理论评论、学校动态、学习资料等栏目，引导师生学习；第三，在学校官方微信公众号开设“党史学习”专栏，设置了四史答题、学习资料、党史知识自测、党史百年天天读等栏目，为师生提供了丰富学习内容。

五是充分发挥课堂主阵地、主渠道作用。围绕“四史”学习内容，在学生中开设了选修课程；组织教师进行集体备课，探索推动“四史”学习教育融入思政课一体化建设；利用周末思想教育和主题班会，突出不同主题开展“四史”宣传教育，等等。

（三）多层次“用情讲出来”，实现全面覆盖

一是邀请重庆市委宣讲团成员先后来校作党史学习教育、习近平总书记“七一”重要讲话精神、党的十九届六中全会精神等专题宣讲报告5场。

二是开展了校内层层宣讲活动，学校专门成立宣讲小分队，党委书记、校长

任队长，党委副书记任副队长，其余领导班子成员、二级单位党总支书记、支部书记、辅导员、思政课教师为队员，全年宣讲场次总计 400 余场，实现了师生全覆盖。

三是组织开展处级领导干部、党支部书记、组织委员和专职组织员校内培训 7 场次，累计培训 2 000 余人次。选派基层党组织书记参加上级党组织举办的各类培训共计 60 余人次。

四是各二级单位充分利用红色资源，组织师生从永川桂山公园烈士陵园，到中共中央南方局、八路军驻重庆办事处所在地、中华职业教育社社史陈列馆，再到渣滓洞、歌乐山红岩魂烈士陵园、红岩村等地，开展党史学习教育专题培训数百次；还联合西南大学等 6 所高校开展“网上重走长征路活动”；举办“讲党史故事暨新媒体展示”大赛等系列活动。

五是开展以“奋斗百年路 启航新征程”为主题的庆祝中国共产党成立 100 周年文艺晚会；邀请红岩联线来校开展“传承红色基因 争做时代新人”红岩革命故事展演；承办“时代楷模”王红旭先进事迹巡回报告会等，各类宣讲、展演声情并茂，感染力强。

六是各民主党派、联谊会纷纷开展党史学习教育宣讲活动。如民进重庆文理学院支部开展“学党史会史，明初心使命”主题学习会，重庆市政协副主席、民进重庆市委会主委陈贵云出席学习会并指导，等等。

（四）多举措“用力做起来”，为师生办实事

一是着力师生需求办实事。学校领导深入基层认真开展调研，广泛听取广大师生意见建议，党委通过多次研究，确定了 5 项“我为群众办实事”重点项目，包括投入 40 万元，新建成校园测速系统；打造出总共占地 1 100 平方米，可容纳 700 个座位的考研自习室；建成星湖校区双竹公寓自习室；投入 140 余万元新建、改造 2 个停车场，共计 4 871 平方米、188 个车位，妥善缓解了教职工停车难问题；投入 100 万元建成大学生心理咨询中心，全覆盖开展学生心理健康普查，目前 5 项重点项目已经全部完成。另外全面排查安全隐患，三年滚动投入 1 000 万元用于更新消防设施设备，把彻底解决星湖校区消防供水问题列入学校重大工程项目，

该项目从 6 月中旬启动，9 月顺利完成招标，11 月 25 日开始分段通水，11 月 30 日星湖校区全面通水，提前一个月实现了星湖校区消防供水全覆盖。此工程是事关师生生命财产安全的重大民生工程，整个消防系统的全面供水，按期兑现了学校党委向市委巡视组作出的政治承诺。

二是着力政务服务改革便民利民办实事。加强校园信息化建设为师生提供便捷化服务，完善改进学生综合服务管理系统，为新生入学更便捷，重新打造了网上报到流程和相应的应用，为辅导员学生管理服务提供了高效的工作平台和师生互动平台；为加强新冠疫情防控工作，在今日校园 App 中，打造了“疫情日报”应用，极大地方便了教职工填报信息和管理部门统计数据。成立了由重庆市永川区人民医院与重庆文理学院志愿者服务者组成的“天使在身边”——“健康之翼”红十字志愿者服务队，积极主动服务社区及乡镇开展新冠病毒疫苗接种工作。等等。

三是着力发挥党员先锋模范作用办实事。组建 21 支团队 320 余名师生利用暑期到重庆各区县乡镇开展 2021 年大学生暑期“三下乡”志愿服务，服务村民 3 500 人次；招募志愿者 2 300 余人次，组建 21 支服务队开展新生报到、核酸检测及疫情防控工作。等等。

（五）聚焦学习教育主题，开展专题组织生活会

一是周密安排部署。围绕“七一”重要讲话主题，下发了关于召开专题组织生活会的通知，对专题组织生活会的主题内容、工作步骤、相关要求进行了明确。

二是精心组织召开。按照通知要求，全校 93 个党支部于 7 月 16 日前全部开展了专题组织生活会，全体校领导以普通党员身份参加，盘点参加党史学习教育的情况和收获，查找差距不足，提出改进措施。

三是抓好问题整改。针对专题组织生活会查摆出来的问题，校内各党支部明确了整改事项和整改措施、整改时限，坚决把组织生活会的“问题清单”转化为推进学校事业高质量发展的成绩清单。

二、主要成效及亮点

（一）主要成效

通过开展党史学习教育，全校各级党组织和广大党员、干部、师生，普遍受

到了一次全面深刻的历史自信、理论自觉、政治意识、性质宗旨、革命精神、时代责任教育，普遍受到了一次全面深刻的政治教育、思想淬炼、精神洗礼。

一是聚焦学史明理，理论学习有新收获。用党的创新理论武装头脑的政治领悟更加深刻，进一步深刻理解了习近平新时代中国特色社会主义思想实现了马克思主义中国化的新飞跃，深刻领悟到“两个确立”的决定性意义，深刻认识到坚决维护党中央的核心、全党的核心是党在重大时刻凝聚共识、果断抉择的关键，是党团结统一胜利前进的重要保证。

二是聚焦学史增信，思想认识有新提高。进一步坚定了历史自信，筑牢了历史记忆，坚定了用党的创新理论引领学校高质量发展的信心决心，坚定了在党的领导下坚决完成立德树人根本任务的志气、骨气和底气。

三是聚焦学史崇德，为民办事有新成效。服务师生群众的实践自觉更加强化，进一步增强了人民至上的宗旨意识，坚持以人民为中心的发展思想，以实际行动解决师生急难愁盼问题。截至目前，全校开展“我为群众办实事”实践活动累计达 330 余件，师生的获得感、幸福感、安全感得到较大提升。

四是聚焦学史力行，干事创业有新局面。推动学校高质量发展的成果更加丰硕，进一步提高了把握历史大势、应变局开新局的能力本领，深刻把握建设区域性、国际化、高水平应用型大学的发展目标定位，编制完成“十四五”规划，人才培养、科技创新、学科建设、人才队伍、社会服务、对外交流等方面取得亮眼成绩。4 个专业获批“双万计划”国家级一流本科专业建设点，入选全市高水平新工科建设高校（培育），获批重庆市示范性现代产业学院 2 个（经费 1 500 万元），获批重庆市特色化示范性软件学院。荣获第七届“互联网+”大赛全国金奖、银奖，实现市属高校获国家金奖零的突破。学校教师获得全国首届博士后创新创业大赛金奖（重庆市共有 2 项金奖），获批成为全国唯一一个“成渝地区双城经济圈乡村振兴国家级专家服务基地”。等等。

（二）特色亮点

一是将党史学习教育与巡视整改紧密结合，同步推进。学校党委常委会专题研究部署整改工作 13 次，听取整改专题汇报 5 次召开整改推进会 5 次。截至目前，巡视党委反馈问题整改举措 107 项已整改完成 94 项；选人用人专项整改举措 34 项已整改完成 31 项；意识形态专项整改举措 58 项已整改完成 56 项。

二是将党史学习教育与新时代高校党建与思政工作结合。材料科学与工程学院党总支第一支部作为首批全国“样板支部”高质量通过验收；药学院党总支教工支部、人工智能学院党总支学生支部作为首批全市“样板支部”顺利通过中期验收。学校多个单位联合开展了“信仰的力量：入党志愿书里的档案故事”主题党日活动，专门讲述学校老党员涂铭旌院士等一批老党员入党志愿书中的感人故事，展示他们坚韧的党性和优良作风，引导广大党员特别是青年师生不忘初心、牢记使命，坚定信仰、永远跟党走。学校成立大学生“四史”宣讲团，深入其他高校、中小学和社区开展宣讲 20 余场，打造了行走的思政课堂，多家媒体进行了宣传报道，社会反响良好。

三是将党史学习教育与助力乡村振兴相结合。学校成立服务乡村振兴工作领导小组，派出 5 名干部，赴武隆区担任驻村第一书记，并建立校领导联系乡村振兴工作机制；成功举办成渝地区双城经济圈乡村振兴国家级专家服务基地示范活动，组织专家团队赴武隆区、万州区、丰都县和四川省内江市等开展专家服务；承办两期“2021 年巩固拓展脱贫攻坚成果村两委班子成员培训班”，承办“全市新任驻村第一书记培训示范班”，全年完成各类相关培训 3 000 余人次；60 余名科技特派员深入基层服务“三农”；举办“学党史、办实事、服务乡村振兴”消费帮扶展销会，2021 年完成消费帮扶 130 万元。

四是将党史学习教育与内外宣传工作紧密结合。充分利用“报、网、端、微”等平台载体，根据用户人群进行重点推送、分类传播。截至目前，2021 年在新华网、中国教育报、学习强国、重庆日报、科技日报、华龙网、重庆电视台等主流媒体上发稿 150 余篇；共发布校园网主页新闻 1 000 余条，官方微信发送推文 600 余篇，官方视频号发布视频 30 余条，官方微博发布信息 1 600 余条，官方抖音发布视频 70 余条，今日头条发布信息 30 余条，编印了《党史学习教育简报》30 期，通过市委办公厅网上办公平台报送简报 12 期。

三、存在问题及不足

（一）在学生中开展“四史”宣传教育有差距

学校印发了《开展“网上重走长征路”暨推动“四史”宣传教育的工作实施方案》，开展了“四史”学习网络竞答等系列活动，但学生参与面还不够，坚持读书学史的恒心还不够；在学生中普遍开展微宣讲、互动化宣讲等方面还不够，与在全社会开展“四史”宣传教育要求还有差距。

（二）理论学习与工作实践紧密结合有差距

在党史学习教育过程中，学校在用党的创新理论，尤其是习近平新时代中国特色社会主义思想指导实践、推动工作方面还存在一些差距，标志性实践成果还不多。

四、深化拓展党史学习教育成果的意见

根据习近平总书记关于党史学习教育重要指示精神和中央、市委党史学习教育总结会议精神，我们要把党史学习教育作为一项长期坚持的任务，认真总结党史学习教育成效，把行之有效的特色做法坚持下去，建立健全常态化长效化制度机制，巩固拓展党史学习教育成果，为推动学校各项事业高质量发展提供坚强保障。借此机会，我再提几点意见：

一是在强化理论武装方面持续用力。进一步把党的创新理论学深悟透，推动学习贯彻习近平新时代中国特色社会主义思想走深走实。尤其在当前和今后一段时期要把深入学习贯彻党的十九届六中全会精神作为一项重大政治任务，以高度的政治自觉思想自觉行动自觉坚定捍卫“两个确立”、做到“两个维护”。深入开展“四史”宣传教育，将“四史”相关内容融入各门学科课程中去，引导师生在学思践悟中坚定理想信念，在奋发有为中践行初心使命，不断增强历史定力、锤炼历史思维。同时开展集体攻关，深入开展研究阐释工作，推出一批高质量的理论研究成果。

二是在加强党的建设方面持续用力。要坚定不移把党的政治建设摆在首位，不断加强党对学校的全面领导；全面加强基层党组织建设，以高质量党建引领高质量发展。要进一步落实意识形态责任制，强化师生思想政治教育。坚定不移发扬斗争精神，增强忧患意识，保持战略定力，提高能力本领，坚决同一切错误思想做斗争。要勇于推进自我革命，始终保持全面从严治党永远在路上的清醒和坚定，全面贯彻新时代党的建设总要求，持之以恒正风肃纪，一体推进不敢腐、不能腐、不想腐，巩固发展良好政治生态。

三是在为师生办实事方面持续用力。认真践行以人民为中心的发展理念，不断提升师生获得感幸福感安全感。要把握办实事的进度和时效问题，既要完成规定动作，又要真招实招出成效，把解决思想问题同解决实际问题相结合，着力提升办事的温度和师生的满意度。要充分结合各学院、各专业自身优势和特点，有针对性组织师生深入基层开展讲理论、讲政策、讲法律、讲科技、讲健康、讲典型等志愿服务活动。

四是在弘扬伟大建党精神方面持续用力。要坚定不移贯彻新发展理念，深化应用型大学规律研究，明确目标定位，将学校“十四五”事业发展规划的各项任务落地落实。埋头苦干，勇毅前行，努力在建设立足重庆，服务成渝地区双城经济圈，面向全国、放眼世界、特色鲜明、水平一流的应用型大学新征程上争取更大荣光。

同志们，我们要弘扬伟大的建党精神、赓续红色血脉，不断从党的百年奋斗历程、重大成就和历史经验中汲取力量，以史为鉴、奋进当下、开创未来，共同为建设高水平应用型大学接续奋斗，以优异成绩迎接党的二十大胜利召开。

谢谢大家！

中共重庆文理学院委员会　重庆文理学院
进一步完善教师思想政治和师德师风建设长效机制的意见

重文理委〔2021〕68 号

为深入贯彻落实习近平新时代中国特色社会主义思想和全国教育大会精神，推进实施《中共中央 国务院关于深化新时代教育评价改革总体方案》，根据《关于加强和改进新时代师德建设的意见》要求，进一步完善学校教师思想政治和师德师风建设长效机制，切实提高教师思想政治素质和职业道德水平，落实立德树人根本任务，努力培养一支政治素质过硬、业务能力精湛、育人水平高超的新时代高素质教师队伍，特制订本意见。

一、成立学校党委教师工作委员会

党委教师工作委员会主任为学校党政主要负责人，副书记及分管人事校领导担任副主任，委员由纪委书记（监察专员）、分管教学、科研、学工等校领导及党委组织部、党委宣传部、党委教师工作部、纪检监察室、教务处、科研处、研究生处主要负责人组成。

委员会办公室设在党委教师工作部，由党委教师工作部部长兼任办公室主任。

二、学校党委教师工作委员会主要职责

（一）全面贯彻党的教育方针，研究制定学校教师思想政治和师德师风建设总体规划，研究决定教师思想政治和师德师风建设工作的重大事项。

（二）研究制定教师思想政治和师德师风建设教育机制、宣传机制、考核机制、监督机制、激励机制、惩处机制，完善教师思想政治和师德师风建设制度体系。

（三）负责选树师德师风典型，做好宣传、教育工作，引导教师树立崇高理想，培育尊师重教的良好氛围。

（四）负责领导和指导二级单位教师思想政治和师德师风建设领导小组开展工作。

（五）负责对二级单位师德师风建设工作进行监督，严肃惩处违反师德师风行为者。

（六）负责落实教师党支部建设和“双带头人”培育工程。

（七）建立完善意识形态风险研判机制，开展风险年度研判、季度研判、专题研判、应急研判，做好预警防控和处突准备。

三、学校教师思想政治和师德师风建设主要任务

（一）全面加强教师队伍思想政治工作

1. 健全工作机制，强化顶层设计和总体谋划，推动教师思想政治和师德建设常态化长效化

完善学校党委教师工作部职能设置和运行机制，突出党委教师工作部在学校党委统一领导下，代表党委履行党管教师工作的职能，牵头履行教师思想政治和师德师风建设主要职责。

坚持把立德树人作为根本任务，建立和完善党委统一领导、党政齐抓、责任部门分工合作、二级学院直接领导、教师自我约束的教师思想政治和师德建设长效工作机制。教师思想政治和师德建设长效机制以突出政治建设为引领，以坚持师德为上、以人为本、改进创新为基本原则，以坚持“四个统一”为基本要求，以引导教师成为“学高为师、身正为范”的践行者、做学生的“四个引路人”、做新时期党和人民满意的“四有”好教师为工作目标，通过加强顶层设计和制度建设，逐步建立教育、宣传、考核、监督、激励、惩处等紧密衔接的“六位一体”师德建设工作体系。各二级学院应在年度工作计划中对教师队伍思想政治工作进行规划，并在年度总结中进行回顾和分析。

（责任部门：党委宣传部、党委教师工作部、二级学院）

2. 坚持思想铸魂，用习近平新时代中国特色社会主义思想武装教师头脑

健全教师理论学习制度，开展习近平新时代中国特色社会主义思想系统化、常态化学习，重点加强习近平总书记关于教育的重要论述的学习和党史学习，注重用党的奋斗历程和伟大成就鼓舞斗志、明确方向，使广大教师学懂弄通、入脑入心，自觉用“四个意识”导航，用“四个自信”强基，用“两个维护”铸魂。

定期开展全体教师思想政治理论学习，将《习近平总书记教育重要论述讲义》列入教师必学内容，使广大教师更好地掌握马克思主义立场观点方法，认清中国和世界发展大势，增进对中国特色社会主义的政治认同、思想认同、理论认同、情感认同。

（责任部门：党委组织部、党委宣传部、二级学院）

3. 坚持价值导向，引导教师带头践行社会主义核心价值观

将社会主义核心价值观融入教育教学全过程，体现到学校管理及校园文化建设各环节，进一步凝聚起师生员工思想共识，使之成为共同价值追求。在教师中开展践行社会主义核心价值观演讲比赛，从政治上思想上行动上统一价值判断和价值追求。弘扬中华优秀传统文化、革命文化和社会主义先进文化，培育科技创新文化，充分发挥文化涵养师德师风功能。身教重于言教，引导教师开展社会实践，深入了解世情、党情、国情、社情、民情，强化教育强国、教育为民的责任担当。

结合党史学习，组织全校教职工分批次参观新材料研究院，学习涂铭旌院士“大爱无疆、科教报国”精神，鼓励广大教师在服务社会的实践中厚植教育情怀。

（责任部门：党委宣传部、教务处、党委教师工作部、工会）

4. 坚持党建引领，充分发挥教师党支部和党员教师作用，推动教师党支部成为涵养师德师风的重要平台、党员教师成为践行高尚师德的中坚力量

深化学校党委常委联系服务专家长效机制，完善中层干部联系一线教师工作机制，加强政治引领和思想引领。以党组织的全面过硬带动师德师风建设成效的全面提升，将教师思政和师德师风建设情况纳入党建工作责任制、纳入校内政治巡察，作为党组织书记抓基层党建述职评议考核的重要内容，压紧压实主体责任。加强教师党支部建设，健全党支部书记“双带头人”培育工程，增强党组织生活活力，加强对教师党员监督管理，引导党员教师做“四有”好老师的示范标杆，逐步健全把骨干教师培养成党员，把党员教师培养成教学、科研、管理骨干的“双培养”机制。

（责任部门：党委组织部）

5. 坚持预防为主，完善学校教师意识形态风险研判机制

明确学校党委和二级党组织意识形态工作责任清单，建立校领导和二级单位意识形态工作联系机制。进一步完善教师意识形态风险研判机制，全面增强风险感知能力，做好风险年度研判、季度研判、专题研判、应急研判，及时向市委教育工委通报意识形态领域有关风险隐患。建立学校意识形态类事件应急处置机制，做好预警防控和处突准备。

（责任部门：党委宣传部）

（二）大力提升教师职业道德素养

1. 推进落实立德树人根本任务，深入开展“四史”学习教育特别是党史学习教育

全面贯彻党的教育方针，落实立德树人根本任务，坚持为党育人、为国育才，努力构建德智体美劳全面培养教育体系，形成更高水平的人才培养体系，培养更多德智体美劳全面发展的社会主义建设者和接班人。

紧紧围绕学懂弄通做实党的创新理论开展“四史”学习教育特别党史学习教育，教育引导全校广大党员、干部、师生在百年党史中汲取智慧和力量，增强“四个意识”、坚定“四个自信”、做到“两个维护”，推动党史学习教育走深走实，推动学校事业高质量发展。坚持学习党史与学习新中国史、改革开放史、社会主义发展史相贯通，将党史学习教育贯穿教职工政治理论学习和课程思政全过程，通过一定的方式定期通报各单位学习党史情况。鼓励教师在遵循教育教学以及学生成长规律的基础上，探索体验式、情景式教学，将红色文化以深入浅出的方式呈现出来。切实通过学党史、悟思想，引导广大师生坚定不移听党话，矢志不渝跟党走。真正做到以文化人、以德育人，不断提高学生思想水平、政治觉悟、道德品质、文化素养，做到明大德、守公德、严私德。要把立德树人内化到大学建设和管理各领域、各方面、各环节，做到以树人为核心，以立德为根本。

（责任部门：党委宣传部）

2. 突出思政课程和课程思政建设，强调课堂育德，在教育教学中提升师德素养

充分发挥课堂主渠道作用，引导广大教师守好讲台主阵地，将立德树人放在

首要位置，渗透到教育教学全过程，以心育心、以德育德、以人格育人格。把握学生身心发展规律，实现全员全过程全方位育人，增强育人的主动性、针对性、实效性，避免重教书轻育人倾向，进一步完善课程思政专项教改项目申报，激发专任教师课程思政改革活力。加强对新入职教师、青年教师的指导，通过老带新等机制，发挥传帮带作用，使其尽快熟悉教育规律、掌握教育方法，在育人实践中锤炼高尚道德情操。将师德师风教育贯穿师范生培养及教师生涯全过程，师范生必须修学师德教育课程。

（责任部门：教务处　马克思主义学院）

3. 突出典型树德，持续开展优秀教师选树宣传

开展“师德师风先进个人”评选表彰活动。在教职工中开展“时代楷模”“教书育人楷模”“师德师风先进个人”“金果源学生最喜爱老师”等先进个人事迹报告会，广泛宣传我们身边的“好老师”，引导广大教师争做“四有好老师”，当好“四个引路人”。

综合运用授予荣誉、媒体宣传、创作文艺作品等手段讲好文理育人故事，彰显师德师风风采，营造潜心育人、争当先进的浓厚氛围。

（责任部门：党委宣传部、党委教师工作部）

4. 突出规则立德，强化教师的法治和纪律教育

以学习《中华人民共和国教师法》、新时代教师职业行为十项准则系列文件等为重点，提高全校教师的法治素养、规则意识，提升依法执教、规范执教能力。强化纪律建设，全面梳理教师在课堂教学、关爱学生、师生关系、学术研究、社会活动等方面的纪律要求，依法依规健全规范体系，开展系统化、常态化宣传教育。加强警示教育，将校内外师德师风失范纳入政治学习反面案例进行通报，引导广大教师时刻自重、自省、自警、自励，坚守师德底线。

（责任部门：党委教师工作部、纪检监察室）

（三）进一步加强教师思想政治和师德师风全过程管理

1. 严格招聘引进，把好教师队伍入口

完善教师招聘和引进制度，严格思想政治和师德考察，充分发挥党组织的领导和把关作用，建立科学完备的标准、程序，坚决避免教师招聘引进中的唯分数、

唯文凭、唯职称、唯论文、唯帽子等倾向，开展拟聘人员心理健康测评。对调入人员，严格执行到原单位进行政治审查制度；对应届毕业生，采用现场或函审相结合的方式进行政治审查。

严格规范教师聘用，将思想政治和师德要求纳入教师聘用合同。规范教师资格申请认定，加强试用期考察，全面评价聘用人员的思想政治和师德表现，对不合格人员取消聘用，及时解除聘用合同。加强新教师入职培训，强化新教师思想政治引领工作。高度重视从海外引进人才的全方位考察，提升人才引进质量。

（责任部门：党委教师工作部、各二级单位）

2. 严格考核评价，落实师德第一标准

将师德考核摆在教师考核的首要位置，坚持多主体多元评价，出台师德师风考核办法，并将师德考核纳入年度考核。二级单位应探索建立师德考核正面清单，以事实为依据，定性与定量相结合，全面客观评价教师的师德表现，有条件的单位可将师德考核和绩效考核挂钩。发挥师德考核对教师行为的约束和提醒作用，及时向教师反馈考核发现的问题，并采取针对性举措帮助教师提高认识、加强整改。强化师德考核结果的运用，可运用到职称评聘、推优评先、表彰奖励、科研和人才项目申请等各个环节。

（责任部门：党委教师工作部、各二级单位）

3. 严格师德督导，建立多元监督体系

完善多方广泛参与、客观公正科学合理的师德师风监督机制。探索建立师德师风监督员制度和师德师风预警机制，进一步完善学生评教体系和教学督导制度建设；建立师德投诉举报平台，学校党委教师工作委员会办公室、纪检监察室、校信访办均将举报电话和电子邮箱在部门网站公布，接受来信、来访、网络、电话等方式的信访举报件。对检查中发现的违反师德问题及时处理，对倾向性问题抓早抓小、防微杜渐，做到有诉必查，有查必果，有果必复。

（责任部门：党委教师工作部、党委学生工作部、教务处、科研处）

4. 严格违规惩处，治理师德突出问题

严格落实新时代教师职业行为十项准则等文件规范，把群众反映强烈、社会影响恶劣的突出问题作为重点从严查处，针对高校教师性骚扰学生、学术不端以及收受学生和家长礼品礼金等开展集中治理。一经查实，要依规依纪给予组织处理或处分，严重的依法撤销教师资格、清除出教师队伍。对二级学院相关责任人追责问责。在人事处网站建立师德失范曝光平台，健全师德违规通报制度，在全校开展以案示法活动，起到警示震慑作用。

（责任部门：纪检监察室、党委教师工作部）

（四）着力营造全校尊师重教氛围

1. 强化地位提升，激发教师工作热情

进一步完善教职工代表大会制度，保障教师参与学校决策的民主权利，制定学校改革发展和教师队伍建设重大决策、重要文件充分听取教师代表意见。加大青年教师培养力度，充分发挥学校教师教学发展指导委员会的作用，委派经验丰富的优秀教师对新进教师进行跟踪帮扶；组织和指导青年教师参加各级各类教学比赛，促进新进教师从学习者向合格教师再到优秀教师的转变，较快较好地适应高校教学要求与环境。

加大教师表彰力度，着力选树推荐优秀师德典型，健全教书育人楷模、优秀教师、优秀教育工作者、学生最喜爱的老师、从教（教育系统工作）30 年、教师荣休仪式等多元的教师荣誉表彰体系。

（责任部门：工会、党委教师工作部）

2. 强化权利保护，维护教师职业尊严

维护教师依法执教的职业权利，推动完善相关法律法规，明确教师教育管理学生的合法职权，研究出台教师惩戒权办法。学校相关部门依法保障教师履行教育职责，对无过错但客观上发生学生意外伤害的，教师依法不承担责任。教师尊严不可侵害，对发生学生、家长及其亲属等因为教师履职行为而对教师进行侮辱、谩骂、肢体侵害，或者通过网络对教师进行诽谤、恶意炒作等行为，学校有关部门要高度重视，为教师维护合法权益提供必要的法律等方面支持，从严处理，构成违法犯罪的，依法追究相应责任。

（责任部门：党政办公室、党委教师工作部、工会）

3. 加强工作保障，强化责任落实

各二级单位应成立教师思想政治和师德师风建设领导小组，负责本单位教师思想政治和师德师风长效建设，落实学校党委教师工作委员会布置的各项工作任务，由二级单位党政主要领导担任组长，成员包括院党政联席会议成员（处务会）和教师代表。各单位要把加强教师思想政治和师德师风建设、弘扬尊师重教传统作为队伍建设的首要任务，夯实主体责任，压实主要负责人第一责任人责任，建立健全责任落实机制，坚持失责必问、问责必严。相关责任部门分工协作，形成合力，积极推动教师思想政治和师德师风建设的常态化、制度化和规范化。

（责任部门：各二级单位）

中共重庆文理学院委员会进一步激励广大干部新时代新担当新作为的实施办法

重文理委〔2021〕71号

为深入贯彻习近平新时代中国特色社会主义思想，更加有力有效地贯彻落实新时代党的组织路线，坚持严管和厚爱结合、激励和约束并重，建立崇尚实干、带动担当、加油鼓劲的正向激励体系，激励广大干部拥抱新时代、践行新思想、实现新作为，为建设区域性、国际化、高水平应用型大学不懈奋斗，根据《关于进一步激励广大干部新时代新担当新作为的意见》（中办发〔2018〕29号）和中共重庆市委办公厅《关于进一步激励广大干部新时代新担当新作为的实施意见》（渝委办发〔2018〕37号）及相关文件、会议精神，结合学校实际，制定本实施办法。

一、加强政治建设和思想建设，以正气充盈的政治生态带动干部奋发有为的精神状态

（一）加强政治建设。严明政治纪律和政治规矩，促使干部增强“四个意识”，坚定“四个自信”，做到“两个维护”，始终在思想上政治上行动上同以习近平同志为核心的党中央保持高度一致。全面加强法治、德治建设，引导干部明大德、守公德、严私德，自觉践行“三严三实”。把正确思想、优良作风、良好导向、正面典型立起来，推动全校政治生态、干部精神状态、各项事业发展态势持续向好。

健全领导干部政治素质识别和评价机制，加强对干部政治忠诚、政治定力、政治担当、政治能力、政治自律的考察识别，推进干部政治素质考察识别具体化、事项化，注重在疫情防控、乡村振兴、申硕攻坚等大战大考中考察识别干部政治表现，切实提高政治素质考察、政治把关的科学性、精准度，确保干部政治上站得稳、靠得住、能放心。

（二）强化思想教育。坚持用习近平新时代中国特色社会主义思想武装干部头脑、增强干部信心、增进干部自觉、鼓舞干部斗志。按照中央和市委部署，扎实

推进党史学习教育，教育引导干部学史明理、学史增信、学史崇德、学史力行。强化事业感召，紧紧围绕落实习近平总书记对重庆工作和高等教育的重要指示批示精神，围绕乡村振兴、成渝双城经济圈建设等重大战略部署，围绕区域性、国际化、高水平应用大学建设目标，教育引导广大干部勇做新时代的坚定者、奋进者、搏击者，在其位、谋其政、干其事、求其效。发扬文理人筚路蓝缕、敢打敢拼的闯劲，唯实惟先、善作善成的巧劲，咬定青山、永不言败的韧劲，让广大干部聪明才智充分涌流，让各类人才创造活力竞相迸发，形成锐意改革、攻坚克难的良好风尚。加强党校阵地建设，推进马克思主义学院建设，抓好党委中心组和二级中心组理论学习，坚持党支部“三会一课”和主题党日制度，持续优化学习形式、提升学习实效。

及时选树和大力宣传一批敢于担当、奋发有为的先进典型，持续开展“缅怀涂铭旌院士”主题党日活动、“信仰的力量——入党志愿书里的档案故事”宣讲活动，定期开展“担当作为好干部”“优秀共产党员”“先进教育工作者”等推荐评选表彰工作，组织广大干部向先进典型学习，营造比学赶超的良好氛围。对敢于担当、实绩突出的优秀年轻干部，及时搭建平台，大胆提拔使用。

二、树立重实干重实绩的用人导向，形成优者上、庸者下、劣者汰的局面

（三）大力选用忠诚干净担当的干部。坚持好干部标准，突出信念过硬、政治过硬、责任过硬、能力过硬、作风过硬，大力选拔敢于负责、勇于担当、善于作为、实绩突出的干部。坚持从对党忠诚的高度看待干部是否担当作为，既看日常工作中的担当，又看大事难事要事中的表现。坚持有为才有位，突出实践实干实效，让那些想干事、能干事、干成事的干部有机会有舞台。拓展选人用人视野，在更宽领域、更大范围发现和选拔改革攻坚的促进派、实干家。对担当作为的优秀干部，要破除论资排辈、平衡照顾、求全责备等观念，打破隐性台阶，不拘一格大胆使用。

（四）坚决调整不担当不作为的干部。认真落实《推进领导干部能上能下若干规定（试行）》（中办发〔2015〕42号）和《重庆市调整不适宜担任现职干部实施细则（试行）》（渝委办发〔2018〕20号）。结合巡视巡察和日常了解等掌握的情况，

对政治上不守规矩、工作上无所作为、作风上漂浮虚躁、廉洁上不干不净的干部，采取调离、改任非领导职务、免职、降职等方式，按规定和程序果断调整、坚决处理，使能上能下成为常态，形成调整处理一个、教育警示一片的震慑效应。

（五）静水深流做好优秀年轻干部发现储备工作。认真落实中央《关于适应新时代要求大力发现培养选拔优秀年轻干部的意见》，健全落实优秀年轻干部日常发现、动态管理、持续培养、适时使用工作机制。把发现“好苗子”功夫下在日常中，经常性、近距离、有原则地接触干部，把干部能干什么、干了什么、干成了什么了解清楚。每届对二级单位领导班子和领导干部至少回访调研一遍，每年对所有干部全覆盖开展工作约谈，加强基层调研，增进日常了解，及时掌握班子运行和干部履职情况。在精准发现、综合研判基础上，分层次、分类别建立一定规模的优秀年轻干部队伍，人选由组织掌握，实行优进绌退、动态管理，确保优秀年轻干部“蓄水池”水量充足、水质优良。加强年轻干部培养锻炼，对有发展潜力需要递进培养的抓紧放到关键岗位历练，对各方面条件比较成熟的及时提拔使用。

三、改进考核评价，充分发挥激励鞭策作用

（六）完善干部考核办法。根据《党政领导干部考核工作条例》，结合学校实际，及时修订《重庆文理学院处级领导干部考核办法》。改进年度考核，做实日常考核，加强专项考核，坚持任期考核，构建完整的干部考核工作制度体系。着眼差异化、精准化要求，合理设置干部考核指标，改进考核方式方法，增强考核的科学性、针对性、操作性。统筹抓好二级单位工作质量考核、党组织书记述职评议考核、教职工年度考核等工作，防止多头考核、重复考核、烦琐考核，切实减轻基层迎考迎评负担，让干部把主要心思和精力放在推进改革创新、抓好工作落实上。

（七）强化考核结果分析运用。将考核结果作为干部选拔任用、评先奖优、问责追责的重要依据，坚决防止干与不干、干多干少、干好干坏一个样的问题。对考核优秀的干部，在选拔任用、评先奖优等工作中予以重点关注；对考核较差、工作打不开局面、各方意见较大的干部，及时进行组织调整。通过适当方式及时反馈考核结果，引导干部发扬成绩、改进不足，更好忠于职守、担当奉献。

四、完善容错纠错机制，切实为敢于担当、踏实做事、不谋私利的干部撑腰鼓劲

（八）准确界定容错情形及条件。认真落实习近平总书记“三个区分开来”要求，把干部在推进改革中因缺乏经验、先行先试出现的失误错误，同明知故犯的违纪违法行为区分开来；把尚无明确限制的探索性试验中的失误错误，同明令禁止后依然我行我素的违纪违法行为区分开来；把为推动发展的无意过失，同为谋取私利的违纪违法行为区分开来。妥善把握事业为上、实事求是、依纪依法、容纠并举等原则，结合动机态度、客观条件、程序方法、性质程度、后果影响以及挽回损失等情况，对干部的失误错误进行综合分析，对该容的大胆容错，不该容的坚决不容。

对给予容错的干部，考核考察要客观评价，选拔任用要公正合理，本人有关考核、选拔任用、职级职称晋升等可不受影响。对不适用容错情形但可以从轻、减轻或者免于处分的，按规定执行。准确把握政策界限，对违纪违法行为必须严肃查处，防止混淆问题性质、拿容错当“保护伞”，搞纪律“松绑”，确保容错在纪律红线、法律底线内进行。

（九）积极为干部澄清正名。加强舆论引导，坚持激浊扬清，注重保护干部声誉，维护干部队伍形象。完善信访核查机制，对信访核查结果按规定及时处理。对反映失实、查无实据或经认定予以容错的，在一定范围内说明情况，消除干部顾虑。对受到恶意中伤、诬告陷害及被炒作诽谤的干部，及时采取适当方式澄清事实，还干部清白。严查诬告陷害行为，对采取不正当手段恶意中伤、诬告陷害、散布谣言的按规定给予批评教育、组织处理或纪律处分，涉嫌违法犯罪的移交监察、公安、司法等机关依法处理。

五、强化干部管理，着力增强干部适应新时代发展要求的本领能力

（十）强化培训增强能力。按照建设高素质专业化干部队伍要求，强化能力培训和实践锻炼，涵养干部担当作为的底气和勇气。着眼塑造专业作风和专业精神，大力弘扬劳模精神、工匠精神和“马上就办”精神，大兴调查研究之风，引导干

部把工作放在心上，把心放在工作上，干一行爱一行，钻一行精一行，管一行像一行。突出精准化和实效性，通过“线上+线下”“走出去+请进来”“集中开展+督促自学”相结合的方式，分层次、分类别开展干部培训，帮助干部弥补知识弱项、能力短板、经验盲区。及时开展新提任干部任职培训，帮助他们及时转换角色、尽快进入状态，在新岗位展现新担当、新作为。

（十一）推进交流增强活力。内设机构中层干部在同一职位上任职时间较长的，应当有计划地进行交流轮岗。对在人财物管理或项目评审多、资金额度大等关键岗位担任同一职位领导职务满 5 年的，应当进行交流；满 8 年的，必须进行交流。根据上级部署，积极推进与兄弟高校、市级部门、区县之间干部交流。推荐选派干部挂职锻炼，抽调干部参加学校重要专项工作，通过多岗锻炼开阔干部视野、提升干部能力。加大干部人才引进力度，集聚和储备一批紧缺急需专业干部人才。

（十二）从严管理增强定力。坚持“巡视带巡察”，抓好市委巡视反馈意见整改落实，常态化开展校内巡察工作，以迎接巡视巡察、抓好巡视巡察“后半篇文章”检验锤炼干部忠诚干净担当。突出政治监督，做实日常监督，强化履职尽责、担当作为监督。常态规范管理领导干部配偶、子女及其配偶经商办企业行为，严格执行个人有关事项报告制度，加强领导干部出国（境）及在社会团体、基金会兼职管理，严格履行报批程序。巩固拓展落实中央八项规定精神成果，坚决查处隐形变异等“四风”问题新动向新表现。精准运用监督执纪“四种形态”，让干部习惯在受监督和约束的环境中工作生活，不断增强干部政治定力、纪律定力、道德定力、抵腐定力。

六、关心关爱干部，促进干部安心安身安业

（十三）加强人文关怀。坚持严格管理和关心信任相统一，政治上激励、工作上支持、待遇上保障、心理上关怀，增强干部的荣誉感、归属感、获得感。通过召开座谈会、深入基层调研、个别谈心谈话等方式，及时了解干部所思所想所盼，深入细致做好思想政治工作，及时为干部释疑解惑、加油鼓劲，切实帮助解决干部后顾之忧。完善走访慰问制度，做好元旦、春节、“七一”、敬老节等重要时间

节点的走访慰问工作。干部患重大疾病、家庭发生重大变故等，应及时走访慰问。

（十四）落实待遇保障。按照中央、市委有关规定和部署，健全干部待遇激励保障制度体系，完善绩效工资分配办法，突出绩效激励作用。给基层干部特别是战斗在疫情防控、乡村振兴、教学科研和管理服务工作第一线的干部更多理解和支持，主动排忧解难，在政策、待遇方面给予倾斜。完善挂职锻炼干部工作补贴制度，明确挂职期间绩效工资、出差补贴、工作经费等划拨标准。设立专项绩效，对参与重要专项工作、承担急难险重任务的干部给予适当补贴。关注干部身心健康，保障干部养老、医疗、体检等待遇，丰富干部文体活动。

（十五）助推成长发展。探索干部分类管理制度，引导干部根据学校事业发展需要和个人能力特长意愿，做好自身成长发展规划。分类施策搭建平台、创造条件、完善政策，帮助干部成长进步。落实党务干部职务职级“双线”晋升相关规定，探索职务（职称）评审单列计划、单设标准、单独评审。按照相关政策规定，打通各类人员晋升通道，完善转岗管理办法。选拔任用干部时，根据现聘岗位类别，分类合理设置任职资格条件。推进干部能上能下，健全优秀年轻干部适时使用机制，把在疫情防控、乡村振兴和各领域工作中敢担当善作为的干部及时选拔出来、使用起来。对暂未担任干部职务，但有发展潜力、可进一步使用的同志，要有计划地安排到党支部书记、系（教研室）主任以及群团组织、科研平台负责人等岗位观察历练。

七、加强组织领导，凝聚推动干部担当作为的强大合力

（十六）坚持齐抓共管。各级党组织要深刻把握新时代新使命新征程，增强政治领导力、思想引领力、群众组织力、社会号召力，切实担负起激励干部新时代新担当新作为的主体责任。相关职能部门要各司其职、协同配合，共同推动学校激励干部担当作为各项政策措施落地见效。各级领导干部特别是党政主要负责人要发挥示范表率作用，带头履职尽责，带头担当作为，带头承担责任，一级带着一级干，一级做给一级看，以担当带动担当，以作为促进作为。

（十七）精准执行政策。加强科学统筹，制定和执行政策要坚持具体问题具体

分析，坚持分类指导、精准施策，充分发挥政策的激励引导和保障支持作用。严守政策红线，坚决防止借机搞纪律“松绑”、作风“减压”，对隐瞒包庇“乱作为”、变相违规发放奖金福利等违纪行为，严肃进行查处，确保相关工作始终在全面从严和纪律法治的轨道上平稳推进。

重庆文理学院师德师风考核办法（试行）

重文理人〔2021〕49号

为深入学习贯彻习近平新时代中国特色社会主义思想，积极落实习近平总书记对教师提出的“三个牢固树立”“四有好老师”“四个引路人”和“四个相统一”希望和要求，进一步加强学校师德师风建设，建立健全学校师德师风长效机制，根据《关于加强和改进新时代师德师风建设的意见》（教师〔2019〕10号）、《关于深化高校教师考核评价制度改革的指导意见》（教师〔2016〕7号）、《新时代高校教师职业行为十项准则》（教师〔2018〕16号）、《关于高校教师师德失范行为处理的指导意见》（教师〔2018〕17号）、《重庆文理学院师德建设长效机制实施办法》（重文理人〔2018〕39号）、《重庆文理学院教师职业道德规范（试行）》（重文理人〔2018〕38号）等文件精神，结合学校实际情况，制定师德师风考核办法。

一、考核对象

学校全体在岗教职工（含学校委托智汇劳务派遣人员、合同用工人员、全职外聘教师）。

二、考核原则及标准

师德师风考核坚持多主体多元评价，以事实为依据，注重师德师风表现与工作业绩相结合、日常监督与年度考核相结合。考核标准以《新时代高校教师职业行为十项准则》为主。

三、考核内容

（一）坚定政治方向。坚持以习近平新时代中国特色社会主义思想为指导，拥护中国共产党的领导，贯彻党的教育方针；不得在教育教学活动中及其他场合有损害党中央权威、违背党的路线方针政策的言行。

（二）自觉爱国守法。忠于祖国，忠于人民，恪守宪法原则，遵守法律法规，依法履行教师职责；不得损害国家利益、社会公共利益，不违背社会公序良俗。

（三）传播优秀文化。带头践行社会主义核心价值观，弘扬真善美，传递正能量；不得通过课堂、论坛、讲座、信息网络及其他渠道发表、转发错误观点，不得编造散布虚假信息、不良信息。

（四）潜心教书育人。落实立德树人根本任务，遵循教育规律和学生成长规律，因材施教，教学相长；不得违反教学纪律、敷衍教学，不得擅自从事影响教育教学本职工作的兼职兼薪行为。

（五）关心爱护学生。严慈相济，诲人不倦，真心关爱学生，严格要求学生，做学生良师益友；不得要求学生从事与教学、科研、社会服务无关的事宜。

（六）坚持言行雅正。为人师表，以身作则，举止文明，作风正派，自重自爱；不得与学生发生任何不正当关系，严禁任何形式的猥亵、性骚扰行为。

（七）遵守学术规范。严谨治学，力戒浮躁，潜心问道，勇于探索，坚守学术良知，反对学术不端；不得抄袭剽窃、篡改侵吞他人学术成果，不得滥用学术资源和学术影响。

（八）秉持公平诚信。坚持原则，处事公道，光明磊落，为人正直；不得在招生、考试、推优、就业及绩效考核、岗位聘用、职称评聘、评优评奖等工作中徇私舞弊、弄虚作假。

（九）坚守廉洁自律。严于律己，清廉从教；不得索要、收受学生及家长财物，不得参加由学生及家长付费的宴请、旅游、娱乐休闲等活动，不得利用家长资源谋取私利。

（十）积极奉献社会。履行社会责任，贡献聪明才智，树立正确义利观；不得假公济私，擅自利用学校名义或校名、校徽、专利、场所等资源谋取个人利益。

四、考核等次

（一）师德师风考核结果分为“合格”“不合格”两个等次。师德师风合格着重从思想政治素质，爱国爱校爱生，爱岗敬业，潜心教书育人，任劳任怨，积极奉献等个人品德，职业道德，社会公德方面考量。

（二）有涉及违反《重庆文理学院教师职业道德规范（试行）》(〔2018〕38 号)

文件所规定以及有下列行为之一，应确定为考核“不合格”。

1. 违反国家宪法、法律法规、中央“两个维护”“八项规定”精神和“六个严禁”等行为；

2. 违反教师职业道德规范，损害学生和学校合法权益的行为；

3. 在网站、社交媒体、微博微信等媒体平台中散布违反法律法规、政治纪律和政治规矩的错误言论，危及意识形态安全；

4. 在课堂教学、学术讲座、研讨会、论坛等活动中散布违背党的路线方针政策的言行；

5. 在校内传播宗教、低俗文化和非法出版物的行为；

6. 无故不承担工作任务或违规从事影响教育教学本职工作的兼职兼薪行为；

7. 严重违反学校纪律，敷衍教学，擅离工作岗位，经常迟到、早退、旷工、消极怠工且屡教不改等行为；或一年内出现教学事故 3 次及以上；

8. 造谣、传谣、制造矛盾、诬告学校和教职员工的行为；

9. 歧视、讽刺学生，对学生侮辱、诽谤等人身攻击的行为；

10. 对学生实施性骚扰或与学生发生不正当关系的行为；

11. 弄虚作假、抄袭剽窃、篡改侵吞他人学术成果、违规使用科研经费以及滥用学术资源和学术影响的行为；

12. 在招生、考试、推优、保研、就业及绩效考核、岗位评聘、评优评奖、职务晋升、工资晋级、干部选任、职称评审、人才计划推荐、教师资格认定、申报科研项目、干部选任等工作中徇私舞弊、弄虚作假的行为；

13. 索要或收受学生及家长的礼品、礼金、有价证券、支付凭证等财物的行为；

14. 以不正当手段为本人或他人谋取荣誉、职称、学历、学位等利益的行为；

15. 其他经认定严重违反师德师风的行为。

五、考核程序

师德师风考核作为教职工年度工作考核的一项重要内容，一般与教职工年度考核同时进行。由各二级单位师德建设与监督小组负责组织考核，作出综合评议结论和等次。考核程序分为个人自评、综合评议、结果反馈、结果公示、审核批准。

（一）个人自评。教职工个人填写《重庆文理学院　　年度考核表》，对个人年度师德师风表现进行总结，并对照考核内容及要求，进行自我评议，确定自评等次。

（二）综合评议。各二级单位师德建设与监督小组根据教职工个人自评情况，结合师德师风考核工作要求对教职工进行综合评议，确定被考核人等次。

（三）结果公示。由各二级单位向参加考核的每位教职工反馈综合评议结果并公示 3 个工作日。确定考核等次为不合格的，要向教职工说明理由，听取教职工本人的陈述和申辩意见。

（四）结果反馈。各二级单位向学校报送教职工师德师风考核结果。教职工对考核结果有异议的，应当以书面形式向学校师德建设与监督委员会提出复核申请，并附相关事实和理由。逾期申请复核的，学校不予受理。经学校师德建设与监督委员会复核的考核结果具有终局性，被考核人不得以同一事实和理由再次提出复核申请。

（五）学校批准。学校师德建设与监督委员会对各二级单位上报的考核结果复核、审定。

六、考核结果的运用

（一）师德师风考核合格作为年度考核、评奖评优、职称评聘、岗位聘用、工资晋级、干部选任、申报人才计划、人才计划推荐、教师资格认定、申报科研项目等工作的入门条件。考核结果记入教职工个人档案。

（二）师德师风考核为“不合格”者，当年年度考核应确定为“不合格”。

（三）对教职工师德失范行为实行“一票否决”，并给予相应处理或处分。情节较轻的，给予批评教育、诫勉谈话、责令检查、通报批评。情节较重应当给予处分的，应根据《事业单位工作人员处分暂行规定》给予行政处分，包括警告、记过、降低岗位等级或撤职、开除；需要解除聘用合同的，按照《事业单位人事管理条例》相关规定进行处理。情节严重、影响恶劣的，应当依据《教师资格条例》报请主管教育部门撤销其教师资格，是中共党员的，同时给予党纪处分。涉嫌违法犯罪的，及时移送司法机关依法处理。

七、组织及要求

（一）学校成立师德建设与监督委员会。主任由学校主要负责人担任，副主任由分管教师思想政治、意识形态工作和组织、人事工作的校领导担任，成员包括：党政办、党委教师工作部、党委宣传部、纪检监察室、教务处、科研处、党委学生工作部等相关职能部门的负责人和教师、学生代表。

（二）学校师德建设与监督委员会秘书处设在党委教师工作部（人事处），负责全校教职工师德师风考核工作的组织实施。各单位师德建设与监督小组负责本单位的师德师风考核工作。学校纪检监察室负责监督学校师德师风考核工作。

（三）各单位要高度重视师德师风考核工作，引导广大教职工充分认识开展师德师风考核工作的重要性和必要性。严格按照考核程序组织考评，全面、客观、公平、公开地评价每位教职工的师德表现。

重庆文理学院教职工请假和考勤管理办法

重文理人〔2021〕53号

第一章　总则

第一条　为了进一步加强教职工日常管理，维护学校正常工作秩序，保障学校和教职工合法权益，根据国家和重庆市有关规定，结合学校实际，特制订本办法。

第二条　本办法适用于学校在职人员。全体教职工应完成学校和本单位安排的各项工作任务，积极参加学校和本单位组织的各项集体活动，严格遵守学校规定的作息时间。

第三条　本办法的请假范围包括：事假、病假、婚假、产假、哺乳假、护理假、探亲假、丧假、工伤假以及因公出差等。教职工因公外借、挂职锻炼、公派出国、博士学位进修、校外兼职等按学校相关规定执行。

第四条　各单位要高度重视教职工考勤与请假管理工作，结合自身特点健全并完善本单位的请假、销假、续假等相关程序与实施细则，严格依规做好本单位教职工的考勤管理。考勤结果与教职工工资绩效挂钩，并作为评奖、调资晋级、聘任的重要依据。

第二章　考勤管理

第五条　日常考勤

（一）以各二级单位为考勤单位。

（二）坐班教职工日常考勤实行打卡签到制度。考勤人员必须认真负责，单位领导应以身作则、身体力行、遵守制度并加强对考勤工作的管理。

（三）考勤单位（部门）负责人是本单位（部门）考勤管理的第一责任人，负责本单位（部门）考勤工作的组织实施，督促本单位（部门）教职工严格遵守劳动纪律，并指定专人作为考勤员。考勤员具体负责考勤工作，保存好请假单等相关考勤材料，并及时向人事处统计报送考勤情况。

（四）各单位要严格考勤，维护工作秩序和教职工的合法权益。出差、开会、请假、旷工、迟到、早退、脱产进修、出国（境）访学等均应做考勤记录，并在每月 5 日前将上个月的考勤汇总表和各种缺勤证明一并报人事处。考勤单位对报送考勤情况的真实性与准确性负责。

第六条　出勤要求

（一）教学科研人员的教育教学时间和管理服务人员的办公时间以及学校、学院（部门）规定的学习、会议和活动等时间，均视为教职工的工作日，应按时到岗。

（二）机关、后勤、教辅部门工作人员执行上下班打卡制度；教学院系、科研院所管理人员（指具体从事部门管理工作的一般工作人员和处级领导干部）实行上下班签到、签退制度。按工作日考勤。

（三）在未承担教学任务的学期内，教学科研人员离开学校驻地一周及以上的，应办理请销假手续。

（四）辅导员由各学院根据学生管理工作实际情况制定合理的考勤管理制度；专职科研人员原则上实行坐班制。

（五）“双肩挑”人员按照主要聘用岗位管理，兼顾教学科研工作，原则上应全职到岗。

第三章　事假

第七条　教职工凡需占用工作时间办理私人事务的，应事先履行请假手续，经批准后方可休事假。不实行坐班制的人员，在正常工作日因私事离渝外出，也须向本部门办理请假手续并说明外出时间。

第八条　事假由本人书面提出请假申请。事假期限每次一般控制在 2 个工作日以内，特殊情况最长一次不得超过 15 个工作日，全年累计事假原则上不得超过 20 个工作日。

第九条　事假审批

（一）事假在 2 个工作日以内（含 2 个工作日）的，由所在学院（部门）主要负责人审批。

（二）事假超过 2 个工作日的，由所在学院（部门）主要负责人核准报人事处审批。

（三）特殊情况请假超过 10 个工作日的，由人事处核准报分管校领导审批。

（四）申请事假 20 个工作日以上的，经单位负责人、人事处负责人、分管人事校领导核准后，由校长办公会研究后报市教委审批。

第十条　工资待遇

学校教职工工资由基本工资（财政工资）和绩效工资两部分组成，事假期间具体工资待遇规定为：

（一）基本工资：全年累计事假在 5 个工作日以内的，基本工资照发。全年累计事假超过 5 个工作日的，从第 6 个工作日起，按工作日停发本人日基本工资（日工资=月基本工资÷21 天），直至其事假终止为止。

（二）绩效工资：按学校绩效考核办法进行分配。

（三）在职职工因私出境假期内工资，按单位处理事假的规定办理。

第四章　病假

第十一条　教职工因病不能坚持正常工作，需要请假治疗或休息的，凭县级（或二甲）及以上医院有效证明，经批准后可休病假。

第十二条　病假审批

病假由本人或委托亲属提出请假申请。因患急性病（含出差在外地患急性病）未先办理请假审批手续者，应及时履行补假手续。

（一）病假时间在 15 天以内（含 15 天）的，由所在单位主要负责人审批同意后报人事处备案。

（二）病假时间 15 天以上 60 天以内的，由所在单位主要负责人核准报人事处审批。

（三）病假时间连续超过 2 个月的，由所在学院（部门）主要负责人核准后，由人事处报分管校领导审批。

（四）病假时间连续超过 6 个月的，由所在学院（部门）和人事处签署意见，报分管人事校领导审批，办理长病假手续，列入长病假人员管理。

长病假教职工，凭三级甲等医院出具已恢复劳动能力证明，经所在部门及人事处及同意后方可重新上岗。

（五）教职工因打架斗殴致伤残者，未上班期间按事假处理，违纪违法者除外。

第十三条　教职工病休期间不得从事第二职业，若发现本人从事第二职业的，立即终止病假，并追回病假期间学校发放相关待遇。

第十四条　工资待遇

（一）基本工资

1. 教职工连续病假在 2 个月以内的（包括公休假日和节假日），基本工资全额发放。

2. 教职工连续病假超过 2 个月不满 6 个月的，从第 3 个月起按照下列标准发放病假工资：工作年限不满 10 年的，按本人基本工资的 90%计发；工作年限满 10 年及以上的，基本工资照发。

3. 教职工连续病假超过 6 个月的，超出 6 个月的病假期间不计算工龄，并从第 7 个月起按照下列标准发放病假工资：工作年限不满 10 年的，按本人基本工资的 70%计发；工作年限满 10 年及以上的，按本人基本工资的 80%计发。

（二）绩效工资：按学校绩效考核办法进行分配。

第五章　婚假

第十五条　依法办理结婚登记的夫妻，可享受婚假十五日。因学校工作的特殊性，教职工婚假应尽量安排在节假日、寒暑假。

第十六条　婚假原则上应在职工本人结婚时享受，如遇特殊情况需另行安排时间休婚假的，经单位领导同意，在办理结婚登记之日后十二个月内休完。婚假应当连续使用，假期中包括公休日和国家法定节假日。

第十七条　婚假由本人申请，经所在学院（部门）主要负责人审批同意后，向人事处备案。

第十八条　教职工在婚假期间，工资待遇正常发放。

第六章　产假

第十九条　符合法律、法规规定生育的女职工，享受产假 128 天（其中可以产前休假 15 天）；难产的，增加产假 15 天；生育多胞胎的，每多生育 1 个婴儿，增加产假 15 天。女职工怀孕未满 4 个月流产的，享受 15 天产假；怀孕满 4 个月流产的，享受 42 天产假。

产假原则上应当连续使用，假期中包括公休日、国家法定节假日和寒暑假。

第二十条　符合法律法规规定生育的女职工，经本人申请，所在学院（部门）主要负责人核准，人事处审批同意，产假期满后可延长产假，连续休假至子女一周岁止。

第二十一条　教职工休产假，需提交书面申请及医疗机构的证明，经所在学院（部门）主要负责人审批同意后，报人事处备案。

第二十二条　工资待遇

（一）女职工按规定享受的正常产假期间，其基本工资全额发放，绩效工资的发放按学校绩效考核办法进行执行。

（二）延长产假期间，基本工资按本人财政工资的 75%发放，绩效工资按学校绩效考核办法进行执行。

第七章　哺乳假

第二十三条　产假期满，对哺乳未满 1 周岁婴儿的女职工，经本人申请，所在学院（部门）主要负责人批准，可请哺乳假。在每天的劳动时间内为哺乳期女职工安排 1 小时哺乳时间；女职工生育多胞胎的，每多哺乳 1 个婴儿每天增加 1 小时哺乳时间。

第八章　护理假

第二十四条　符合法律、法规规定生育的女职工产假期间，男方给予护理假十五日，假期中包括公休日、寒暑假、节假日。

第二十五条　教职工父母（含岳父岳母和公公婆婆，老人为独生子女父母）患病住院治疗且需要二级以上护理时，可以请护理假，每年护理假累计不超过 10 天。

第二十六条　职工请护理假须同时提交申请和医院出具的相关证明，经所在学院（部门）主要负责人核准后，报人事处审批。

第二十七条　男方护理生产配偶假期和独生子女护理父母假期，工资待遇正常发放。

第九章　探亲假

第二十八条　凡工作满 1 年以上并已转正的在职职工，若与其配偶或父母（不包括岳父母、公婆）不住在一起，又不能利用公休假日团聚的，可以享受探望配偶或父母的待遇。其中，利用公休假日团聚的，是指利用公休假日，在探亲地点居住一夜和休息半个白天。

第二十九条　根据学校实际情况，符合享受探亲假的教职工，原则上应安排在寒暑假探亲。

第三十条　探亲期间的往返路费，按国家和学校的相关规定执行。

第十章　工伤假

第三十一条　经学校所在地人力资源和社会保障局认定为因工受伤的教职工，可以请工伤假，审批程序参照第四章执行。

第十一章　丧假

第三十二条　教职工的直系亲属（父母、岳父母、公婆、配偶、子女）死亡时，给予 5 个工作日的丧假。若在外地的上述亲属死亡，需本人去处理丧事的，可根据路程远近酌情另给路程假。其他亲属去世，需本人前去处理丧事的，按事假处理。

第三十三条　丧假由所在学院（部门）领导批准，报人事处备案。

第三十四条　教职工在丧假期间，本人基本工资和绩效工资照发，往返路费自理。

第十二章　因公出差

第三十五条　教职工因学校工作业务离开工作岗位的，10 个工作日及以下的由学院（部门）主要负责人审批，同意后报人事处备案；10 个工作日以上由学院（部门）主要负责人核准报人事处审批。

第三十六条　教职工因公外借、挂职锻炼、公派出国等由学校相关职能部门报人事处备案。

第三十七条　教职工在因公出差期间，本人基本工资和绩效按学校相关规定办理。

第十三章　学习假

第三十八条　符合学校培训管理办法规定，参加校内外脱产培训、学术交流的教职工可以请学习假，其时间根据培训时间确定。

第三十九条　学习假审批

（一）学习假在六个月以内，须经所在单位主要负责人、分管或联系校领导核准后，报人事处审批。

（二）学习假超过六个月，或到境外、国外培训进修的，须经所在单位主要负责人、分管或联系校领导、人事处核准后，报分管人事校领导审批。

第四十条　学习假期间，基本工资全额发放，绩效工资按教职工培训管理办法执行。

第十四章　旷工认定和处理

第四十一条　旷工认定

教职工有下列情形之一的，视作旷工：

（一）未办理请假手续或请假未获批准擅自离开工作岗位的；

（二）请假期限已满，不续假或续假未获批准而逾期不归的；

（三）弄虚作假骗取假期的；

（四）校内调动人员拒不到新岗位工作或无故拖延超过报到期限的；

（五）未经学校批准，擅自与学院（部门）私下约定而离开工作岗位的；

（六）一年内每累计迟到或早退半小时以内 5 次，或半小时到 2 小时之间 3 次，或超过 2 小时 1 次的，视作旷工 1 个工作日。

（七）未经批准占用工作时间私自在外兼职、兼课或在工作时间私自找他人代课、代岗。

（八）法律、法规规定的其他旷工情形。

第四十二条　旷工处理

（一）各学院（部门）应视情节轻重和旷工者对错误的认识程度给予批评教育。情节严重的，各学院（部门）应以书面形式及时向学校人事处报告，并提出处理意见，学校人事处将根据违纪事实作出相应的行政处分。

（二）扣发相应的基本工资和绩效工资。

（三）连续旷工超过15个工作日或者一年内累计旷工超过30个工作日的，可以解除聘用合同。

第四十三条　专职教学科研人员除按规定完成教学科研任务外，还必须参加学校或系（院）组织的会议、学习、教研室活动等，无故缺席一次按旷工半天处理。

第四十四条　学院（部门）应切实落实教职工考勤规定，不得超越审批权限对本学院（部门）教职工擅自作出准假决定。因学院（部门）未能严格执行学校管理规定而给学校造成的利益损失由学院（部门）承担，并追究有关学院（部门）直接责任人及主管领导的责任。

第十五章　附则

第四十五条　合同制、劳务派遣等非在编人员参照本办法执行。

第四十六条　处级领导干部请假、销假按学校相关规定办理。

第四十七条　以上假期（除已注明为工作日的）均包含法定节日和公休日。

第四十八条　本办法自发布之日起实施，由人事处负责解释。原《重庆文理学院教职工请假管理规定》（重文理人〔2007〕18号）同时废止。国家和重庆市有新的规定时，从其规定。

党建与思想政治工作

DANGJIAN YU SIXIANG
ZHENGZHI GONGZUO

政治建设

1. 深学笃用习近平新时代中国特色社会主义思想

深化习近平新时代中国特色社会主义思想学习教育，抓好《习近平谈治国理政》第一、二、三卷等原文学习。把深学笃用习近平新时代中国特色社会主义思想作为首要政治任务。党委常委会将学习贯彻习近平新时代中国特色社会主义思想列为第一个议题，每次党委常委会会议均安排有习近平新时代中国特色社会主义思想相关内容专题学习。坚持“三级三化”理论学习制度，2021 年，组织党委理论学习中心组线下集中学习 8 次，利用中心组微信群平台，每月及时跟进学习。组织二级中心组专题读书班学习 5 次，教职工政治理论学习 8 次。为党员干部征订《习近平谈治国理政》第一、二、三卷和习近平总书记相关原著，要求党员干部以领学、主题发言和自学的形式，分章节在党委理论学习中心组和教职工政治理论学习、主题党日分章节原文学习，不断把学习贯彻习近平新时代中国特色社会主义思想引向深入，切实增强“四个意识”、坚定“四个自信”、坚决做到“两个维护”。

深入学习党的十九届五中、六中全会和市委五届十、十一次全会精神，其中党的十九届五中全会精神宣讲 140 余场，实现师生全覆盖。党的十九届六中全会召开后，学校党委及时安排部署，学习传达、贯彻落实党的十九届六中全会精神。党委常委会及时跟进学习市委五届十、十一次全会精神，邀请市委宣讲团成员尹博进校开展十九届六中全会精神宣讲。充分利用微信平台，及时跟进学习习近平总书记最新重要讲话和重要指示批示精神，以及中央、市委的重大决策部署。

邀请市委宣讲团成员作党史学习教育专题辅导报告，党委理论学习中心组每次学习安排党史学习教育内容。分时段分专题安排 5 期专题读书班系列活动，涉及班次 20 次，受众 1 300 余人次。开展习近平总书记“七一”重要讲话精神层层宣讲活动，专门成立宣讲小分队，学校党委书记、校长任队长，党委副书记任副队长，其余党员校领导、二级单位党总支书记、支部书记、辅导员、思政课教师任队员，宣讲对象达到师生全覆盖。

出台《关于新时代加强和改进思想政治工作的实施意见》《关于习近平新时代中国特色社会主义思想“三进”实施意见》等系列文件。加大马克思主义学院建设和思想政治理论课建设力度，调整思政课领导小组成员，出台《新时代马克思主义学院建设方案》《重庆文理学院新时代思想政治理论课改革创新工作方案》等系列文件。在全校开设“习近平新时代中国特色社会主义思想概论”选修课。组织开展习近平新时代中国特色社会主义思想“三进”教改和课程思政专项申报工作，截至 12 月底，“三进”专项立项 6 项、课程思政示范建设项目立项 30 项，课程思政建设项目立项 100 项。组织各二级学院以教研室为单位集中学习《国家教材委员会关于印发〈习近平新时代中国特色社会主义思想进课程教材指南〉的通知》（国教材〔2021〕2 号）和《国家教材委员会关于印发〈“党的领导”相关内容进大中小学课程教材指南〉的通知》（国教材〔2021〕5 号）文件，全校 70 余个教研室、全体专任教师参加学习。

深入贯彻落实《成渝地区双城经济圈建设规划纲要》精神，1 月 5 日，党委理论学习中心组专题学习《成渝地区双城经济圈建设规划纲要》精神。10 月 25 日，党委理论学习中心组专题学习中共中央、国务院印发的《成渝地区双城经济圈建设规划纲要》。11 月 1 日，党委常委会再次专题学习中共中央、国务院印发的《成渝地区双城经济圈建设规划纲要》，并就如何在学校“十四五”规划中贯彻落实开展交流讨论。

2. 维护党中央集中统一领导

落实《中共中央政治局关于加强和维护党中央集中统一领导的若干规定》精神和《中国共产党重大事项请示报告条例》，严格执行市委《关于坚决维护党中央集中统一领导的规定》，严格落实《中共重庆文理学院委员会贯彻落实〈中国共产党重大事项请示报告条例〉清单》。推动各级党组织和党员干部坚决做到“两个维护”。加强领导干部政治忠诚教育，引导广大党员干部增强“四个意识”、坚定“四个自信”、做到“两个维护”，兑现市委“三个确保”政治承诺。严格落实政治素质考察实施办法，注重在疫情防控、乡村振兴、申硕攻坚等实战中考察识别干部政治表现。加强对干部遵守政治纪律和政治规矩情况的监督。

健全维护党的集中统一领导的组织制度，全面贯彻党管干部、党管人才、党管机构编制等重大原则，严格执行党委领导下的校长负责制，严格遵守学校党委全委会、党委常委会和校长办公会议事规则，督促指导二级学院执行好《重庆文理学院二级学院党总支委员会会议议事规则》《重庆文理学院二级学院党政联席会议议事规则》，不断强化二级学院党总支政治核心作用，把握好教学科研管理等重大事项中的政治原则、政治立场、政治方向，在教师引进、课程建设、教材选用、学术活动等重大问题上把好政治关。

学校党委始终坚持以党的政治建设为统领，不断完善落实党中央重大决策机制，落实党内法规执行责任制，坚决维护习近平总书记党中央的核心、全党的核心地位，坚决维护党中央权威和集中统一领导，确保学校各级党组织和广大党员干部一切行动听党中央指挥，确保学校所有工作部署都以贯彻中央精神为前提，确保学校各项事业沿着习近平总书记指引的正确方向前进。

及时跟进学习贯彻习近平总书记最新重要讲话重要指示批示精神，全面学习贯彻党的十九届六中全会精神，2021 年全国“两会”精神，市委五届十、十一次全会精神，不断健全不忘初心、牢记使命的制度，认真贯彻落实党中央、市委和市委教育工委的各项决策部署，把习近平总书记殷殷嘱托和党中央决策部署在学校全面落地生根。坚决落实党的全面领导制度，不断完善党对教育工作全面领导的制度体系。始终坚持党管办学方向、管改革发展、管干部、管人才，把党的领导贯穿于学校教育工作的各方面各环节。贯彻执行《中国共产党党内法规执行责任制规定（试行）》，抓好《中共重庆市委落实全面从严治党主体责任清单》《中共重庆文理学院委员会关于深入学习习近平总书记系列重要讲话精神全面落实新时代党的组织路线的实施意见》的贯彻落实，把党内法规和规范性文件纳入理论学习中心组、“三会一课”学习内容和党校培训内容，帮助党员干部熟悉掌握相关制度规定。把贯彻执行党的组织制度情况作为调研督查、述职评议考核重要内容，把制度执行力和治理能力作为干部选拔任用、考核评价重要依据，推动广大干部严格按照制度履行职责、行使权力、开展工作。

加强核心制度建设，坚持把党内法规制度建设作为加强党的领导，提升学校办学治校水平的重要举措。印发《重庆文理学院规章制度清理工作方案》，成立规章制度清理工作领导小组，对学校规章制度进行全面清理。经校长办公会议和党委常委会会议审定，废止 141 个规章制度文件，其中党内规章制度 43 个，新制定或修订《重庆文理学院章程》等规章制度 24 个，内部治理结构逐渐完善。以巡察督查促进制度落实。重点对照党章、巡视工作条例和市委巡察工作实施办法等党内法规和规章制度，检查二级党组织在党内法规制度方面的执行情况以及存在的问题，通过常态化巡察和督查督办，确保了中央、市委党内法规制度在学校贯彻落实不走样、不变形。

开展贯彻落实习近平总书记对重庆所作重要讲话和系列重要指示批示精神“回头看”，增强政治判断力、政治领悟力、政治执行力。对照“全面系统学、及时跟进学、深入思考学、联系实际学”要求，找差距、促整改、抓落实。通过党委常委会、党委理论学习中心组、二级中心组、教职工政治理论学习，深入学习贯彻习近平总书记对重庆所作重要讲话和系列重要指示批示精神，不断增强政治判断力、政治领悟力、政治执行力。

围绕立德树人根本任务，紧扣国家重大战略布局和重庆市经济社会发展需要，坚持党对学校工作的全面领导，持之以恒推进全面从严治党，统筹抓好疫情防控、巡视整改和学校各项事业发展，努力办好让人民满意的高等教育，把习近平总书记殷殷嘱托全面落实在学校，为本市落实“两点”定位、“两地”“两高”目标和“四个扎实”要求积极贡献“文理力量”。

落实管党治党政治责任，贯彻执行高校党委领导下的校长负责制，健全落实党委会（常委会）、校长办公会、“三重一大”等议事决策制度，严格执行民主集中制，坚持重大情况党内通报制度。学校党委定期召开全委会、常委会和党建工作联席会，研究谋划部署学校党建工作。聚焦学习贯彻党的十九届六中全会精神、巡视整改、疫情防控、乡村振兴、学校申硕攻坚等重点工作，召开常委会专题研究 20 余次，体现了党委把方向、管大局、作决策、抓落实的领导核心作用。党委书记第一责任、副书记分管责任、班子成员“一岗双责”落地落实。

完善党员领导干部联系基层党组织制度，每名党委常委均至少联系 1 个二级学院党总支、1 个教师或学生党支部；二级学院党总支班子成员根据分工联系下设党支部，确保了每个师生党支部均有人联系、有人指导。分级分类推进党组织书记述职评议考核工作，总支书记、支部书记述职评议考核实现全覆盖。把抓党建

“一岗双责”落实情况作为领导干部年度考核、民主生活会对照检查的重要内容；把党员履职尽责、发挥作用情况作为支部组织生活会对照检查、民主评议党员的重要内容，让全面从严治党直抵“神经末梢”。

落实《中共重庆文理学院委员会坚持和完善党委领导下的校长负责制实施细则》，学校党委全面领导学校工作，支持校长按照《中华人民共和国高等教育法》相关规定积极主动、独立负责地开展工作，保证教学、科研、行政管理等各项任务的完成。

严格执行《重庆文理学院“三重一大”决策制度实施办法》《中共重庆文理学院委员会全体会议议事规则》《中共重庆文理学院委员会常务委员会会议议事规则》《重庆文理学院校长办公会议议事规则》。严格执行议事决策制度，严把议题申报流程，加强议题内容审核，不断规范决策程序和决策行为。督促指导二级学院执行好《重庆文理学院二级学院党总支委员会会议议事规则》《重庆文理学院二级学院党政联席会议议事规则》，不断强化二级学院党总支政治核心作用。

遵循集体领导、民主集中、个别酝酿、会议决定的原则，实行集体领导和个人分工负责相结合。抓好相关议事规则的修订完善和贯彻落实。尊重党员主体地位、保障党员民主权利，落实党员知情权、参与权、选举权、监督权，畅通党员参与讨论党内事务的途径，拓宽党员表达意见渠道，营造党内民主讨论的政治氛围。

依据相关规定，及时将党内重要决议、决定、决策、重要事项、重要情况等，以适当方式在一定范围内通报。认真落实《中共重庆文理学院委员会党务公开工作实施细则》，对贯彻执行上级党组织决议、决定，本级党组织重要决策及执行情况，年度工作计划及完成情况，干部选拔任用情况，党内选举情况，召开民主生活会及查摆问题整改落实情况，发展党员情况，党内表彰和民主评议党员情况，党费收缴、使用和管理情况，党建专项经费使用和管理情况等，均按照规定程序、方式、时限和范围进行公开。进一步完善党务公开与校务公开工作联动机制，以发展党内民主引领学校民主管理，协同推进学校信息公开和民主管理工作。

加强党对统筹推进疫情防控和学校各项事业发展的全面领导。严格执行中央、市委关于疫情防控的各项部署要求，抓好防疫知识和相关政策宣讲，做好人员流动情况排查，开展为民服务活动，把党组织的温暖送到党员师生心坎上。组建党员志愿服务队，协助学校疫情防控办做好人员排查、数据统计等工作，帮助师生解决学习、工作、生活上的实际问题。落实《关于进一步严明新冠肺炎疫情防控期间宣传工作纪律的通知》《重庆文理学院开学复学舆情导控工作方案》《关于切实做好当前学校新冠疫情和秋冬季传染病防控工作的实施意见》等，切实把全校师生安全和身心健康放在第一位，加强宣传教育和舆情管控，确保校园安全稳定。

留意观察党员干部在抗击疫情伟大斗争中的实际表现，作为识别评价其政治素质、宗旨意识、全局观念、驾驭能力、担当精神的重要依据。疫情防控办 2 名年轻同志向党组织递交入党申请书，党组织通过谈话考察，按照程序将其确定为入党积极分子，进行重点培养。

贯彻落实习近平总书记关于抗击新冠疫情发表的系列重要讲话精神和中央、市委、市委教育工委关于常态化疫情防控的决策部署，时刻绷紧常态化疫情防控这根弦，统筹抓好常态化疫情防控和学校各项工作，做到了“两不误”“两促进”。

3. 建党 100 周年庆祝活动

2021 年 7 月 1 日，分级分类组织全校党员干部、师生员工集中收听收看了习近平总书记在庆祝中国共产党成立 100 周年大会上重要讲话现场直播。党委书记孙泽平，党委副书记、校长黄伟九分别发言表态，并提出进一步学习领会要求，将讲话精神贯彻落实到办学治校、教书育人的全过程。以上率下带头示范，周密部署精心组织学习。党委理论学习中心组通过中心组微信群平台跟进学习，交流心得体会。召开党委理论学习中心组（扩大）学习会，组织全体校领导、两委委员、党总支书记深入学习“七一”重要讲话精神，传达重庆市庆祝中国共产党成立 100 周年座谈会精神，安排部署全校学习贯彻工作。创新形式宣传引导，营造线上线下学习浓厚氛围。把学习重要讲话精神纳入干部教育培训，组织思政课教师、辅导员、团学干部等专题培训，组织民主党派和党外代表人士开展集中学习。统筹运用校园网、校报、教育广播台、两微一端等各类宣传资源和平台，全方位、多角度宣传“七一”重要讲话精神。利用周末教育、主题班会等方式，广泛开展形式多样的交流座谈、朗诵、展览、演讲等主题宣传教育活动。利用暑期“三下乡”社会实践活动，深入基层一线，面对面开展有特色、接地气的“七一”重要讲话精神宣讲活动。

学校围绕成渝地区双城经济圈建设、乡村振兴、西部职教基地建设等战略部署，深入推进校地合作，加大乡村人才培训，开展专家科技服务，持续改进硬件设备配备和教学环境，丰富学生食堂饮食种类，提高师生校内安全系数，切实增强师生获得感幸福感安全感，将“七一”重要讲话精神落到实处。

组织全校93个党支部召开严肃认真、形式多样的专题组织生活会，开展党性分析，交流学习体会。领导干部严格执行双重组织生活制度，以普通党员身份参加组织生活，一起学习讨论、接受教育。

做好全国、全市“两优一先”初步建议人选提名和推荐工作，学校有1名党员获评重庆市“优秀共产党员”，2个基层党组织、1名党员、1名党务工作者分别获评全市教育系统“先进基层党组织”“优秀共产党员”“优秀党务工作者”。组织开展学校“两优一先”评选表彰工作，表彰优秀共产党员70名、优秀党务工作者30名、先进基层党组织20个。颁发“光荣在党50年”纪念章，组织开展走访慰问。由校领导带队，对学校24名“光荣在党50年”的老党员开展走访慰问并颁发纪念章。对51名获得表彰的党员、生活困难党员、老党员、老干部以及各级各类党员先进模范开展走访慰问，传递党组织的关怀和温暖。

在庆祝中国共产党成立100周年之际，通过“三会一课”、支部主题党日、专题组织生活会等方式，开展入党宣誓，重温入党誓词、传承革命精神。组织1 224名新发展大学生党员开展党性教育和实践锤炼，依托红色资源为大学生党员教育和实践提供平台。

组织开展“党旗在基层一线高高飘扬”“我为群众办实事”实践教育活动，积极开展调查研究、政策宣讲、办好民生实事，建立专门台账，提出解决问题的具体措施并抓好落实。广大党员、干部亮出身份，积极开展党员志愿服务。

召开党史学习教育动员大会，成立党史学习教育领导小组，出台《中共重庆文理学院委员会开展党史学习教育实施方案》《重庆文理学院党史学习教育宣传报道方案》《中共重庆文理学院委员会开展“我为群众办实事”实践活动工作方案》。

扎实开展学习宣讲，先后邀请多名市委宣讲团成员作党史学习教育专题辅导报告。分时段分专题安排了5期专题读书班系列活动，涉及班次20次，受众1 300余人次。开展习近平总书记“七一”重要讲话精神层层宣讲活动，专门成立宣讲小分队，学校党委书记、校长任队长，党委副书记任副队长，其余党员校领导、二级单位党总支书记、支部书记、辅导员、思政课教师任队员，宣讲对象达到了师生全覆盖。

借助党校、革命遗址、纪念馆等平台，对师生开展理论性培训24次，受众4 585人次，参学革命遗址、纪念馆等党史教育基地42次，受众4 328人次。

深入开展“我为群众办实事”实践活动，在着力保障民生需求办实事方面，学校重点围绕确定的5项民生实事开展工作。投入40万元，建成校园测速系统；打造出总共占地1 100平方米，可容纳700个座位的考研自习室；建成星湖校区双竹公寓自习室；建成红河A区室外停车场；扩建心理咨询室。5项内容已经全部完成。在着力巩固脱贫攻坚成果办实事方面，学校派出5名干部，赴武隆区担任驻村第一书记。共组建21支团队320余名师生，赴武隆区沧沟乡青杠村等乡镇开展2021年大学生暑期“三下乡”志愿服务。选拔50余名毕业生入选西部计划志愿者，开展为期1至3年的志愿服务工作。

结合融媒体时代特点，利用“报、网、端、微”等平台载体，通过在校园网主页开设党史学习教育专题网、在官微平台开设“党史学习”专栏、在校报开设“信仰的力量”专栏等形式，及时推送学习资料，全方位展示学校党史学习教育重点工作进展情况。在专题网上“学习动态”栏目刊发学校党史学习教育相关稿件200余篇，在“重要论述”“上级部署”“理论评论”“学习资料”栏目上发布信息200余条；在微信上发布推文200余条；在校报上刊发相关新闻及专题报道10余篇。

以开展党史学习教育为契机，健全完善“三进三化”学习制度（党委中心组学习专题化、二级中心组学习片区化、教职工政治理论学习全员化），党支部“三会一课”和主题党日制度，持续改进党组织活动方式。扎实开展党史学习教育，推动广大党员干部学史明理、学史增信、学史崇德、学史力行。组织全校93个党支部召开庆祝中国共产党成立100周年专题组织生活会，开展党性分析，交流学习体会。举办中层干部和党务干部2个专题培训班，把专题讲座与现场教学、工作交流相结合，把具体业务培训与加强党性锻炼、提升思维层次相结合，广大干部反响强烈，进一步提升了业务素质和综合能力。

学校党政领导班子和相关职能部门围绕巡视反馈意见和学校改革发展重大事

项、师生关注焦点问题，就党史学习教育、巡视巡察反馈意见整改落实、星湖校区安全隐患整治、申硕专业建设、12 个新办专业师资配备、二级学院绩效工资分配等，多次深入基层一线调研，听报告、查资料、看现场、体民意、察实情。召开党委常委会会议、校长办公会专题研究相关事项，及时拿出具体举措，督促抓好整改落实。

坚持问题导向，勇于刀刃向内，认真检视问题，对市委第四巡视组反馈的巡视意见，学校党委完全拥护、诚恳接受。精心筹备巡视整改专题民主生活会、党史学习教育专题民主生活会，坚持“自己找、上级点、群众提、互相帮”，广泛征求意见建议，深入开展谈心谈话，把自己摆进去、把职责摆进去、把工作摆进去，认真查摆领导班子和党员领导干部本人存在的问题，深刻剖析问题产生的根源，为整改落实打下了坚实基础。

坚持精准施策、靶向治疗，狠抓问题整改落实。2021 年，学校党委把市委巡视反馈意见整改与选人用人专项检查、落实意识形态工作责任制专项检查反馈意见整改统筹起来，与 2020 年度专题民主生活会检视问题整改统筹起来，与日常调研、检查发现问题整改统筹起来，一体化研究部署、推进落实。经过三个月的集中攻坚，巡视整改已取得阶段性成效。

4. 抓好党内政治生态建设

把党的政治建设摆在首位，坚持思想建党、理论强党。严明党的政治纪律和政治规矩，坚持用习近平新时代中国特色社会主义思想武装头脑、指导实践、推动工作，扎实开展党史学习教育，健全落实不忘初心、牢记使命的长效机制，教育引导广大党员干部增强“四个意识”，坚定“四个自信”，做到“两个维护”，在思想上政治上行动上始终与以习近平同志为核心的党中央保持高度一致，坚决贯彻落实中央、市委和市委教育工委的各项决策部署。

把严格党的组织生活作为严肃党内政治生活的主要内容和载体，作为党员教育管理监督的重要形式。认真落实“三会一课”、主题党日、民主生活会、组织生活会、民主评议党员、谈心谈话、请示报告等组织生活制度，确保党的组织生活经常、认真、严肃，创新方式方法，增强党的组织生活活力。2021 年，全校 93 个党支部全覆盖开展庆祝建党 100 周年专题组织生活会、年度专题组织生活会。

学校党委常委班子带头开好巡视整改专题民主生活会、党史学习教育专题民主生活会，督促指导全校各二级单位领导班子开好专题民主生活会。

学校党委以正视问题的自觉、刀刃向内的勇气，积极开展批评和自我批评，广泛征求党员干部师生意见建议，营造党内民主监督环境，畅通党内民主监督渠道。落实党务公开、政务公开相关制度，按照规定及时向社会、向全校党员干部师生公布巡视整改情况。

3 月 30 日至 5 月 31 日，市委第四巡视组对学校党委开展为期两个月的常规巡视。7 月 13 日，市委第四巡视组向学校党委反馈了巡视意见。学校党委旗帜鲜明讲政治，把巡视整改作为当前一项重大政治任务，坚决扛起巡视整改政治责任，坚决做好巡视“后半篇文章”。

深学笃用习近平新时代中国特色社会主义思想，将巡视整改作为检验“四个意识”的试金石，作为践行“两个维护”的具体行动，作为推动全面从严治党纵深发展的有力抓手，作为加强区域性、国际化、高水平应用型大学建设的重要契机。市委第四巡视组反馈意见后，学校党委立即召开巡视整改工作专题会议，深入学习习近平总书记关于巡视工作的重要论述、市委书记听取巡视综合情况汇报时的讲话精神、市委第四巡视组巡视重庆文理学院党委情况反馈会议精神以及相关文件、会议精神，切实把思想和行动统一到党中央决策部署上来，统一到市委巡视整改要求上来。及时召开学校党委领导班子巡视整改专题民主生活会，对照巡视反馈问题，深入剖析反思，推动真认账、真负责、真整改。

坚决扛起巡视整改主体责任，成立巡视整改工作领导小组，由党委书记孙泽平任组长，党委副书记、校长黄伟九，党委副书记兰刚，党委常委、纪委书记、监察专员罗茂任副组长。整改工作领导小组牵头抓总、统筹协调，研究制定整改方案，及时掌握整改进度，推动解决重难点问题。党委书记孙泽平认真履行第一责任人责任，对巡视整改直接部署、直接过问、直接协调、直接督办，针对巡视整改中的重点、难点问题和薄弱环节，到一线去直接抓，到现场去抓具体，以身作则、集思广益，着力通堵点、疏痛点、消盲点。校领导根据责任分工，认真履行“一岗双责”，以上率下带动分管单位扛起政治责任，全面落实整改任务。

坚持挂图作战、挂单督办，紧盯整改任务、紧扣时间节点，倒排工期、倒逼进度，确保巡视整改不悬空、有落点。整改工作领导小组办公室坚持每周例会制度，相关责任单位坚持整改进度周报制度，学校党委常委会每半月听取一次整改情况汇报，分析研判、部署落实整改工作。学校党委 4 次召开巡视整改动员会、工作推进会，推动巡视整改落细落实、走深走实。学校纪委成立四个督查组，对巡视学校党委反馈意见和选人用人、落实意识形态工作责任制两个专项检查反馈意见以及学校党委巡察马克思主义学院反馈意见整改情况进行督查督办，做到全过程追溯、全覆盖监督，确保整改任务件件有着落、事事有回音。

坚持在“统筹”上下功夫、在“结合”上做文章，把市委巡视学校党委反馈意见整改与学习贯彻十九届六中全会精神统筹起来，与党史学习教育统筹起来，与抓好中央巡视、市委巡视高校共性问题整改结合起来，与选人用人专项检查、落实意识形态工作责任制专项检查反馈意见整改结合起来，与推动学校改革发展统筹起来，深入落实学校党委管党治党主体责任，不断提升党委把方向、管大局、作决策、抓班子、带队伍、保落实的能力，真正把巡视整改的成果运用到推动学校高质量发展上来，促进学校“十四五”开好局、起好步，为建设区域性、国际化、高水平应用型大学凝聚强大力量。

加强政德学习宣传教育，领导干部政德建设及明大德、守公德、严私德。结合党史学习教育，通过党委中心组、二级中心组集中学习，举办中层干部和党务干部专题培训班，开好领导班子民主生活会，推行领导干部过双重组织生活制度，督促领导干部自学等多种方式，深入学习习近平总书记有关领导干部政德建设的重要讲话精神，有关“袍哥”文化、码头文化、江湖习气整治工作等系列文件精神，进一步教育引导各级领导干部明大德、守公德、严私德。把政德建设纳入 11 月中旬至 12 月中旬举办的中层干部和党务干部 2 个专题培训班的重要内容，组织全体处级干部到喻茂坚纪念馆接受政德教育。组织广大干部参加年度法治理论知识学习考试和新提任干部法治理论知识学习考试，参考率和及格率均达到 100%。

全面排查二级单位可能存在的廉政风险，修订完善廉政风险点防控责任清单，督促二级单位负责人落实防控责任，强化风险源头管控。开展全面从严治党工作约谈，校级领导约谈处级干部，二级单位负责人约谈科级干部及关键岗位工作人员，层层传导压力，层层夯实责任。对校级领导班子成员精准“画像”，动态更新全校处级干部廉政档案，为精准研判全校政治生态夯实基础。通过信访举报、审计监督、党风政风大数据平台监控等方式，对干部政德情况进行监督。对拟提拔考察对象、区县换届推荐人选等，均严格执行四必核查制度。

在干部选任时开展政治素质专项测评和考察对象政治素质自评，通过考察谈话、征求相关部门意见、查阅相关资料等多种方式深入了解人选政治忠诚、政治定力、政治担当、政治能力、政治自律情况。探索建立重要岗位领导干部政治素质档案，组织党委职能部门、核心业务部门、人财物管理部门等 15 个单位 32 名处级干部填报政治素质表现情况，初步形成 2021 年度重要岗位领导干部政治素质档案。以后每年充实完善，全面记录干部政治表现。

2021 年，学校领导干部无违反政德的行为发生。广大领导干部深刻意识到立政德是新时代领导干部的生命线，切实把立政德的要求转化为思想自觉和行为自觉，以良好的政风推动了学校校风、教风和学风持续好转。

5. 巩固和发展爱国统一战线

全面学习宣传贯彻《中国共产党统一战线工作条例》，把统一战线工作纳入学校党委重要议事日程，纳入二级单位年度考核内容，把统一战线理论和方针政策纳入党委中心组、二级中心组理论学习和学校党校培训内容，纳入宣传、新闻工作计划，不断扩大统一战线的社会影响。学校党政领导身体力行，带头学习宣传、贯彻落实党的统一战线理论、政策和法律法规，带头参加统一战线重要活动，带头广交深交党外朋友。2021 年度，学校党委精心制定了《中共重庆文理学院委员会 2021 年统战工作要点》，并将统一战线工作纳入《重庆文理学院 2021 年全面从严治党考核指标体系》和《重庆文理学院 2021 年主要工作目标》，认真履行党委主体责任，切实加强了党对统一战线工作的集中统一领导。

加强思想政治引领。学校党委始终把加强党外知识分子思想政治工作放在一切工作的首位，不断夯实多党合作思想政治基础。围绕“学条例”“学先进”“知情况”“献良策”等不同主题，举办习近平总书记“七一”重要讲话精神、党的十九届六中全会精神、党史学习教育、“四史”教育等专题学习会，坚持双月座谈会制度，及时学习传达中央、市委以及学校有关重要文件精神，听取对学校和地方经济发展的意见，进一步统一思想、深化认识，不断提高党外知识分子的政治站位。下发《关于开展“学党史、讲《条例》、增合力、促发展”大走访大谈心活动的通知》，用心用情了解走访谈心对象的意见建议，帮助统战成员解决工作、生活、履职中的实际问题。用好用活统战教育基地资源，回顾中国共产党艰苦卓绝的斗争历史，更加坚定永远跟党走的信心和决心。

加强对党外代表人士的培养、选拔、安排、使用。学校党委把培养选拔党外干部作为一项重要任务来抓，纳入全校各级领导班子和干部队伍建设的总体规划。通过开展二级单位领导班子回访调研、集中推荐、日常了解等多种渠道和方式，及时发现党外优秀人才，分级分类建立数据库，实行动态管理，及时调整充实。出台《重庆文理学院党外干部工作联席会议制度》，注重党外代表人士的日常考察和多岗锻炼。加强教育培训，在重庆市级、区级培训以及专业培训等方面，注重保证党外代表人士的名额和比例，推荐 1 名干部参加市委党校中青年干部培训班学习。在干部选任和人大代表、政协委员推荐工作中，同等条件下对党外干部优先考虑。举荐 10 名同志进入新一届区级民主党派领导班子，18 名同志担任永川区人大代表、政协委员，3 位同志被提拔为学校副处级干部，1 名同志被推荐为区县换届人选。

支持民主党派开展“学党史会史、明初心使命”等主题学习会，深化“不忘合作初心，继续携手前进”主题教育，不断引导民主党派成员深化对初心使命的认识，支持民主党派加强思想、组织、制度特别是领导班子建设，不断提高政治把握能力、参政议政能力、组织领导能力、合作共事能力、解决自身问题能力。积极支持学校党外知识分子联谊会、侨台留联谊会、少数民族联谊会做好换届工作，利用换届的契机，配齐配强班子队伍，激发统战群团工作活力。

为庆祝中国共产党成立 100 周年，学校组织民主党派成员参加了全市诵读比赛活动，取得了特等奖的优异成绩，展现统战成员的精神风采和责任担当。邀请民主党派讲述榜样前辈故事，继承和发扬优良传统。对民主党派退休教师开展生日慰问，组织开展第八届同心杯气排球比赛，组织开展 2021 年统一战线重点调研课题工作，不断密切与统战人士联系，更好地团结、服务和引导他们在学校改革发展和服务地方经济社会中发挥积极作用。

出台《中共重庆文理学院委员会关于参政议政、建言献策工作量的认定办法》，为进一步激励广大统一战线成员立足本职、努力工作、争创一流，更好地服务于学校事业发展、促进地方经济建设和社会发展起到积极作用。2021 年，组织开展特殊学校志愿者服务、参与临江河治理等 9 个社会服务活动，收集处理 7 条围绕学校发展建设的意见建议，《助力永川豆豉“进军”重庆风貌“十八件”“十八味”的建议》《我国体育项目代际培养情况及改进建议》等 6 个参政议政类成果被中央、市委采用或批示，《关于完善外卖行业食品安全监管的建议》《关于落实农村生活垃圾分类管理的提案》等 35 条人大政协委员提案予以立案或办理，《乡村振兴背景下重庆乡村旅游供需协调研究》《大数据时代乡村振兴战略背景下加快推动城乡融合发展研究》等 8 个理论创新课题予以立项或结题，较好地彰显了统一战线服务学校以及社会发展建设的优势和作用。

用好宣传舆论主渠道。充分发挥校园官方网站、宣传橱窗、校报、微博、微信公众号平台等校内媒体的联动作用，聚合主流媒体资源，线上线下多管齐下，以校园网新闻、专题宣传橱窗、校报、视频网文等形式及时宣传党和国家的民族政策、民族理论、法律法规、会议精神，传播民族团结进步先进事迹，弘扬中华优秀传统文化，营造人人维护民族团结的良好氛围。了解掌握民族师生、宗教信仰相关情况，建立了师生动态数据库，与党委宣传部、安全管理处等部门联动，建立了民警、安管工作人员、辅导员、学生干部等参与的多层次、立体化的管理机制，确保了学校良好的教学、科研和生活秩序。

单独设置党委统战部，核定 2 名领导职数，配齐工作人员，统战部部长按规定、按程序担任学校党委常委。进一步明确了统战工作职责，把统战工作纳入了学校党建目标考核和年度目标指标，列入了党委的重要议事日程。统战工作做到了年初有计划、过程有督导、年终有总结。把统战理论学习纳入党委中心组和二级中心组学习的重要内容。

思想建设

1. 宣传思想政治工作

完善新闻发言人制度，由学校分管宣传工作的党委副书记担任新闻发言人，宣传部负责人担任新闻发言人助理。强化新闻工作队伍建设，组建由宣传部相关人员和各二级单位新闻（网络）信息员组成的教职工新闻工作队伍，由校级全媒体中心学生和二级单位融媒体中心（或新媒体中心）组成的学生新闻工作队伍。各二级单位新闻（网络）信息员由办公室主任担任，负责本部门的新闻撰写、上报及单位网站新闻的上传。对各二级单位新闻（网络）信息员、学生新闻工作队伍开展专题培训，进一步提升学校宣传队伍的履职能力。

2021 年，累计在各类媒体发稿 60 余篇，其中市级以上媒体 30 余篇。利用校园网、官方微信微博、校报等学校官方媒体，围绕学校的中心工作、重点工作等进行宣传报道，发挥正向舆论引导作用，营造浓厚的舆论氛围。截至 12 月底，发布校园网主页新闻 800 余条；出版校报 15 期；官方微信发送推文 560 余篇，粉丝量达到 4.4 万人；官方微博发布信息 1 500 余条，粉丝量达到 1.5 万人；官方抖音发布视频 70 余条，获赞量达到 38 万，粉丝达到 1.9 万，单个作品创下浏览量 550 万，点赞 21.4 万的纪录；今日头条发布信息 30 余条。6 月新开通官方微信视频号，发布视频 30 余条，单条视频创下浏览量 55.4 万，点赞 2.2 万，转发 6 880 次的纪录。

制定学校新媒体联盟章程，成立学校新媒体联盟，打造全媒体宣传矩阵。集合全校 28 个单位的 35 个政务新媒体平台建立新媒体矩阵，有力推进校园新媒体的融合建设，增强校园新媒体传播力、引导力、影响力、公信力，进一步提升学校宣传思想工作及文化建设水平。

出台《关于新时代加强和改进思想政治工作的实施意见》《关于习近平新时代中国特色社会主义思想“三进”实施意见》《重庆文理学院新时代学校思想政治理论课改革创新工作方案》《新时代马克思主义学院建设方案》等文件，在政策上予以支持和保障。加强马克思主义学院建设和思想政治理论课建设力度，调整思政课领导小组成员，进一步明确工作职责，按要求组织召开专题工作会。落实领导干部上讲台开展思政教育等制度。2021 年，班子成员上思政课、作形势宣讲等 30 余场次。党委书记孙泽平和党委副书记、校长黄伟九率全体校领导开设“习近平新时代中国特色社会主义思想概论”公选课，500 余名学生修读。

全面落实二级学院党政负责人“双向进入、交叉任职”要求，党员院长全部担任党总支副书记，党员副院长全部担任党总支委员。人数较多的二级学院全部配备党总支副书记，专心专责抓学生党建和思想政治工作。认真落实《中共重庆文理学院委员会专职组织员工作职责》，推行二级学院专职组织员、党总支组织委员一体化设置制度，加强对专职组织员工作的监督、指导和考核。积极打造特邀党建组织员队伍，聘请近 20 名政治过硬、能力突出，有资历威望和党建工作经验的离退休领导干部担任特邀党建组织员，协助做好大学生党建和思想政治工作。出台《马克思主义学院思想政治理论课教师任职资格准入与退出机制实施办法》，组织思政课专业教师外出参加各类研修培训 20 余人次，进一步提升思政课理论教师的教育教学能力。

组织全体在校学生参与《全国大学生党史知识竞答大会》云答题，“学党史”“云答题”在学生中得到广泛传播，学校答题 8 027 人次。组织在校学生观看党史知识竞答大会直播，收到观看心得 200 余篇。依据《重庆文理学院派驻学生社区辅导员工作实施办法》，组建学生社区辅导员工作队伍，成立 4 个学生社区特设党支部。对 4 个社区办公场所进行考察、落实，持续推进基本办公设施建设，保障社区思政工作有效开展。

以《大学生周末思想教育》课为主要抓手，扎实稳定有序地开展大学生思想政治教育工作。丰富完善周末教育专题教学内容，根据大学生成长需求和上级部门工作安排，增加党史学习、防诈骗教育、网络安全教育和防艾教育四大主题，并组织开展“网络安全教育”“全民反诈·守护校园——同上一堂反诈课”“厉行节俭反对浪费”“网络安全教育”“创建绿色学校及垃圾分类”“防艾教育”等专题教育，起到良好的宣传普及教育作用。

加强“学在重文理”新媒体工作室学生干部队伍建设，指导“大自委”开展“大学生四六级英语备考”大赛、“免检寝室”检查和评比、“榜样引领励志笃行”主题宣讲等各类活动，丰富学生课余生活，引导学生树立正确的价值观和人生观。

加强“学在重文理”“重文理大自委”两个微信公众号的建设和推广，为学生成长成才提供平台。2021 年“学在重庆文理”累计推送文稿达 495 篇，“重文理大自委”微信公众号推送文稿 99 篇。

推进育人精品建设，优化心理育人体系，做好心理健康专职教师配备、场地设施设备建设、专项经费保障等工作。学校将学生心理咨询中心建设纳入“我为群众办实事”活动，投入 100 万元建设咨询中心，中心装修面积 440 平方米，包含心理沙盘室、心理讲堂、心理宣泄室、团体辅导室、心理测评室、心理咨询室等场地设施，已于 12 月 15 日完成施工和装修。9 月，将学校蔚蓝心理健康教育与咨询中心机构及人员划转到学生工作处。11 月，调配心理健康教育专职教师 3 名，心理健康教育专职教师队伍达到教育部要求。按照思政课教师标准，划拨心理健康教育专职教师岗位津贴，并将心理健康专职教师职务（职称）评聘纳入辅导员系列。在学生工作处设立心理健康教育专项，按照生均划拨专项经费。

由学生资助管理中心牵头，延续“爱在文理”的资助品牌建设。举办以“爱在文理”为主线，“疫情无情人有情”以及“寒冬送暖”为副线的系列专项资助活动。遵照《重庆文理学院学生困难补助管理办法》，进一步规范学生困难补助的申请、审批、监督与管理，对学生的家庭经济状况通过电话或访谈的形式进行抽样核实，以便更客观地确认学生家庭经济状况，做好经济困难学生认定工作。加大对家庭经济困难学生资助工作力度，充分发挥困难补助的应急救助功能。按照“应助尽助”精神，扎实推进学生帮扶资助体系宣传工作，“奖、助、贷、勤、免、补”的完整资助体系深入人心。

校级教改项目中设立习近平新时代中国特色社会主义思想进教材、进课堂、进头脑的教改专项工作，立项《习近平新时代中国特色社会主义思想融入〈中国文化概要〉课程教学模式探究》等专项教研项目 6 项。

完成学校思政课建设工作领导小组成员调整，进一步明确工作职责，按要求组织召开专题工作会。出台《重庆文理学院新时代学校思想政治理论课改革创新工作方案》，按要求开设好思想政治理论课程，“马克思主义基本原理”“毛泽东思想和中国特色社会主义理论体系概论”“中国近现代史纲要”“思想道德与法治”“形势与政策”必修课程在不同的学期修读并获得相应学分方能毕业。从 2021 级开设

“四史”课程，完成“四史”课程开设前期准备工作，按照要求做好“四史”课程的开设、教材选用征订准备、教师队伍的匹配和选课人数的测算等工作。

举办 2021 年思政课教学竞赛，以比赛促教学，扎实推动思政课建设，53 位 50 岁以下思政课教师参赛。“新时代高校思想政治理论课‘金课’建设标准与实现”获批国家级教学研究项目立项，《关于进一步推进我市高校思政课改革创新的几点建议》获 2021 年教育咨政决策论文二等奖，“习近平总书记关于教育的重要论述研究”评为重庆市一流课程，推荐“高校思想政治理论课‘四步进阶’教学改革与实践”参评重庆市教学成果奖。

制定《重庆文理学院师德专题教育工作方案》《中共重庆文理学院委员会关于完善师德师风建设长效机制的意见》《重庆文理学院师德师风考核办法（试行）》《中共重庆文理学院委员会学习宣传贯彻落实〈新时代爱国主义教育实施纲要〉工作方案》，将社会主义核心价值观、《新时代公民道德建设实施纲要》《新时代爱国主义教育实施纲要》主题教育融入“大学生周末思想教育”课程，结合疫情防控，及时开展专题教育。依托“学在重文理”、辅导员工作网文等网络思政工作平台，开展宣传教育。通过宿舍文化建设、学生社团活动等，将理论融入实践，推动大学生积极践行社会主义核心价值观，培育大学生理性爱国理念，争做时代新人。

召开学校第五次团代会、第六次学生代表大会。修订《学生会章程》《学生组织机构及职责》，学生对学生会工作整体满意度为 93.45%、对学生会工作人员满意度为 93.71%。

加强对团干部的选拔、培养和管理，通过中干、科岗换届，配齐配强了校院两级团干部，选拔 2 名团干部到武隆区沧沟乡、火炉镇担任驻村第一书记，奋战在乡村振兴的第一线。给两校区团学组织配备了专门的办公室和会议室，修缮红河星湖学生活动室以及活动中心，为团学活动的开展提供了有力的条件保障。

2021 年，社团获国家级奖项 18 项，省部级奖项 20 项，区县级奖项 7 项，其中先进成图协会选送队伍获第七届中国国际“互联网+”大学生创新创业大赛一等奖，土木水利图学协会选送队伍获第十三届全国高等院校学生“斯维尔杯”BIM-CIM 创新大赛一等奖，数学建模社选送队伍获第十二届全国大学生数学竞赛决赛（数学类高年级）三等奖。

深入贯彻实施《高校思想政治工作质量提升工程实施纲要》《高等学校课程思政建设指导纲要》，加强课程思政建设。坚持立德树人，确保思政课程和课程思政同向同行。制定下发《中共重庆文理学院委员会贯彻落实〈教育部等八部门关于加快构建高校思想政治工作体系的意见〉工作台账》《重庆文理学院深化课程思政建设行动方案》，加强课程思政建设。强化整体培训，实现教学分类指导，组织召开 2021 年学校课程思政建设工作推进会，开展课程思政专题培训 10 余次，实现参训教师全覆盖。围绕《高等学校课程思政建设指导纲要》《重庆市全面推进高等学校课程思政建设工作方案》等内容，就如何将思想政治教育贯穿教育教学全过程、寓价值观引导于知识传授和能力培养之中等方面进行全方位培训，推进教师学习借鉴课程思政改革先进经验和典型做法。

构建校、市、国家三级课程思政优质资源体系，获重庆市课程思政示范项目 6 项，6 个课程团队获重庆市课程思政教学名师和教学团队认定。完成第一批校级课程思政项目结项工作，遴选第二批课程思政项目 100 项，建设校级课程思政示范项目 30 项。

发挥课程示范引领作用，立项重庆市高等教育课程思政重点项目 1 项，一般项目 5 项。学校在 2021 年思政课程与课程思政（学科德育）优秀案例及论文评选中有 14 篇优秀案例和论文获奖，特等奖 1 项，一等奖 2 项，二等奖 4 项，三等奖 7 项。外国语学院老师获首届全国高等学校外语课程思政教学比赛二等奖、“2021 年高等学校（本科）外语课程思政优秀案例征集与交流活动”重庆市一等奖。“纵向贯通，横向融合”的全科网格化课程思政体系全面推进。

按师生比配备专职思政课教师，达到教育部关于思政课师生比标准。出台《马克思主义学院思想政治理论课教师任职资格准入与退出机制实施办法》，组织思政课专业教师外出参加各类研修培训 20 余人次，进一步提升思政课理论教师的教育教学能力。

学校现有专职辅导员达到教育部要求，加强和完善辅导员队伍顶层设计，保障队伍建设的长效机制。组织二级学院学生工作负责人、辅导员代表以及相关职能部门开展意见征求会，修订《重庆文理学院辅导员岗位津贴发放办法》《重庆文理学院学工建设绩效核定办法》，保障辅导员待遇，调动辅导员工作的积极性、主动性和创造性。完成《重庆文理学院兼职辅导员（班主任）队伍建设实施办法》初稿和各部门意见征求，进一步规范学校辅导员队伍建设和管理。出台《重庆文理学院辅导员工作室建设管理办法》，为学校辅导员工作室的规划、指导和管理提供制度保障。出台《重庆文理学院优秀辅导员评审办法》，鼓励先进，表彰典型，为落实辅导员队伍的长效发展提供保障。学生工作处严格按照“三单”标准，积极配合人事处组织开展辅导员队伍职称职级评审工作，辅导员职称评审推荐比例上浮 15%，注重考核辅导员工作业绩和育人实效。落实《重庆文理学院学工绩效核定办法》和《重庆文理学院辅导员岗位津贴发放办法》，保障辅导员权益。

组织辅导员队伍进行“充电”学习，提升辅导员队伍整体素质。组织参加市教委组织的辅导员岗前培训 2 期共 35 人次。组织辅导员 40 余人参加国家教育行政学院 2021 年辅导员素质能力提升网络培训，充分利用假期空档期学习提升。组建辅导员素质能力比赛培育团队，邀请重庆市第八届辅导员素质能力大赛一等奖获得者开展首期培训。与重庆工程职业技术学院市级辅导员素质能力比赛培育选手共同组建重庆市第九届辅导员素质能力大赛赛前培训团队，在校开展为期 6 天的集中培训。开展辅导员沙龙活动 5 期，内容涵盖“班级建设”“辅导员正念减压”“辅导员素质能力大赛准备”等主题。组建由各二级学院分管学生工作负责人、学生工作办公室（副）主任、辅导员、学校心理咨询老师等 110 余人组成的学工队伍心理健康教育能力提升研修班，开展为期 4 天的专题培训，邀请来自中国人民大学等 3 所高校专家作系列专题报告，进一步提升学工队伍心理健康教育能力和水平。

2. 牢牢掌握意识形态工作领导权

修订完善《贯彻落实党委（党组）意识形态工作责任制实施办法的实施细则》《网络意识形态责任制实施细则》等系列制度类文件 20 余个，进一步压实工作职责。党委常委会定期听取学校意识形态工作情况汇报，研究解决工作中存在的实际问题。每月召开党建暨意识形态工作联席会，定期分析研判、安排部署意识形态相关工作。高度关注庆祝中国共产党成立 100 周年、十九届六中全会、全国“两会”以及学校接受上级巡视、审计和校内巡察等重大事件、时间节点上的舆情，抓好宣传教育引导。将意识形态工作纳入校内各二级单位年度目标考核内容，推动意识形态工作责任落地。

强化过程监督，严格意识形态阵地管控，认真落实听课、巡查制度、课堂教学督查制度、学生评教制度、学生信息员反馈制度，强化了对课堂教学的日常监控。严格落实“一会一报”制度，2021 年，审批讲座活动 71 个，其中培训类活动 29 个，讲座活动 42 个。加强学生社团管理，执行《重庆文理学院学生社团建设管理办法》，每个社团配备指导教师，保证学生社团活动的正确思想政治导向。

落实网络意识形态工作责任制，加强网上意识形态阵地管理，切实维护网络意识形态安全，牢牢掌握网络意识形态主导权。学校党委高度重视，层层压实责任。党委常委会定期听取学校意识形态工作情况汇报，研究解决工作中存在的实际问题。每月召开党建暨意识形态工作联席会，定期通报网络意识形态相关工作，并对下一步的网络意识形态工作进行分析研判。

开展网络意识形态专项清理，营造风清气正的网络空间。加强网络阵地内容建设，做大做强网上正面思想舆论。加强网络文化作品培育和创作，发挥网络育人作用。组织师生开展优秀文化作品的创作，择优推荐作品参加第五届全国大学生网络文化节、第五届全国高校网络教育优秀作品推选展示、重庆市爱眼护眼公益宣传作品征集等活动，其中 2 件作品获二等奖、2 件作品获三等奖，2 位教师获指导教师奖。组织举办学校第一届网络文化节，征集教师组作品 73 件，学生组作品 200 余件。

严格刊物出版审批。修订出台《重庆文理学院宣传物品管理办法》，严格审批《星湖报》《校友之家》等刊物，杜绝未经审批擅自发行的情况。严格按照上级规定管理国（境）外资金资助，2021 年度学校无接受国（境）外资金资助情况。学校党委牢牢掌握意识形态工作领导权，严格落实意识形态工作责任制，本年度学校在意识形态方面未出现重大问题。

组织建设

1. 建设高素质专业化干部队伍

健全学校干部选任工作制度，制定《重庆文理学院中层领导干部选拔任用工作实施办法》《重庆文理学院科级干部选拔任用工作实施办法》2个实施办法，进一步明确规范学校中层干部、科级干部选任的基本原则、任职资格、工作程序和相关纪律要求。

遵循《党政领导干部选拔任用工作条例》和相关政策规定，深入落实新时期好干部标准，始终以正确导向、严密制度、清朗风气选人用人。在2019年开展第六次干部集中调整工作基础上，根据干部队伍变化情况和工作需要，及时开展干部届中调整工作。坚持把政治标准放在首位，强化干部政治素质考察把关，开展政治素质专项测评和考察对象政治素质自评，严格落实“凡提四必”制度，进一步提升了人选政治素质评价的精准度。坚持能上能下，鲜明树立重实干重实绩的用人导向，及时把在疫情防控、脱贫攻坚、乡村振兴以及学校申硕攻坚和各领域工作中敢担当善作为的干部选拔出来、使用起来。注重改善领导班子和干部队伍结构，统筹用好优秀年轻干部、党外干部、女干部、少数民族干部。

2021年，动员10名年龄较大的干部退出领导岗位，为优秀年轻干部预留成长发展空间。提拔正、副处级干部30名，其中选派到脱贫攻坚、乡村振兴一线的驻村第一书记5名，抽调到学校申硕指挥部办公室、巡视整改领导小组办公室的同志6名，主持工作的副职6名；已获博士学位和在读博士生14名；副高以上职称18名；党外干部3名；女干部5名；少数民族干部3名。他们在各自岗位兢兢业业工作，实绩比较突出，群众普遍认可。通过开展届中调整工作，空缺干部岗位基本补齐，学校二级单位领导班子和干部队伍结构进一步优化。

加强优秀年轻干部培养、储备、选任。深入落实《关于适应新时代要求大力发现培养选拔优秀年轻干部的意见》，健全落实年轻干部日常发现、动态管理、持续培养、适时使用工作机制。把发现“好苗子”功夫下在日常中，通过开展二级单位领导班子回访调研、党建工作考核督查、日常谈心谈话等多种方式，全方位、近距离、了解干部职工思想工作状况。在精准发现、综合研判基础上，分层级、分类别、分专业建立一定规模的优秀年轻人才数据库，由组织内部掌握，并实行动态管理、优进绌退。对有发展潜力、需要递进培养的同志予以更多关注，优先安排挂职锻炼、轮岗交流，让其承担急难险重任务，使其在经风雨、见世面中壮筋骨、长才干。

建立健全优秀年轻干部适时使用机制，助推优秀年轻干部脱颖而出。2021年，将2名“85后”干部、1名“90后”干部提拔到处级领导岗位。与巡视时相比，学校50周岁以上的处级干部已由43名下降至34名，42周岁以下的正处级干部已由12名上升至17名，35岁以下的处级干部已由1名上升至3名。推荐1名优秀年轻干部到区县交流任职，推荐1名干部交流至重庆财经职业学院担任马克思主义学院院长。

根据市委组织部统一部署，认真做好每一年度的干部选拔任用“一报告两评议”工作。近年来，学校干部选拔任用工作满意度持续提升。根据市委组织部反馈结果，学校2019年在开展机构改革、较大规模调整提拔干部的情况下，其工作满意度平均值较2018年度上升2.84分，比全市平均水平高出2.72分；2020年“一报告两评议”满意度达到98.20分，较2019年再次上升2.62分，高出全市平均水平4.64分。

深入落实《关于加强党的政治建设的意见》《重庆市干部政治素质考察工作实施办法（试行）》，建立健全领导干部政治素质识别和评价机制，把政治素质考察运用到干部选拔任用、教育培养、管理监督上。探索建立重要岗位领导干部政治素质档案，组织党委职能部门、核心业务部门和人财物管理部门15个单位32名处级干部填报政治素质表现情况，初步形成2021年度重要岗位领导干部政治素质档案。以后每年充实完善，全面记录干部政治表现。开展政治素质专项测评和考察对象政治素质自评，坚持定性评价和具体事例相结合，进一步提升人选政治素质评价的精准度。

严格执行《领导干部报告个人有关事项规定》《领导干部个人有关事项报告查核结果处理办法》，组织属于填报范围的领导干部认真填报个人有关事项，认真开展随机抽查和重点查核工作。根据市委组织部统一部署，认真开展领导干部在社会团体、企业兼职集中清理工作。精心制定《重庆文理学院干部兼职管理办法》，进一步明确兼职条件、审批备案程序和相关纪律要求，兼职管理逐步形成常态长效。对标对表开展年度党员领导干部民主生活会、支部组织生活会、民主评议党员、党组织书记述职评议考核等工作，党员领导干部过双重组织生活等制度全面落实。坚持谈心谈话制度，对 2020 年度考核排名最后 5%的 6 名干部进行提醒谈话，对 2021 年度提拔的 30 名干部全部开展任职谈话和廉政谈话，对所有市管干部、处级干部、科级干部及部分关键岗位工作人员 300 人全覆盖开展全面从严治党年度工作约谈，及时咬耳扯袖、加强教育引导。

对标中央《关于进一步激励广大干部新时代新担当新作为的意见》及市委《实施意见》，结合学校实际，制定《中共重庆文理学院委员会进一步激励广大干部新时代新担当新作为的实施办法》，提出 7 个方面 17 条具体措施，激励干部担当作为机制进一步落细落实。深入推进党史学习教育，开展“两优一先”评选表彰、“重庆市担当作为好干部”推荐工作，开展“缅怀涂铭旌院士”主题党日、“时代楷模”王红旭事迹巡回宣讲、“信仰的力量：入党志愿书里的档案故事”宣讲等活动，大力选树可见可学可比的先进典型。邀请市内知名专家来校作党性教育专题讲座，组织全体处级干部到重庆市干部教育培训现场教学基地、廉政教育示范基地——喻茂坚纪念馆接受政德教育，进一步提振了广大干部干事创业的精气神。树立重实干重实绩的用人导向，把在疫情防控、脱贫攻坚、乡村振兴以及学校申硕攻坚和各领域工作中敢担当善作为的干部选拔出来、使用起来。

突出精准化、实效性，组织开展专题培训，通过上级调训与校内培训相结合、线上培训与线下培训相结合的方式，分层次、多渠道开展各类培训工作。制定 2021 年度中层干部和党务干部培训工作方案，并于 11 月中旬至 12 月中旬举办中层干部和党务干部 2 个专题培训班，把专题讲座与现场教学、工作交流相结合，把具体业务培训与加强党性锻炼、提升思维层次相结合，开设“习近平新时代中国特色社会主义思想解读”“加强政治历练，严守政治规矩”“贯彻新时代党的组织路线”“中国共产党的百年辉煌”“注重哲学修养，提高工作能力”“学校意识形态工作与公共舆情应对”“支部工作交流”“学校公文写作案例解析”等专题，邀请市内知名专家授课，全国首批样板党支部和市级标杆院系、样板支部交流基层党建工作经验。广大干部反响强烈，进一步提升业务素质和综合能力。举办中层干部培训，对 2019 年以来新提任干部同步开展任职培训。14 名新提任中层副职干部在当周即加入全校中层干部培训。对改任非领导职务干部、平级调整干部、新提任干部全覆盖开展任职谈话和廉政谈话，促使他们尽快熟悉相关纪律规定，转变角色定位，适应新岗位履职要求。

搭台子、引路子，加强干部实践锻炼。通过选派干部挂职锻炼、抽调干部参与重要专项工作等多种方式，开阔干部视野，提升干部能力。抽调 7 名干部到学校巡视整改工作办公室锻炼，选派 5 名干部到武隆区担任驻村第一书记，推荐 1 名干部到区县交流任职、1 名干部到市教委科技处挂任副处长、1 名干部到重庆财经职业学院担任马克思主义学院院长。与六盘水师范学院长期互派干部挂职，已互派 13 名干部挂职锻炼。与内江师范学院、内江职业技术学院、内江市教育局签订合作协议，拟在干部交流、人才培养合作等方面加强合作。

2. 全面提升基层党组织组织力

将《中国共产党普通高等学校基层组织工作条例》纳入党委中心组、二级中心组、支部主题党日的重要学习内容，组织广大党员干部深入学习《条例》精神。认真落实新时代党的建设总要求和新时代党的组织路线，印发《中共重庆文理学院委员会贯彻〈中国共产党普通高等学校基层组织工作条例〉具体措施》，从宣传教育、组织体系、组织职责、纪律建设、党员队伍建设、干部人才队伍、思想政治工作、领导和保障等八个方面提出具体举措，坚持和加强党对学校工作的全面领导，全面提升学校基层党组织组织力。

2021 年，学校进一步优化调整基层党组织全面从严治党考核指标体系，增加基层组织建设的分值和权重，进一步优化检查内容。党委常委、党委组织部负责同志深入一线开展督查调研，督促指导基层党组织深入学习贯彻落实《条例》，及时发现问题，抓好整改落实，进一步提升学校基层党建工作水平。

强化学校党委管党治党主体责任和党委书记第一责任、班子成员“一岗双责”。学校党委定期召开全委会、常委会和党建工作联席会，研究谋划部署学校党建工作。聚焦学习贯彻党的十九届五中和六中全会精神、党史学习教育、疫情防控、乡村振兴、学校申硕攻坚、巡视巡察等重点工作，定期召开常委会专题研究，体现了党委把方向、管大局、作决策、抓落实的领导核心作用。党委书记第一责任、副书记分管责任、班子成员“一岗双责”落地落实。

党委每名常委根据工作分工，至少联系1个二级学院党总支、1个教师或学生党支部，督促指导所联系党组织做好基层党建工作。2021年，学校党委常委联系基层党支部累计36次。二级学院党总支班子成员根据分工联系下设党支部，确保每个师生党支部均有人联系、有人指导。分级分类推进党组织书记述职评议考核工作，总支书记、支部书记年度述职评议考核实现全覆盖。

推动全面从严治党向基层延伸，二级学院党政负责人“双向进入、交叉任职”，配备专职组织员和“双带头人”教师党支部书记等政策要求全面落实，基层党建工作力量进一步增强，为纵深推进全面从严治党奠定了组织保障。把抓党建“一岗双责”落实情况作为领导干部年度考核、民主生活会对照检查的重要内容；把党员履职尽责、发挥作用情况作为支部组织生活会对照检查、民主评议党员的重要内容，让全面从严治党直抵“神经末梢”。

严格执行“三会一课”制度。2021年初即对全年党员组织生活、教职工政治理论学习、党风廉政教育等作出统筹安排，把“三会一课”作为深入学习习近平新时代中国特色社会主义思想、深入开展党史学习教育的重要载体，通过推行“主题党日”进一步规范落实“三会一课”。将“三会一课”等组织生活开展情况作为各单位党建工作考核及党组织书记述职评议考核的重要内容，作为基层党建督查调研的重要内容，有力推动“三会一课”真正落地落实。组织部为全校93个党支部统一制作发放《党支部工作手册》，“三会一课”记录更加规范，更便于检查考核。认真落实党组织书记讲党课制度、领导干部上讲台制度。党委10名常委率先垂范，为党员干部、入党积极分子讲党课20次。

完善支部主题党日制度，2017年学校即开始推行支部主题党日制度，将每月最后一个星期三作为主题党日。通过“统一时间、统一主题、统一要求”，各党支部和广大党员逐渐形成“政治生物钟”，定期学习教育、定期收缴党费、定期开展活动形成常态长效。

在规范开展“三会一课”、主题党日的基础上，创新方式方法，使党组织活动更富吸引力和实效性。为庆祝建党100周年，学校党委组织部、档案馆及部分二级学院联合组织开展“信仰的力量：入党志愿书里的档案故事”系列活动，遴选优秀学生党员、入党积极分子组建采写团队，深入挖掘学校老党员入党志愿书等档案里的红色记忆。已采写近20名老党员的入党故事，陆续在《重庆文理学院报》专栏刊载。遴选师生党员组建宣讲团队，在支部主题党日宣讲老党员的入党故事。上述党组织活动采取“让身边人讲好身边事、让身边事激励身边人”的方式，让广大党员更有认同感，心灵上受到更大震撼。大家纷纷表示，将以学校老一辈优秀党员为榜样，坚守初心使命，继续砥砺前行，争取取得新的更大的成绩。

全面实施“对标争先”建设计划，落实《中共重庆文理学院委员会党组织“对标争先”建设计划实施方案》，学校党委、党总支、党支部分别对照“四个过硬”“五个到位”“七个有力”标准，强优势、补短板、创特色、树品牌，推动各级党组织全面进步、全面过硬。

全国样板党支部建设辐射带动作用明显。2018 年，新材料技术研究院教学科研支部成功入选全国首批样板支部。学校党委召开常委会专题研究样板支部建设问题，制定《全国样板支部建设计划实施方案》，成立由党委副书记任组长，所在党总支书记和相关职能部门负责人任成员的工作领导小组，并下设 6 个专项工作小组，切实加强组织领导，配强工作力量，划拨专项经费，督促指导样板支部有计划、分步骤实施建设计划。经过近三年的培育，该支部已全面完成创建任务，顺利通过验收，为校内其他党组织提供了可复制、可推广的典型经验。

党建示范创建和质量创优工作取得新成效。积极组织申报重庆市高校党建“双创”项目，药学院党总支教工支部、人工智能学院党总支学生支部作为全市“党建工作样板支部”已经通过验收；材料科学与工程学院党总支在其下设支部入选全国首批样板支部之后再传捷报，入选市级标杆院系，并通过验收。学校有 1 名党员先进事迹入选《渝教先锋·榜样力量——重庆市教育 100 名先进人物访谈录》；报送 1 部先进基层党组织典型事迹片参加全市第十届党员教育电视片观摩交流活动；报送 1 个党员教育管理典型案例参加全市高校党建典型案例征集评选活动。

2021 年，根据工作需要，对个别党总支、支部委员及时进行增补、调整，进一步健全党总支、支部按期换届提醒督促机制。11 月，在完成第六次中层干部届中调整工作之后，及时启动相关基层党组织的调整工作整顿软弱涣散基层党组织。

按照上级有关要求，综合党支部书记抓党建述职评议考核、基层党建工作年度考核、平时工作调研督查等情况，按照一定比例确定相对后进党支部。学校党委专门指定 1 名常委包点联系、坐镇指挥，通过整合力量、多方会诊、找准症结，督促指导后进党支部制定整改方案、明确进度计划、抓好整改落实，确保后进党支部成功转化“摘帽”。

实施党支部整体提升工程。坚持分类实施、有的放矢，制发《中共重庆文理学院委员会关于实施党支部建设整体提升工程的通知》，推出“样板支部培育计划”“中间支部提升计划”“建立健全后进支部整顿常态化机制”等举措，力争使每一类党支部都有新的提升。进一步健全完善了党委常委联系党总支和师生党支部、党组织书记述职评议考核、党建工作考核等制度，加强对基层党建工作的督促、指导和考核。截至 12 月底，学校 1 个全国首批样板党支部，1 个全市标杆院系，2 个全市样板支部都已全部通过验收。2021 年，在庆祝中国共产党成立 100 周年之际，学校有 1 名党员获评重庆市“优秀共产党员”；有 2 个基层党组织、1 名党员、1 名优秀党务工作者分别获评重庆市教育系统“先进基层党组织”“优秀共产党员”“优秀党务工作者”；有 20 个基层党组织获评学校“先进基层党组织”。

建立健全教师党支部书记“双带头人”工作机制。为进一步优化队伍、发挥作用，学校党委认真落实《中共重庆文理学院委员会教师党支部书记“双带头人”培育工程实施方案》，建立健全教师党支部书记“双带头人”选拔任用、教育培养、作用发挥、激励保障四大机制，推进党建工作与教学科研同频共振、有机融合，实现党建工作与教学科研同向发力、互促互进，真正把教师党支部书记队伍建设成为新时代学校党建和业务双融合、双促进的中坚骨干力量。

加强教师党支部书记的教育培养。学校党委组织部、党校、各党总支制定年度培训计划，定期开展任前培训、示范培训、专题培训和集中轮训。2021 年学校举办基层党支部书记培训班 12 期，累计培训党支部书记 1 100 余人次；参加上级党组织举办的支部书记培训班 4 期，累计参训 50 余人次，实现教师党支部书记培训全覆盖。

持续优化专职组织员队伍。在顺利完成第六次中层干部届中调整之后，曾任机关和二级学院党总支书记等职位的 4 名处级干部改任非领导职务，进入专职组织员队伍。学校专职组织员队伍在配齐的基础上，力量进一步壮大，结构进一步优化。认真落实《中共重庆文理学院委员会专职组织员工作职责》，推行二级学院专职组织员、党总支组织委员一体化设置制度（即专职组织员、党总支组织委员由同一人担任），避免了职责交叉、推诿扯皮问题。加强对专职组织员工作的监督、指导和考核。专职组织员在做好发展党员各项工作、协助抓好党员日常教育管理、参加党总支委员会会议和党政联席会、积极建言献策等方面发挥了重要作用。

加强特邀党建组织员队伍建设。在加强专职组织员队伍建设的同时，积极打造特邀党建组织员队伍。聘请近 20 名政治过硬、能力突出，有资历威望和党建工作经验的离退休领导干部担任特邀党建组织员，协助做好大学生党建和思想政治工作。

严格党员发展标准，落实《中国共产党发展党员工作细则》等文件精神，贯彻上级党组织工作要求，积极谋划，周密部署，加大对各基层党组织党员发展工作的督促指导力度，确保发展党员工作有领导、有计划进行。2021 年，发展党员 1 224 人，其中教职工党员 8 人（含高知群体 6 人），学生党员 1 216 人，学生少数民族党员 68 人。

严格党员发展程序，执行学校党委领导和审批，组织部工作监督和资格审查，特邀党建组织员材料审核和谈话，党总支具体指导，党支部具体落实的党员发展工作机制。从 2021 年开始，发展党员使用新党表，及时印发《入党志愿书》《预备党员教育考察登记簿》《入党积极分子教育考察登记簿》填写模板，并加强对支部书记、组织委员、专职组织员和特邀党建组织员的教育和培训，确保党员发展程序完备。

做好党员发展材料归档，及时印发党员档案材料目录和党支部发展党员文书档案归档材料目录，将发展党员档案材料的归档工作纳入党建考核重要指标，通过开展基层党建调研加强对发展党员建档工作的督促指导。

开展高知群体发展党员工作，对高知群体中党员比例低于学校平均水平的单位采取有效措施，建立党外教职工台账，党组织书记、党员领导干部加强交流和联系。有针对性地制定教育培养措施，建立健全把骨干教师培养成党员，把党员教师培养成教学、科研、管理骨干的"双培养"机制。通过落实责任、积极引导，特殊部门、重点要求，加强教育、提高素质，分级管理、加强帮扶，加强监督、加大考核等举措，扎实做好高知群体发展党员工作。各基层党组织推荐高知群体16人参加学校党校培训，其中发展为中共预备党员6名，转正4名。

强化收缴党费的教育功能，规范党费收缴、使用和管理办法。进一步明确党费收缴基数的计算范围。不断提高党费返还费和党建经费使用效益。在严格遵守财经纪律、加强经费管理监督的同时，及时消除政策上的疑虑，鼓励基层党组织按照“六个一”标准打造规范化党建工作阵地，积极开展党组织活动，推进基层党建工作创新，提高经费使用效益。

2021年，学校党委以庆祝中国共产党成立100周年为契机，以开展党史学习教育为重要载体，通过“三会一课”、支部主题党日、入党宣誓、毕业教育、党性教育和实践锤炼等，加强党员教育管理，引导广大党员学党史、悟思想、办实事、开新局，以昂扬姿态奋进新征程、建功新时代。从2021年开始，组织开展新发展大学生党员奔赴红色教育基地开展党性教育和实践锤炼，依托红色资源为大学生党员教育和实践提供平台，提升党员党性意识，充分发挥党员作用。

2021年，举办入党积极分子培训、发展对象培训各2期，累计2 113名入党积极分子和1 224名发展对象参与培训；举办处级领导干部、党支部书记、支部委员、辅导员、思政课教师等各类培训20期。

作风建设

1.“四风”问题整治

党委常委会专题听取学校纪委党风廉政建设和反腐败工作情况报告，研究制定学校全面从严治党工作要点，细化作风建设工作举措。强化作风建设监督检查，印发《关于做好 2021 年作风督查的工作通知》，坚定不移巩固、拓展、落实中央八项规定精神成果。召开学校 2021 年全面从严治党工作会议，全面落实五届市纪委五次全会部署以及全市教育系统全面从严治党视频会议有关要求，安排部署学校作风建设工作事宜。坚持不懈教育广大党员干部严格落实中央八项规定及其实施意见精神，编印学校《贯彻落实中央八项规定精神学习资料》，让科级以上干部学习掌握。常态化通报曝光违反中央八项规定精神典型案例，通报曝光学校教职工违反师德师风有关问题，锲而不舍用“身边案”教育警醒“身边人”。构建作风建设长效机制，紧盯节假日期间易发多发问题和隐性变异“四风”问题，在元旦、春节、五一、端午、中秋、国庆等重要时间节点，对全校党员干部进行常态化提醒，推送廉洁短信 745 条。利用市区两级党风政风监督大数据平台筛查发票数据，与永川区纪委监委联合开展明察暗访，不断筑牢党员干部作风建设防线，坚决防止“四风”问题反弹回潮。

针对市委巡视反馈指出的“四风”有关问题，制发学校纪委整改任务落实工作方案，制定细化整改工作举措，逐条落实具体责任人，明确整改时限，坚决纠治“四风”有关问题。组织开展专项走访调研，校级领导带头深入食堂明察暗访，收集意见建议，督促后勤建立健全防止餐饮浪费行为常态长效工作机制。全面督促星湖校区消防供水工程建设，通过现场督查、下发整改通知书等方式，督促完成建设任务，实现星湖校区消防供水全覆盖。

2. 党建带群建

不断完善领导机制，把群团工作纳入学校党的建设总体布局，纳入学校党委常委会会议、党建联席会议以及二级学院党总支委员会会议、党政联席会议的重要议题，定期研究谋划部署。学校党委明确党委副书记分管工会、教代会和党外知识分子联谊会、侨台留联谊会、少数民族联谊会工作，1 名常委、副校长分管学生会、共青团工作。学校党委书记孙泽平，党委副书记、校长黄伟九等校领导多次到群团组织调研指导工作。

不断强化对群团组织的政治引领，以开展党史学习教育、庆祝中国共产党成立 100 周年系列活动为契机，利用双月座谈会、专题辅导报告、主题团日、教职工政治理论学习、个别谈心谈话等多种方式，教育引导群团组织坚定信念跟党走。全面推进“青年大学习”，广泛开展主题路讲、微党课、知识竞答、征文比赛、辩论赛等互动学习活动。组织开展“请党放心、强国有我”“七一讲话明方向、伟大复兴铸辉煌”“学党史、强信念、跟党走”“我和我的祖国”“我与祖国共奋进”“我与祖国同成长”等系列主题教育活动，持续推动习近平新时代中国特色社会主义思想入脑入心。深入实施青年马克思主义培养工程，按照“模块化培训，精英化培养”的思路，形成了“一讲二校四班”的团学干部教育培养体系，共培训团学骨干 4 万余人次。持续做好“团内推优”工作，共青团员成为学校每年发展新党员的主要来源。

支持群团组织建设，全面落实《重庆文理学院党政机关、教辅和群团部门主要职责》《重庆文理学院学生社团建设管理办法》，修订《学生会章程》《学生组织机构及职责》。在学校党委的坚强领导和正确指导下，学校第五次团代会、第六次学生代表大会成功召开，学校党外知识分子联谊会、侨台留联谊会、少数民族联谊会顺利换届。加强对群团组织负责人的选拔、培养和管理，为他们积极搭建成长发展平台。通过开展中层干部、科级干部届中调整工作，及时补齐校团委书记及校团委下设办公室、学生素质拓展训练中心 2 个科级岗位和部分二级学院团总支书记空缺岗位。

推动群团组织为学校改革发展积极建言献策、贡献力量。出台《中共重庆文理学院委员会关于参政议政、建言献策工作量的认定办法》，为进一步激励民主党派、群团组织立足本职、努力工作、争创一流，更好地服务于学校事业发展、促进地方经济建设和社会发展起到了积极作用。2021 年，组织开展特殊学校志愿者服务、参与临江河治理等 9 个社会服务活动，收集处理 7 条围绕学校发展建设的意见建议，《助力永川豆豉“进军”重庆风貌“十八件”“十八味”的建议》《我国体育项目代际培养情况及改进建议》等 6 个参政议政类成果被中央、市委采用或批示，《关于完善外卖行业食品安全监管的建议》《关于落实农村生活垃圾分类管理的提案》等 35 条人大政协委员提案予以立案或办理，《乡村振兴背景下重庆乡村旅游供需协调研究》《大数据时代乡村振兴战略背景下加快推动城乡融合发展研究》等 8 个理论创新课题予以立项或结题，较好地彰显了统一战线服务学校以及社会发展建设的优势和作用。

按照“政治建团、思想立团、固本兴团、改革强团、从严治团”原则和思路，建机制、强功能、增实效，聚焦主责主业，充分调动广大团员青年工作的积极性、主动性与创造性，在脱贫攻坚、疫情防控、乡村振兴、思想引领、团组织建设、大学生素质拓展、科技创新、社会实践、校园文化建设等方面，做了大量积极有益的工作，为文理学子的成长成才、为学校的建设和发展做出积极贡献。2021 年，学校社团获国家级奖项 18 项，省部级奖项 20 项，区县级奖项 7 项，其中学校先进成图协会选送队伍获第七届中国国际“互联网+”大学生创新创业大赛一等奖，土木水利图学协会选送队伍获第十三届全国高等院校学生“斯维尔杯”BIM-CIM 创新大赛一等奖，数学建模社选送队伍获第十二届全国大学生数学竞赛决赛（数学类高年级）三等奖。学校再次获全国无偿献血促进奖单位奖、重庆市无偿献血优秀志愿者服务团队，成为重庆市首批大学生志愿服务进社区试点高校，被团市委、重庆市乡村振兴局共同确定为重庆市首批乡村振兴大学生社会实践基地。学生科技文化艺术体育活动成绩显著，在全国第六届大学生艺术展演活动中获得校长风采奖 2 项、一等奖 1 项、二等奖 1 项；在重庆市“大艺展”中获得一等奖 11 项、二等奖 12 项、三等奖 25 项；在第十七届“挑战杯”全国大学生课外学术科技作品竞赛重庆市选拔赛中获得特等奖 3 项、一等奖 5 项、二等奖 3 项、三等奖 4 项；在第 40 届重庆市大学生“校园之春”文化艺术体育活动中获得一等奖 2 项、二等奖 7 项、三等奖 6 项、铜奖 1 项；在“互联网+”大学生创业大赛重庆选拔赛决赛中获 10 金 12 银。

召开第五届教职工暨工会会员第二次代表大会，成立新一届民主管理工作委员会，进一步推进学校民主管理。在学校工会的组织策划和各协会的积极配合下，开展教职工乒乓球比赛，羽毛球、网球、双扣比赛和一年一度的教职工运动会，举办庆祝建党100周年书法摄影作品展。组织教职工参加重庆市2021年教科文卫体系统职工羽毛球比赛，获团体第四名；参加重庆市第十届全民健身运动会气排球比赛，获女子组第三名的好成绩。为在编在岗教职工办理重庆市重大疾病互助保障，对2020年和2021年重病教职工办理重大疾病申请。开展春节、元旦、五一、端午、中秋、国庆及教职工生日慰问等活动。完成人和居3号教工住宅房屋自查工作，协助完成高层次人才选房工作。教职工的文体生活更加丰富，教职工合法权益得到有效保障。

纪律建设

1. 纪律教育

组织学习《中共中央关于加强对“一把手”和领导班子监督的意见》《中华人民共和国监察法实施条例》等党内法规，学习中央纪委、市纪委有关会议文件精神，切实增强做好监督工作的责任感、紧迫感、使命感。分别对新提任的 9 名处级正职、13 名处级副职干部及平级调整干部进行集体廉政谈话，提出廉政勤政要求。营造良好校园廉洁文化氛围，在师生密集场所设置 13 块全面从严治党宣传展板，联合学校团委开展大学生廉洁教育“五进”活动。组织师生参加庆祝建党 100 周年廉洁文化作品评选活动，征集廉政文化作品 90 余件，遴选上报优秀作品 16 件。

深入开展“以案四说”“以案四改”，推动以案示警与以案促改双向发力。在党委常委会、纪委全委会以及学校全面从严治党工作会上，深入开展违纪违法案警示教育，教育引导广大党员干部以案为戒，筑牢思想防线，守住廉洁底线。校、院两级召开“以案四说”暨师德师风警示教育专题会，围绕“纪、法、德、责”开展“四说”警示教育活动。针对个别员工出现的违纪违法案件，督促职能部门强化职能监管作用，完善内控管理制度，加大通报曝光力度，常态化开展警示教育，增强“说”和“改”的针对性。

2. 监督执纪问责

学校党委坚决履行全面从严治党主体责任，纪委履行监督专责，对失职失责坚决予以追究。针对市委巡视反馈指出的有关问题以及监督检查中发现的问题，向相关单位发出纪律检查和纪检监察建议书，督促问题整改落实。2021 年，没有干部因失职失责被处分。

深入贯彻落实《关于推进重庆市属高校纪检监察体制改革的实施意见（试行）》，持续深化“三转”，坚持纪委书记专司其职，只分管纪检监察工作，通过 2 次清理退出无关议事协调机构 14 个，只参与党建和党风廉政建设 5 个议事协调机构。进一步规范监督工作，制发《中共重庆文理学院纪委、驻校监察专员办公室关于进一步加强监督工作的意见》，对监督内容和方式进行明确，全面退出人事招聘、采购招标等过程性监督事项。清理废止有关规章制度，重点清理 2014 年 12 月学校汇编发布以及之后的规章制度，对 13 个规章制度予以废止，对 1 个规章制度予以修订，切实增强学校纪检监察制度的衔接性、实效性、科学性。

强化政治担当，全力做好巡视“后半篇文章”，根据市委统一部署，市委第四巡视组对学校党委开展了为期两个月的常规巡视。7 月 13 日，市委第四巡视组向学校党委反馈巡视意见。学校党委旗帜鲜明讲政治，把巡视整改作为当前一项重大政治任务，坚决扛起巡视整改政治责任，坚决做好巡视“后半篇文章”。

深化认识抓整改。学校党委深学笃用习近平新时代中国特色社会主义思想，将巡视整改作为检验“四个意识”的试金石，作为践行“两个维护”的具体行动，作为推动全面从严治党纵深发展的有力抓手，作为加强区域性、国际化、高水平应用型大学建设的重要契机。市委第四巡视组反馈意见后，学校党委立即召开巡视整改工作专题会议，深入学习习近平总书记关于巡视工作的重要论述、市委书记听取巡视综合情况汇报时的讲话精神、市委第四巡视组巡视重庆文理学院党委情况反馈会议精神以及相关文件、会议精神，切实把思想和行动统一到党中央决策部署上来，统一到市委巡视整改要求上来。及时召开学校党委领导班子巡视整改专题民主生活会，对照巡视反馈问题，深入剖析反思，推动真认账、真负责、真整改。

压实责任抓整改。学校党委坚决扛起巡视整改主体责任，成立巡视整改工作领导小组，由党委书记孙泽平任组长，党委副书记、校长黄伟九，党委副书记兰刚，党委常委、纪委书记、监察专员罗茂任副组长。整改工作领导小组牵头抓总、统筹协调，研究制定整改方案，及时掌握整改进度，推动解决重难点问题。党委书记孙泽平认真履行第一责任人责任，对巡视整改直接部署、直接过问、直接协调、直接督办，针对巡视整改中的重点、难点问题和薄弱环节，到一线去直接抓，到现场去抓具体，以身作则、集思广益，着力通堵点、疏痛点、消盲点。校领导根据责任分工，认真履行“一岗双责”，以上率下带动分管单位扛起政治责任，全面落实整改任务。

严督实查抓整改。坚持挂图作战、挂单督办，紧盯整改任务、紧扣时间节点，倒排工期、倒逼进度，确保巡视整改不悬空、有落点。整改工作领导小组办公室坚持每周例会制度，相关责任单位坚持整改进度周报制度，学校党委常委会每半月听取一次整改情况汇报，分析研判、部署落实整改工作。学校党委于7月13日、7月14日、9月15日、11月5日先后4次召开巡视整改动员会、工作推进会，推动巡视整改落细落实、走深走实。制定《中共重庆文理学院纪委巡视整改督查工作方案》，纪委书记、副书记担任督查工作组组长、副组长，抽调纪委委员、纪检委员组建4个督查小组，对巡视学校党委反馈意见和选人用人、落实意识形态工作责任制两个专项检查反馈意见以及学校党委巡察马克思主义学院反馈意见整改情况进行督查督办，既听汇报、翻台账，更看现场、查实情，做到全过程追溯、全覆盖监督。开展2次全覆盖监督检查，下发整改督办通知书1份，编印巡视整改督查简报4期。

统筹兼顾抓整改。坚持在“统筹”上下功夫、在“结合”上做文章，把市委巡视学校党委反馈意见整改与学习贯彻十九届六中全会精神统筹起来，与党史学习教育统筹起来，与抓好中央巡视、市委巡视高校共性问题整改结合起来，与选人用人专项检查、落实意识形态工作责任制专项检查反馈意见整改结合起来，与推动学校改革发展统筹起来，深入落实学校党委管党治党主体责任，不断提升党委把方向、管大局、作决策、抓班子、带队伍、保落实的能力，真正把巡视整改的成果运用到推动学校高质量发展上来，促进学校“十四五”开好局、起好步，为建设区域性、国际化、高水平应用型大学凝聚强大力量。

经过三个月的集中攻坚，学校巡视整改工作取得阶段性成效。为巩固拓展集中整改成果，学校党委坚持整改态度不变、思想不松、标准不降、力度不减、步子不停，绵绵用力、久久为功，一以贯之、一抓到底推进整改，确保反馈问题整改到位、政治生态持续向好、事业发展再上台阶。

坚持巡视带巡察，启动校内巡察工作，学校党委严格按照市委巡视办《关于市委部委、市级国家机关部门党组（党委）开展巡察工作的指导意见（试行）》要求，成立了以党委书记为组长，党委副书记、纪委书记为副组长的巡察工作领导小组，成立巡察工作领导小组办公室，制定《中共重庆文理学院委员会巡察工作实施办法（试行）》《重庆文理学院党委巡察工作流程（试行）》。在市委第四巡视组的带动下，学校党委巡察工作高质量起步，先后完成对马克思主义学院党总支和电子电气工程学院党总支的巡察工作，巡察发现的问题按程序及时反馈，并督促两个党总支制定方案进行整改。学校党委常委会、巡察工作领导小组会听取汇报和专题研究巡察工作 9 次，初步形成学校党委统一领导，巡察主力作战，纪检监察室、组织部日常监督，审计、信访、人事、财务等各部门紧密配合，相关各方积极参与的良好局面。

马克思主义学院党总支针对学校党委巡察反馈意见，制定了具体整改措施。对电子信息与电气工程学院党总支的巡察工作结束后，学校党委及时召开巡察情况反馈会。电子信息与电气工程学院党总支及时制定了巡察反馈意见整改方案，全力整改。

3. 党风廉政建设和反腐败工作

学校党委认真履行主体责任，坚决贯彻落实中央、市委、市委教育工委关于党风廉政建设和反腐败工作的各项部署和要求，以永远在路上的执着把全面从严治党引向深入，推动学校党风廉政建设和反腐败工作向纵深发展。

制发《关于深化落实全面从严治党党委主体责任和纪委监督责任的实施办法》，修订完善学校党委领导班子、主要负责人、班子成员落实全面从严治党主体责任清单。开展全面从严治党逐级约谈，分别从校、处、科级干部以及关键岗位工作人员逐级开展全面从严治党廉政约谈，对出现苗头性、倾向性问题的采取个别提醒谈话，层层传导压力，层层压实责任。将二级单位抓党风廉政建设和反腐败工作情况纳入年度工作质量考核，增大考核比重，强化考核效果。

认真贯彻落实《中共中央关于加强对“一把手”和领导班子监督的意见》，党委书记严格落实第一责任人责任，通过党委会议、干部大会、廉政谈话等方式对重要工作亲自部署、对重大问题亲自过问、重点环节亲自协调、重要案件亲自督办。

通过制定《党委落实全面从严治党主体责任清单》《党委书记落实全面从严治党责任清单》《党委常委落实全面从严治党责任清单》等，督促班子成员落实“一岗双责”，明晰责任事项，狠抓责任落实，实现主体责任清单式管理。班子成员统筹抓好分管领域、二级单位的业务工作与党风廉政建设和反腐败工作，做好同谋划、同部署、同检查、同落实。

学校党委通过严格组织生活、听取群众意见、开展党建工作督查等方式，监督党员遵守党章党规党纪特别是政治纪律和政治规矩情况，遵守宪法法律法规和道德规范情况，参加组织生活情况，履行党员义务、联系服务群众、发挥先锋模范作用情况等。学校纪委精准运用监督执纪“四种形态”特别是第一、二种形态，对苗头性、倾向性问题抓早抓小，及时开展提醒约谈、批评教育。

4. 严厉整治身边的腐败问题

拓展信访举报渠道，建立纪委书记单周周一下午定期接收师生来信来访制度，规范学校信访举报渠道管理，实行信访举报件统一登记编号、及时分类处置、逐一销号清零，确保信访举报“事事有回音、件件有着落”。坚持从严主基调，通过个别谈话、实地走访等方式，围绕教育经费管理使用、绩效分配、职称评定、科研项目、推优评优等师生关注的重点事项进行监督。全年开展干部选拔、招生考试抽查 9 次，人事抽查 8 次，招标抽查监督 18 次，提出意见建议 70 余条，下发纪检监察建议书 2 份，发出整改建议书 3 份，本年度学校未发生腐败案件。

教育教学

JIAOYU JIAOXUE

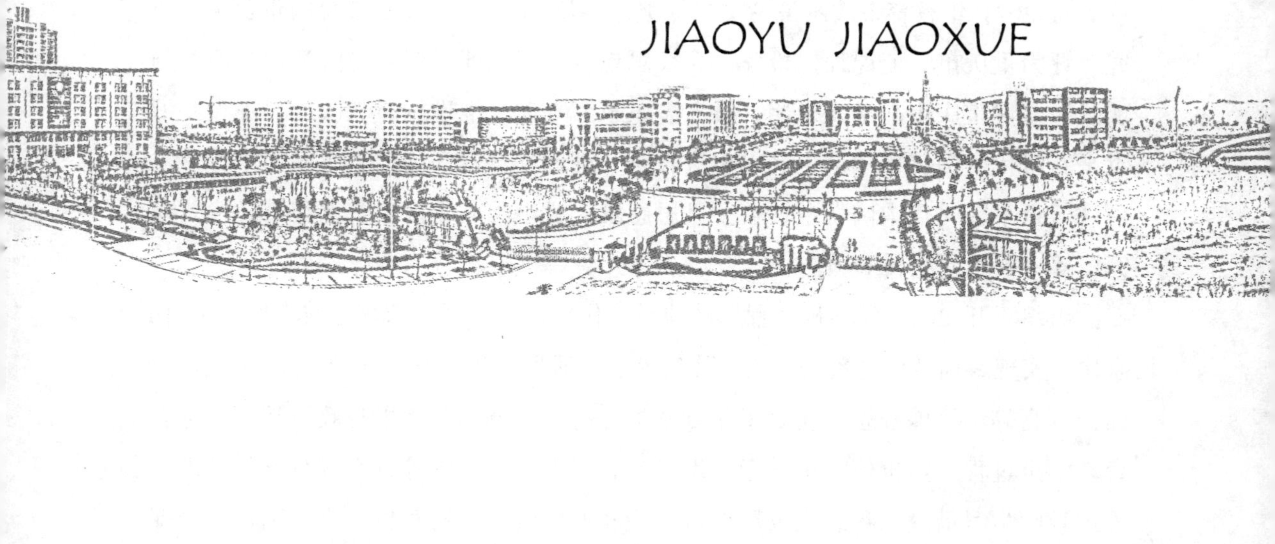

教学工作

1. 思政课程和课程思政同向同行

调整学校思政课建设工作领导小组成员，出台《重庆文理学院新时代学校思想政治理论课改革创新工作方案》，按要求开设好思想政治理论课程，“马克思主义基本原理”“毛泽东思想和中国特色社会主义理论体系概论”“中国近现代史纲要”“思想道德与法治”“形势与政策”必修课程，在不同的学期修读并获得相应学分方能毕业。从 2021 级开设“四史”课程，党委书记孙泽平和党委副书记、校长黄伟九率全体校领导开设“习近平新时代中国特色社会主义思想概论”公选课，500 余名学生修读。《新时代高校思想政治理论课“金课”建设标准与实现》获批国家级教学研究项目立项，《关于进一步推进我市高校思政课改革创新的几点建议》获 2021 年教育咨政决策论文二等奖，“习近平总书记关于教育的重要论述研究”评为重庆市一流课程，推荐“高校思想政治理论课‘四步进阶’教学改革与实践”参评重庆市教学成果奖。设立思政教改专项，推进校级教改项目中设立习近平新时代中国特色社会主义思想进教材、进课堂、进头脑的教改专项工作。立项“习近平新时代中国特色社会主义思想融入‘中国文化概要’课程教学模式探究”等专项教研项目 6 项。

组织召开 2021 年学校课程思政建设工作推进会，开展课程思政专题培训 10 余次，实现参训教师全覆盖，围绕《高等学校课程思政建设指导纲要》《重庆市全面推进高等学校课程思政建设工作方案》等内容，就如何将思想政治教育贯穿教育教学全过程、寓价值观引导于知识传授和能力培养之中等方面进行方位培训，推进教师学习借鉴课程思政改革先进经验和典型做法。构建校、市、国家三级课程思政优质资源体系。获重庆市课程思政示范项目 6 项，6 个课程团队获重庆市课程思政教学名师和教学团队认定。完成第一批校级课程思政项目结项工作，遴选第二批课程思政项目 100 项，建设校级课程思政示范项目 30 项。立项重庆市高等教育课程思政重点项目 1 项，一般项目 5 项。学校在 2021 年思政课程与课程思政（学科德育）优秀案例及论文评选中有 14 篇优秀案例和论文获奖，特等奖 1 项，一等奖 2 项，二等奖 4 项，三等奖 7 项，其中基于“德能双修，知行合一”的“管理学”课程思政实践获优秀案例特等奖，“纵向贯通，横向融合”的全科网格化课程思政体系构建与探索——以重庆文理学院为例获优秀论文一等奖，获奖级别和数量位居同类高校前列。外国语学院老师获首届全国高等学校外语课程思政教学比赛二等奖、“2021 年高等学校（本科）外语课程思政优秀案例征集与交流活动”重庆市一等奖，“纵向贯通，横向融合”的全科网格化课程思政体系全面推进。

2. 推进“双万计划”，国家一流专业建设有突破

全面梳理学校“十三五”专业建设取得的成效，结合《重庆文理学院“十四五”事业发展规划》建设区域性、国际化、高水平应用型大学目标，以支撑引领创新驱动发展和重庆市产业转型升级、服务区域经济社会发展为导向，坚持学科专业一体化建设基本理念。按照“目标导向、分类布局、内涵发展、彰显特色”的工作思路，高质量完成“十四五”专业建设规划。瞄准机器人及装备制造、汽摩产业、电子信息产业、新材料、医药食品化工产业、现代农业等重大产业项目，重点打造大数据与人工智能类、智能制造类、材料类、医药与环保类、现代服务业与文化创意类、现代农业与乡村振兴类、教师教育类等七大专业集群。受市教委高教处委托，参与起草《重庆市普通本科高校专业建设行动计划》，并得到高度认可。

材料科学与工程、环境科学、机械工程、环境设计 4 个专业获批“双万计划”国家级一流本科专业建设点，实现历史性突破。软件工程等 4 个专业获批省级一流本科专业建设点，数学与应用数学、汉语言文学等 5 个专业入选重庆市一流专业立项建设项目。截至 12 月底，有国家“双万计划”国家级一流本科专业建设点 4 个，省级一流本科专业建设点 19 个。完成会展经济与管理、体育教育和电子信息科学与技术等 9 个国家一流本科专业建设点推荐申报工作。智能制造工程学院新型二级学院和电子科学与技术大数据智能化类特色专业高质量通过市教委验收，获通报表扬，电子信息科学与技术专业获评优秀。学校在艾瑞深校友会网的 2021 中国综合类大学一流专业排名（应用型）高居第 1 位。全面深化与俄罗斯相关高校开展“2+2”“4+2”“3+1”等联合办学项目。新申报俄语专业，参与申报的“中俄科教合作交流平台”获批重庆市国际化特色项目立项建设单位（经费 300 万元）。

住房和城乡建设部高等教育工程管理专业评估委员会进校开展工程管理专业考查，工程管理专业通过专业评估（认证）。数学与应用数学、思想政治教育 2 个专业顺利通过教育部师范类专业第二级认证。小学教育、体育教育和化学 3 个师范专业通过教育部师范类专业认证专家进校考查，各项工作得到专家组一致好评。汉语言文学师范专业全面推进整改工作。完成对机器人工程、文化遗产、物流工程 3 个新专业进行评估，3 个专业顺利通过市教委专家评审获学士学位授予权。

3. 深化教学改革，提高人才培养质量

通过自上而下、自下而上和联合申报的“6+6+N”模式，组织二级学院充分研讨、全面梳理、积极凝练、重点打造教学改革成果和特色亮点，撰写成果总结和成果推荐书，推荐报送教学成果奖 16 项（含互联网+大赛获奖项目）。支持和引导各二级学院与中小学、中高职院校联合打造市级教学成果奖，申报 10 余项，实现基础教育、职业教育市级教学成果奖申报全覆盖。《校地合作共建重庆乡村振兴学院试点成果》荣获重庆市第四届教育改革试点成果一等奖（本科高校唯一）。

校—市—国家三级一流本科课程体系不断完善，“统计学”“数据库原理及应用”“Web 前端开发基础”和“工业机器人技术”4 门课程入选重庆市高校精品在线开放课程，“新视野大学英语（综合教程）”入选重庆市本科高校一流外语在线课程。推荐“汉语方言调查与保护”等 9 门课程参评 2021 年国家一流本科课程，“景观生态学”等 19 门课程获评 2021 年重庆市一流本科课程。学校一流本科课程建设经验先后得到人民网、新华网和华龙网等媒体广泛关注。加强党对教材的领导，印发《重庆文理学院教材建设管理办法》，全力推进习近平新时代中国特色社会主义思想进教材，校级应用型教材结项 4 本，立项 10 本。按照教育部和重庆市教委要求对选用的法律类、外语类教材进行全面审核和排查，总体情况良好。开展教材征订审查工作，重点评审校本教材和自编教材的选用情况。2021 年，征订教材 1 470 种，应用型教材 933 种，占比 63.5%。

全面开展第二批国家级新工科研究与实践项目和新农科研究与改革实践项目研究工作，完成中期检查，13 项和 55 项市级、校级教改项目顺利结题。立项 35 个市级教改项目，其中重大项目 3 项，重点项目 8 项，重大重点项目立项数量并列市属本科高校第 1 位。学校“新工科背景下人工智能产教模式研究与实践”等

82 个项目获批立项，数量位列重庆市高校第 1 名。印发《重庆文理学院新时代劳动教育的实施方案》，按要求开设劳动教育必修课程，不低于 32 学时。印发《重庆文理学院关于公布通识教育选修课程名单及修读要求的通知》，将美育类课程单列，新增“当代影视评论”等美育类课程 7 门，学生必须修读美育类课程 2 学分方能毕业。立项“工匠精神视域下服装工艺类课程劳动教育研究与实践”等“体美劳”教育教学改革研究专项 6 项，“永川区板桥镇‘耕读教育文化’基地计划”入选第三届中国乡村美育行动计划第二批行动项目，《建议多措并举推动学校“耕读教育”发展》获 2021 年重庆市教育咨政决策论文一等奖。

4. 加强教学建设，支撑人才培养质量提升

投入近 400 万元新建成“智能充电桩”“人工智能”“药物制剂”等实验室，满足智能电网信息工程、人工智能、药学等新建专业实验教学条件和装备水平建设的迫切需求。投入 350 余万元推进建设环境设计实训室、广播电视综合演播厅等专业实训教学实验室建设。投入 90 余万元升级改造计算机实验室，全新购置 150 台高性能计算机满足计算机类公共课程和四、六级语言考试的紧急需求。推进《基于物流机器人的无人仓系统仿真实验》《箱包行业批发出口跨境电商虚拟仿真实验》《多模态交互作用下烟气分离净化虚拟仿真驱动优化设计实验》三个虚拟仿真实验项目的开发，着力解决学校真实实验条件不具备或实际运行困难。坚持以学生为本、服务学生发展原则，帮助优秀学生量身定制个性化学习方案、帮扶学习困难学生完成学业、为转专业或跨学科交叉学习的学生提供专业指导。在满足教学计划内课程教学的基础上，在红河校区、星湖校区的教学楼、图书馆相关区域新规划 4 间考研自习室，合计 700 余个考研专用座位。截至 12 月底，学校有 18 个考研自习室、2 200 余个考研专用座位。2021 年，480 余名学生考入国内外知名大学攻读硕士研究生。

学校 2021 年行政 1 号文件发布了《重庆文理学院“四新”建设行动计划》，为全力推进新工科、新医科、新农科、新文科（简称“四新”）建设做好了顶层设计。获批重庆市高水平新工科建设高校（培育），成为全市 13 所高水平“新工科、新医科、新文科、新农科”建设高校之一。智能制造现代产业学院、光电材料与技术现代产业学院获批重庆市示范性现代产业学院（含培育），获市财政建设经费

1 500 万元。人工智能学院获批重庆市特色化示范性软件学院。

按专业、课程和教研共同体设置教研室近 70 个，配齐建强教研室主任队伍，教授 14 人，副教授 38 人，副高及以上职称担任教研室主任超过 60%，组织教研室主任开展相关培训近 10 次。经学校申报推荐、市教委专家评审和审定，学校共 78 人次入选首届重庆市普通本科高校教学指导委员会，其中主任委员 1 人、副主任委员 8 人，入选数量在重庆市 25 所普通本科高校中名列第 6 位，5 人次入选重庆市职业教育行业指导委员会。

5. 严格教学管理，全面推进一流教风学风建设

强化日常管理，确保教学秩序良性运行。制订科学的教学日常运行表、课表、考试安排等，严格规范调停课程序，确保了全校各项教学运行工作的正常有序进行。本年度共开设 2021 门课程，上课班级 7 013 个，行课教师 1 067 人。组织大学英语专八考试、大学英语四六级考试、对口中职“3+4”转段考试、普通话测试、三笔字测试、重修、补缓考等 20 余次大型考试，参考学生近 3 万人次，管理规范有序，未出现违规现象。录取“专升本”学生人数 1 187 人，其中联合培养 330 人。完成 2021 届 5 000 名学生毕业资格、学位授予资格审核工作。

学校 30 位督导委员分 4 组，分布到各校区各区域不定期巡课、看课、听课。发布 7 期督导通报，发布 7 期督导简报。教学问题反馈处理及时，主体责任明确，强调问题整改。开展师范生晨读晚练检查，对全校 9 个教师教育专业 69 个教学班的晨读晚练情况进行了专项检查，共检查了 584 班次晨读活动和 129 班次晚练活动，对提高晨读晚练学习效果和质量起到了切实作用。开展实验教学专项督导，对全校 19 个二级学院的 205 节次实验课开展了检查。进行工程管理专业认证专项督导，对工程管理专业 2016—2020 年 9 个专业课任课教师的 19 个班次的试卷进行了抽查，对试卷在考核档案资料、成绩判分、试卷分析等方面的规范性进行了抽查和整改。对 2021 届学士学位论文 4 831 篇，涉及 56 个专业，采用随机抽检方式，抽检比例 3%且每个专业最低抽检 2 篇，每篇论文送审 3 位校外专家，共送审 186 篇论文，全部通过专家评审，实现专业类型全覆盖、送检全通过。严格安全管理，开展实验室安全专项检查 7 次，排查安全隐患，确保实验教学平稳运行。

6. 推进教学相长，师生获奖取得历史性突破

学生在第七届中国国际“互联网+”大学生创新创业大赛、“田家炳杯”第七届全国师范生教学技能大赛等百余赛事中，获得国家级奖励 150 余人次、省部级奖励近 600 人次，其中在“互联网+”大学生创新创业大赛入选国赛数量历届最多、获奖项目历届最多，金奖银奖实现零的突破。“国产大飞机用隔音隔热超细玻璃纤维棉”项目在“高教主赛道”中首次进入全国三强排位赛，获得全国第 9、重庆第 1 的骄人成绩，实现市属高校获国家金奖零的突破。承办第七届全国大学生工程训练综合能力竞赛（重庆赛区）比赛、成渝地区双城经济圈首届“双城杯”乡村旅游精品线路设计大赛、首届重庆大学生乡村振兴创意大赛、2021 米兰设计周——中国高校设计学科师生优秀作品展重庆赛区评审会等多项赛事，创历史新高，市教委高教处亲自莅临指导，得到科技日报、重庆日报、华龙网、上游新闻等多家媒体的广泛关注。

以赛促教，打造优秀教师队伍，学校老师获重庆市 2020 年本科高校教师教学创新大赛一等奖 3 项、三等奖 2 项，文化与传媒学院传媒艺术教研室获得优秀基层教学组织奖，一等奖获奖数量位列全市所有本科高校第 3 名，在获奖等级和数量上取得重大突破。外国语学院老师在重庆市 2021 年本科高校微课教学比赛中荣获一等奖 3 项，三等奖 2 项，一等奖数量位列全市高校第 1 名，学校荣获优秀组织工作奖，在获奖等级和数量上取得重大突破。在全国高等学校青年教师电工学课程教学竞赛川渝滇藏宁赛区获一等奖 2 项、二等奖 1 项，位列各省参赛高校前茅。全面落实教师分层激励政策，完成首批认定工作，共评选教学新秀 6 人，优秀主讲教师 21 人，首席教师 6 人，教学名师 1 人，打通了教师专业向上发展通道，激活可持续发展动力。积极挖掘优质培训资源，组织开展了课程思政专题培训、“落实立德树人根本任务，提升课程思政建设能力”专题讲座、“青教赛重环节分学科筑金课、教技精进备赛训练营”线上培训、教学创新比赛培训、骨干教师分层激励发展专题培训、新进专任教师“教学预演课”验收等各类培训活动 13 次，参与培训教师累计达 1 741 人次，全面提升了教师的可持续发展能力。

研究生教育

1. 学科建设

学校获批硕士学位授权单位，材料与化工、农业、机械等 3 个学位点获批专业硕士学位授权。材料与化工、农业、机械、资源与环境、电子信息、教育、新闻与传播等 7 个学科获批重庆市“十四五”重点学科。

2. 科学布局未来建设学位点

按照学科与学位点一体化建设思路，启动实施第五轮校级重点学科建设，分梯次立项校级重点学科 A 类 5 个，校级重点学科 B 类 3 个，校级培育学科 3 个，力争 2023 年和 2026 年各立项建设硕士学位点获得授权。

3. 强化产教融合协同育人

强化研究生实践基地和导师团队建设，在现有 5 个市级研究生联合培养基地基础上，新申报市级研究生联合培养基地 5 个。完成“材料表界面”“园艺植物资源创新与利用”等 2 个市级导师团队的结项工作。

4. 提升研究生联合培养水平

积极协调西南大学、重庆理工大学、重庆三峡学院等联合培养高校，协助完成联合培养研究生招生任务。强化联合培养研究生的过程管理，完成相应年级联合培养研究生的开题、中期检查、毕业论文答辩等工作。进一步规范研究生宿舍管理，完成研究生宿舍的整改和搬迁工作。

5. 完成保密室与自命题室建设

深入调研市内相关高校保密室与自命题室建设情况，并按照国家保密要求，制定科学合理的保密室和自命题室建设方案。研究生处、保密办、安管处、国资处、基建处、教务处等部门协同推进项目实施，如期完成项目建设，正式投入使用。

6. 完成 2022 年研招考试组考任务

学校研招考点 2 936 名考生参考，参考人数创历年新高，疫情防控形势严峻，增加组考难度。研究生处首次承接组考任务，为做好考务和疫情防控工作，通过精心策划和周密组织，确保疫情防控、保密工作、考务安排、网络保障、安全保卫、后勤服务及突发事件应急等方面工作的顺利实施，实现平安研考目标。

创新创业教育

1. 创新创业人才培养

成立大学生创新创业基础课程教研室，出版《环大学创新创业生态体系构建理论与路径研究》专著。派出校内师资15人次，参加3期由重庆市教委、学校等组织的成渝地区双城经济圈创新创业能力提升（北京大学）高级培训班、第七届中国“互联网+”创新创业大赛市级培训会、第七届中国国际“互联网+”创新创业大赛校级培训会，进一步加强师资队伍专业化水平建设。

开展大学生创新创业基础课程，实现四层进阶课程体系。《大学生创新创业基础》课程面向2020级4 769名学生开放，课程通过率97.04%，同比增长2.56%。深化创新创业教育改革，健全课堂教学、自主学习、结合实践、指导帮扶、文化引领融为一体的具有国家视角、契合重庆战略、富有学校特色创新创业教育体系，把培养复合应用型创业类人才作为“合格+”多元人才培养模式改革的关键载体，将创新创业教育贯穿人才培养全过程，修订完成新版《创业先锋班人才培养方案（征求意见稿）》。

组织第七届中国国际“互联网+”大学生创新创业大赛，采用集中与分散的形式打磨优秀项目，有效提升打磨质量，获国赛一金一银五铜。与团市委联合举办两期“青创桥·平台提升计划”创新创业服务进校园活动。与永川区市场监督管理局联合开展知识产权宣传进校园活动，增强初创企业知识产权保护意识。组织科技创新团队参加重庆市优秀创新创业项目展示会、献礼建党100周年——全国高校创新创业成果展，以展促投，促进科技成果转化。组织学生创业团队参加2021“学创杯”全国大学生创业综合模拟大赛、第五届“优创优帮”大学生创业扶持计划、第八届重庆市大学生创新创业大赛等比赛，参与学生人数1 000人，以赛促训，促进学生项目与市场接轨。定期举办“创客+私董会”创业沙龙活动，打造文理创谷品牌，营造良好双创氛围。

根据《重庆文理学院企业家校友会大学生创业基金“十大最具潜力创业项目”评选管理办法》，开展2020年度“十大最具潜力创业项目”申报评选工作。完善制度体系，多措并举推进创新创业工作，修订《关于设立创新创业工作委员会的通知》《重庆文理学院创新创业教育综合改革实施方案（征求意见稿）》，统筹推进全校创新创业工作。加强环重庆文理学院创新生态圈建设，提高学校服务成渝地区双城经济圈战略的能力。

2. 学生创新创业管理

加强创新创业教育，宣传创新创业政策，把握学生创业情况，制定创业方案，2021 届毕业生初始自主创业率 2.18%，自主创业率进入稳定阶段。

2021 年，开展大学生微型企业申报工作 2 次，立项 12 个，新增微型企业 15 家，在孵企业 74 家，入孵实体总年产值 2 000 余万元，涌现出重庆虎宁科技有限公司、重庆比火科技有限公司等成长性高的企业。通过项目培育、导师指导、融资对接，帮助重庆比火科技有限公司等企业获得融资。

3. 科研与创新发展

2021 年，学校取得专利授权 149 项，其中发明专利 65 项，实用新型专利授权 84 项，软件著作权 30 项。获重庆市及永川区专利资助申请资助 100 余万元。组织科技创新团队参加“2021 浦江创新论坛-2021 全球技术转移大会”、重庆市高校科技创新成果对接系列活动、2021 中国国际智能产业博览会等，多渠道推广推荐学校优秀科技成果。参与市教委、市科协组织的高校科技资源精准对接活动，促进校企科技资源精准对接。2021 年，学校达成横向类科研服务合同 773 项，合同金额达 1 263 万元，其中创新券项目近 663 项，合同金额 2 300 余万元；横向科研项目 110 项，合同金额 1 000 余万元，到账经费 1 090 万元。搭建平台推进科技成果转移转化，2021 年，学校实现成果转化 11 项，转化金额 71 万元。学校“OLED 柔性显示屏激光高频切割装备生产”“空间站和火星载人舱用关键隔热隔音复合材料及其大规模产业化”两项成果，在“2021 年重庆科技成果转移转化峰会”上实现签约，将在永川区推进相关技术成果的产业化。新药团队研发的首个同时针对 RET/VEGRF2 双靶标开发的全球首创的小分子药物，获国家药品监督管理局颁发的一类药物临床试验批件。2021 年，学校获 2020 年度重庆市科学技术奖一等奖 1 项，二等奖 1 项，三等奖 3 项。“高效环保智能化双层就地热再生装备的关键技术研发与工程应用”获 2020 年度江苏省科学技术奖二等奖，柔性显示触摸关键材料高价值专利项目获西部（重庆）科学城首届双高赛一等奖。新型高强韧微纳米金属陶瓷材料关键技术开发与应用项目获2020年产学研合作创新成果一等奖。

开展创新创业科学研究，在《中国社会科学报》发表论文4篇，重庆市教育委员会人文社会科学研究项目立项2项，“四维融通，五域共促，应用型本科院校构筑创新创业生态的探索与实践”成果获重庆文理学院第六届教学成果奖特等奖并推荐至市教委，《“双城经济圈”视域下高校开展创新创业教育的逻辑起点和实践路径研究》获论文比赛一等奖。推进环大学创新生态圈建设，促进政校企园院五域共生，联合永川区政府成立“成渝地区双城经济圈创新创业联盟”。

与永川区人民政府赴碑林环大学创新产业带考察科技成果转化、知识产权保护与服务工作，成立“重庆文理学院科技成果转移转化促进中心（大学生专利促进中心）”以及“环重庆文理学院创新生态圈知识产权促进中心”，拟引进PMES2.0标引工具和专利托管工具应用以及专业化运营机构，为生态圈的高质量运转提供知识产权保护和技术转移落地服务。创新生态圈调整功能布局，新增乡村振兴板块，着力开展乡村振兴人才培训班，承办首届重庆市乡村振兴创意大赛，全市42所高校参赛，参赛项目2 000个，入围市级复赛作品300个，入围市级总决赛作品32个。

4. 创新创业教育特色

建立“学校扶持+政府补贴+校友资助+企业赞助”的经费投入机制，健全“专业技能实验+学科科技竞赛+项目模拟实训+创新创业大赛+成果孵化育成”的“双创”实践教学体系。多策并用，促进专创融通、科教融通、产教融通、赛孵融通的“四维融通”，实现创新创业教育整体推进、系统实施。建立以创新创业为导向的新型人才培养模式，健全校校、校企、校地、校所协同的创新创业人才培养机制，打造一批创新创业教育特色示范课程。以复合应用型创业类人才培养为根本目标，以系统知识学习为基础，以全面素质提升为导向，以核心能力培养为重点，以创业基本技能训练为抓手，开展精英化创业教育，培养具有“一种思维、一种意识、两种精神、五种能力”复合应用型创业类人才。

以环重庆文理学院创新生态圈建设为契机，以成渝地区双城经济圈创新创业联盟为抓手，积极融入成渝地区双城经济圈建设、中国西部（重庆）科学城建设。

举办成渝地区双城经济圈创新创业联盟、成渝地区双城经济圈高校就业创业联盟创新创业能力提升高级培训班（北京大学），学校创新创业工作迈入深度和高质量合作的崭新阶段。搭建低成本、便利化、聚合式、开放式创业服务平台；整合多方资源，组建协同育人的创新创业导师队伍；开展各种双创活动，激发园区企业活力；开展园区事务代理，为企业提供便利服务；开展融资对接活动，拓展企业融资渠道；开展政策宣传，确保双创政策落地落实；建立常态对接机制，强化过程管理；加强创新创业服务，提升服务能力，促进学校、学院、政府、企业、产业园区五域共生。

通过全面改造升级打造“文理创谷”，打造“众创空间—大学生创新创业基地—孵化器—加速器”，集“文化创意、科技研发、成果转化、创业孵化”功能为一体的创新创业综合体。文理创谷承担各类市级、区级重大活动 12 场；重庆市教委、重庆市科协、泸州市科技局、自贡市人大、永川区人大、湖北师范大学、西昌学院、重庆城市管理职业学院等 10 余批次单位来校学习考察创新创业工作，示范辐射效应突出。学校获批“首批西部（重庆）科学城大创谷卫星园建设高校”，获微型企业孵化平台运营绩效奖励 20 万元。“文理创谷”建设工作得到重庆日报、华龙网、渝西都市报等主流媒体的报道。

继续教育

1. 成人高等教育

规范管理，开展2021级新生信息核对、学籍注册、转专业等工作，办理成人高等教育毕业证书119个。规范招生宣传和录取工作，2021年学校成人高等教育招生专业13个，累计报名人数4 089人，成教录取人数3 419人，同比增长近175%。2021年，新增重庆市艺才高级技工学校函授站1个，是市内高校唯一获批函授站单位。

召开2021年高等学历继续教育工作会，加强学历继续教育的管理，更新管理方式，强化办学督查，召开招生专题工作会议和管理安全工作会议，强化招生和办学风险管控。强化质量管理，开展药学、小学教育、数学与应用数学3个专业申报，扩大办学规模和办学效益。合作单位扩展，扩大合作办学规模，新增5家合作办学单位。继续推动成人高等教育“线上+线下”混合教学模式的开展，创新教育教学方式确保教学质量。

2. 高等教育自学考试

重庆市高等教育自学考试进入改革试点阶段，学校作为高等教育自学考试学分认定与转换工作倡议单位，依托学校普通高等教育教学，率先试点。面向重庆市在籍自考学生开展学前教育、行政管理、工商管理和汉语言文学四个试点专业，20余门试点课程。完成高等教育自学考试学分认定与转换课程培训平台建设，满足3 000余名考生同时在线学习、练习需求。加强与重庆市学分银行的沟通与交流，与重庆市学分银行共同推动建设自学考试学分认定与转换成绩库建设。

在重庆市高等教育自学考试改革期间，坚持自考办学质量为先的原则，加强自学考试常规管理，建立自学考试助学巡查制度，保障自学考试新旧政策的顺利过渡。规范做好常规招生管理工作，完善招生简章审核程序，举办、参与各级各类招生讲座60余场，向考生发布《告知书》3 000余份，直观地告知考生自学考试相关政策和毕业、授位条件。组织或协同组织的考试包括自学考试统考（2期）、自学考试学分互认考试（2期）、自学考试实践环节考核（含论文）（2期），1万余科次。3 个年级、14 个班级、20 余门课教学运行正常。开展线上答辩 3 期，400 余人参与。自考毕业证书办理 2 期、学位证书材料受理 3 期，涉及 1 000 余考生，办理过程规范严谨，确保所有申报考生顺利获得相关证书。

加大自学考试助学服务合作单位开发，新增高新区会通职业学校、重庆淘金职业学校、重庆科技职业学院、重庆民生职业学校、江北华光计算机学校、重庆立人培训学校、重庆才思慧职业培训学校等在渝高职院校、助学园区和社会助学机构作为学校自学考试助学服务合作单位，进一步扩大办学规模和办学效益。普通本科学生就读自考本科的办学专业在重庆理工大学、重庆交通大学的基础上，新增西南大学作为学校自考合作办学单位。2021 年，学校自学考试学分认定与转换课程培训招生 3 200 余人，普通本科就读自考本科招生 200 余人，创收 900 余万元。

依托学科优势，组建自学考试命题专家队伍，开展命题教师培训 2 次，参与自考统考命题 2 次，承担国家统考课程的命题工作。承担重庆市自考统考阅卷工作 2 次，涉及统考课程 100 余门，近 3 万科次。

3. 培训工作

国培市培项目有突破，成立以党委副书记、校长黄伟九为组长，党委常委、副校长金盛为副组长的领导小组，下设项目办公室和工作组，全面协调统筹校内培训资源。提交国培计划申报书 31 个，成功申报项目 7 个，经费 194 万元，与 2020 年相比项目数增加 3 个，经费增加 84 万元。提交市级培训项目申报书 31 个，成功申报项目 4 个，经费 136 万余元，与 2020 年相比经费增加 15.2 万元。完成长寿区、合川区、永川区、渝北区、巴南区等地方委托项目 18 个，培训总人数 867 人，培训总经费 406 余万元。

多层次开展乡村振兴培训，开展 1 期市委组织部新任驻村第一书记培训，开展 2 期重庆市扶贫指导中心乡村振兴培训，开展 1 期永川区农业农村委员会乡村振兴培训，开展 1 期永川区松既镇打鱼河村村民培训。承担市委组织部、重庆市公安局禁毒总队、重庆市扶贫指导中心、重庆市教委、广东省岭南师范学院、永川区农委等各级各类培训 15 个项目，培训学员 1 597 名，培训经费 190 万元，获送培方和参训学员的高度评价。完成 3 次全国计算机等级考试组织工作，1 987 名考生在学校参考。

4. 制度建设

完成规章制度清理和编制工作，保证制度的适用性、实用性和有效性。严格遵照和执行《重庆文理学院规章制度清理工作方案》有关规定，废止过时失效的内控规章制度，修正《重庆文理学院培训项目管理及经费分配办法（试行）》《重庆文理学院授予成人高等教育（高等教育自学考试）本科毕业生学士学位实施细则（试行）》文件，按照发文时间先后分类编制《继续教育学院、培训学院规章制度目录》。

5. 工作特色

截至 2021 年 12 月底，学校成人高等教育校外函授站（点）15 个，在校外函授点建立“双班主任制度”，即校外函授站指定一个班主任，学校再指派一名教师作为班主任，已有 17 名教职工兼任班主任。面向市外，紧扣成渝地区双城经济圈发展契机，积极开展川渝协同发展项目脱贫区县乡村学校“一对一”培训 3 项，培训经费 61 余万元。借助乡村振兴学院新平台，开展“武隆区火炉镇乡村基层干部学历提升宣讲培训、永川区农业农村委员会乡村振兴培训、永川区松既镇打鱼河村村民培训”等项目，培训 290 余人，培训资金 10 余万元，为乡村振兴培养“新型实用人才”，培训工作服务乡村振兴有了新发展。规模效益得到提升，继续教育学历教育办学规模达到 1.5 万余人，年创收总额 2 690 余万元。2021 年招生 3 419 人，在籍学生 6 532 人，年创收 866 余万元。高等教育自学考试在籍考生 9 000 余人，新增考生 3 400 余人，年收入 900 余万元。师训干训培训项目 29 项，年创收 736 余万元，社会化市场培训项目 15 项，年创收 190 万元。

教学统计与评估工作

1. 2021—2022 学年初教育事业统计

根据教育部和重庆市教委的要求，发布《关于做好 2021 年<教育事业综合统计调查制度>填报工作的通知》，强调此项填报工作的重要性，明确数据上报流程，严格执行《重庆文理学院数据填报管理办法》，逐级填报、逐级审核、逐级汇总，经校长办公会审议通过上报。

2. 本科教学基本状态数据库填报

召开 2021 年高基报表、国家平台数据填报培训会，相关职能部门负责人及各二级学院院长参加会议，会议主要针对高基报表及国家数据平台的新变化、新要求、具体任务、填报进度进行说明。

做好数据填报答疑、审核工作，实时监控填报进程，及时答疑填报中遇到的实际问题、督促相关部门按时完成填报工作。积极与教育部评估中心相关人员联系，解答数据填报中的疑问，完成数据的审核、修改、核实、分析，按时将所有数据上传到教育部国家数据平台。

从高度重视、周密安排部署，加强学习、依法依规统计，统筹落实、强化统计过程监督，严格自查、提升统计服务水平等 4 个方面对学校 2021 年的统计工作进行了梳理总结。

根据《重庆市教育委员会关于师范类专业办学条件和质量监测数据核验的通知》要求，组织 8 个师范类学院对 9 个师范类专业的 9 个核心办学指标进行核验确认，上交数据核验确认书。

按照新要求撰写《2020—2021 学年本科教学质量报告》，从多个方面对学校本科教学工作进行总结和分析，落实相关数据，凸显本科教育情况；更新了特色发展板块，从构建全科网格化课程教学育人体系、疫情期间精准实施“四个一”策略、构建三级一流课程建设体系、服务乡村振兴战略成效显著、教学改革研究取得新突破等五个方面总结学校的特色发展经验；按时报送上级主管部门，及时在校园网主页发布，公开接受社会监督。

3. 开展 2021 年大三学生满意度调查

发布《关于开展 2021 年学生满意度调查工作的通知》，修订调查问卷，新增课程思政满意度。调查采取随机抽样方法，调查有效专业 61 个（不含专升本），参与学生 5 043 人。调查项目分为教学工作、学生工作和学生学习投入及自我评价 3 类。调查结果显示，学生对学校工作的总体满意度为 4.55，其中教学工作 4.68，学生工作 4.59，后勤工作 4.48，较去年均有所增长；学生对专业满意度的总体评价为 4.56，较去年有所增长；学生对学校辅导员工作、教师职业道德修养、学生资助工作、课程思政、教学质量、教学互动等 8 个项目的总体满意度较高。

4. 开展 2021 年专业评估工作

印发《重庆文理学院 2021 年专业评估方案》，修订了新专业达标评估标准，发布《关于开展重庆文理学院 2021 年专业评估工作的通知》，召开专家工作协调会。12 月 2 日—3 日，对机器人工程、文化遗产、物流工程 3 个新专业进行了实地查验和现场评估。及时将专业评估结果反馈至各学院，专业评估工作报告通过学校工作质量简报的形式发布。

5. 教学审核评估

对照新一轮审核评估指标体系，详细分解任务，印发《重庆文理学院本科教育审核评估指标体系任务分解表》，为新一轮审核评估常态化准备工作奠定基础。召开新一轮本科教育教学审核评估常态化准备工作启动会，党委常委、副校长漆新贵围绕《普通高等学校本科教育教学审核评估实施方案（2021—2025 年）》，深入解读新一轮评估的突出特点和特色亮点；党委副书记、校长黄伟九提出具体工作要求。

重庆文理学院2021年本科教学工作十大突破

1. 全面落实立德树人根本任务，五育并举的育人体系基本形成

全面配合完成本科教学领域巡视整改和审计阶段性工作，出台《重庆文理学院新时代学校思想政治理论课改革创新工作方案》《重庆文理学院新时代劳动教育的实施方案》等方案，按要求开设劳动教育必修课程和美育类课程，深化大学体育俱乐部改革。党委书记孙泽平和党委副书记、校长黄伟九率全体校领导开设“习近平新时代中国特色社会主义思想概论”公选课，近500名学生修读。《新时代高校思想政治理论课“金课”建设标准与实现》获批国家级教学研究项目立项。大力推进课程思政建设，“纵向贯通，横向融合”的全科网格化课程思政体系基本形成。《永川区板桥镇“耕读教育文化”基地计划》入选第三届中国乡村美育行动计划第二批行动项目。

2. 一流专业建设取得历史性突破，排名高居2021中国综合类大学一流专业排名（应用型）第一位

以适合教育为引领，全面推进一流应用型本科教育“5+1”建设行动计划，开展了一流应用型人才培养的“6个+”实践，即“应用+一流”的培养目标定位、“共生+迭代”的专业结构调整、“合格+多元”的人才培养模式构建、“规范+示范”的教学范式改革、“跨界+分层”的教师专业发展和“主线十底线”的教学质量监控。材料科学与工程、环境科学、机械工程、环境设计4个专业获批“双万计划”国家级一流本科专业建设点，实现学校在国家级一流本科专业建设点的历史性突破。软件工程等4个专业获批国家“双万计划”省级一流本科专业建设点，数学与应用数学、汉语言文学等5个专业入选重庆市一流专业立项建设项目。学校专业建设排名高居2021中国综合类大学一流专业排名（应用型）第1位。

3. 工程教育专业评估（认证）实现零的突破，师范类专业认证首次高质量完成3个专业同时进校考察

吹响全面推进工程教育工作认证的号角，工程管理专业顺利通过住建部工程教育专业评估（认证），实现学校在工程教育专业认证工作零的突破。数学与应用

数学、思想政治教育 2 个专业顺利通过教育部师范类专业第二级认证。汉语言文学师范专业全面推进整改工作。小学教育、体育教育和化学 3 个师范专业顺利通过教育部师范类专业认证专家进校考查，各项工作得到了专家组的一致好评。

4. 学生学科竞赛取得优异成绩，中国国际“互联网+”大学生创新创业大赛实现市属本科高校国家金奖零的突破

学生在第七届中国国际“互联网+”大学生创新创业大赛获全国 1 金 1 银 5 铜的国家级奖项，“国产大飞机用隔音隔热超细玻璃纤维棉”项目在“高教主赛道”中首次进入全国三强排位赛，获得全国第九、重庆市第一的骄人成绩，实现市属本科高校国家金奖零的突破；获得 2021 高教社杯全国大学生数学建模竞赛本科组全国一等奖；原创舞蹈作品《书记，爸爸》获第十三届全国舞蹈展演优秀节目；承办第七届全国大学生工程训练综合能力竞赛（重庆赛区）、首届重庆市乡村振兴创意大赛等系列赛事，获得市教委和社会各界的高度评价。

5. 获重庆市本科高校教师教学创新大赛一等奖 3 项，2021 教师教学发展指数学校排名 600 余所全国新建本科院校第 8 位

获重庆市本科高校教师教学创新大赛一等奖 3 项，位列全市本科高校第 3 名；获重庆市 2021 年本科高校微课教学比赛一等奖 3 项，位列全市本科高校第 1 名。学校共 78 人次入选首届重庆市普通本科高校教学指导委员会，其中主任委员 1 人、副主任委员 8 人，入选数量在重庆市 25 所普通本科高校中名列第 6 位。在中国高等教育学会发布的 2021 教师教学发展指数中，学校排名 600 余所全国新建本科院校第 8 位。

6.“四新”建设取得全面突破，成功获批重庆市高水平新工科建设高校和 3 个新型示范学院

发布学校行政 1 号文件《重庆文理学院“四新”建设行动计划》，学校成功获批重庆市高水平新工科建设高校（培育），成为全市 13 所高水平“新工科、新医科、新文科、新农科”建设高校之一，智能制造现代产业学院、光电材料与技术现代产业学院获批重庆市示范性现代产业学院（含培育），获得市财政建设经费 1 500 万元。人工智能学院获批重庆市特色化示范性软件学院。

7. 一流课程建设体系日臻完善，获批市级一流本科课程 25 门，推荐申报国家一流本科课程 9 门

校—市—国家三级一流本科课程体系不断完善，“统计学”“数据库原理及应用”“Web 前端开发基础”和“工业机器人技术”4 门课程入选重庆市高校精品在线开放课程，“新视野大学英语（综合教程）”入选重庆市本科高校一流外语在线课程。推荐“汉语方言调查与保护”等 9 门课程参评 2021 年国家一流本科课程，“景观生态学”等 20 门课程获评 2021 年重庆市一流本科课程认定。

8. 教育教学改革取得新的突破，教育部产学合作协同育人项目立项数位居重庆市高校第 1 位

立项重庆市教改重大项目 3 项，重点项目 8 项，立项数量并列市属本科高校第 1 位，立项教育部产学合作协同育人项目 135 项，位列重庆市高校第 1 位。全力推进基层教学组织和专家组织建设，2 个教研室入选市级虚拟教研室试点名单，2 个建设案例入选市级优秀基层教学组织典型案例，1 个案例被遴选推荐到教育部。

9. 教学成果奖取得阶段性突破，重庆市教学成果奖申报取得优异成绩

学校通过自上而下、自下而上和联合申报的“6+6+N”模式，高质量完成 20 余项成果申报，实现高等教育、职业教育和基础教育领域申报全覆盖，重庆市教学成果奖取得优异成绩，获得 2021 年重庆市教学成果特等奖 1 项、一等奖 1 项、二等奖 1 项，三等奖 3 项，联合其他单位成功申报 18 项。《校地合作共建重庆乡村振兴学院试点成果》荣获重庆市第四届教育改革试点成果一等奖（本科高校唯一）。《以能力培养为导向的“程序设计基础”课程一体化建设与实践》等 6 项成果获中国通信工业协会特等奖、一等奖和二等奖。

10. 服务学生学习发展有新突破，学校教务处被评为普通高校学籍管理工作成绩突出集体

教务处协同图书馆一道，在 3 个校区为考研学生新开辟 700 个座位，全面满足学生的考研复习需求，全校 480 余名学生考入国内外知名大学攻读硕士研究生。投入 840 万元建设新专业实验室。完成大学生学业发展指导中心的改建工作。严格学籍管理，工作程序规范，完成 2021 届近 5 000 名毕业学生的毕业资格和学位资格审核工作，实现零失误，学校教务处被评为普通高校学籍管理工作成绩突出集体。

科研工作

KEYAN GONGZUO

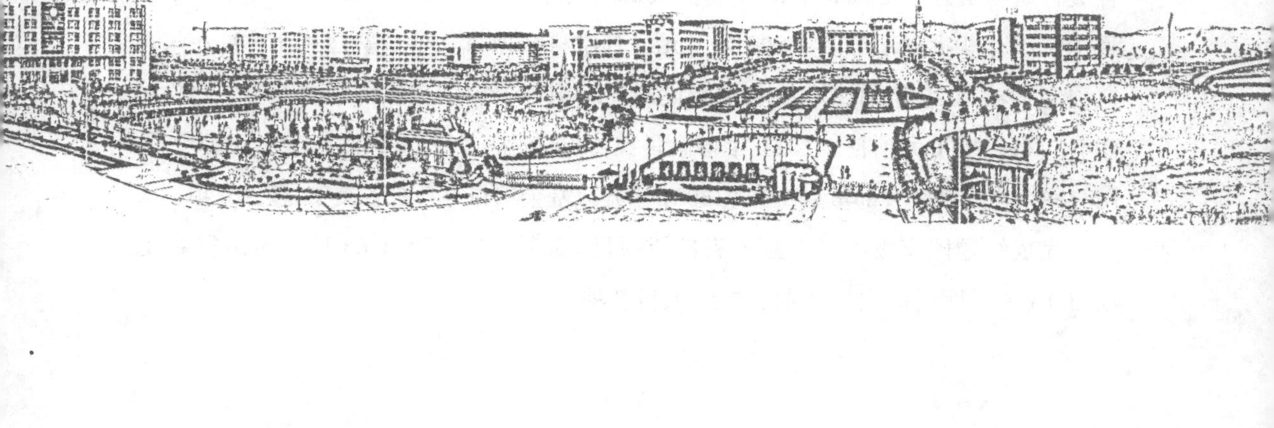

经费与项目

2021 年，学校科研总投入 1.7 亿元，预计 R&D 经费支出约 1.2 亿元。2021 年，学校获批国家自科基金项目 10 项，其中面上项目 4 项（含合作立项 1 项），青年项目 4 项，天元基金项目 1 项，国际合作基金项目 1 项。立项总数较 2020 年有所提升，面上项目获批数量实现历史性突破；获批国家社会科学基金项目 4 项，其中一般项目 1 项，西部项目 3 项。

获批 2021 年在渝高校与中国科学院所属院所合作重点项目 1 项，培育项目 1 项，立项数量在全市同类高校中名列前茅。田亮亮老师牵头申报的“车载高温尾气传感器关键技术研究”，获批 2021 年在渝高校与中国科学院所属院所合作重点项目，资助经费达到 700 万，实现单项项目资助经费新突破。

2021 年，组织申报重庆市科技局、重庆市教委、重庆市社会科学规划项目等各类科研项目近 400 项，申报数量较 2020 年增长 1 倍。新增各级各类纵向科研项目 187 项，获批立项经费 1 800 余万元，其中科技项目立项经费达到 1 648 万元，立项经费较 2020 年同比增长 104%。同时还组织申报国家自然科学基金委员会“十四五”第一批重大项目、2021 年鲁渝科技协作计划项目、重庆邮电大学工业物联网与网络化控制教育部重点实验室 2021 年开放基金项目等各级各类项目近 20 项。

完成结题国家级项目 3 项、省部级项目 65 项、校级项目 68 项，撤销省部级项目 16 项、厅局级项目 2 项、校级项目 9 项。

平台与成果

瞄准学校“十四五”建设目标，紧紧围绕当前经济社会发展主导方向，以创新能力为引领，瞄准区域战略新兴产业、重点产业的关键技术，推进人文社会科学繁荣建设，加强政产学研合作发展，积极整合科研资源，对全校校级科研机构进行调整和补充，调停校级科研机构 25 个，持续建设和调整建设 22 个，新增校级科研机构 27 个。

积极拓展平台申报渠道和申报类别，组织教育学院和经管学院参与重庆市社科联第五批市人文社会科学普及基地的申报工作，以及乡村振兴学院和马克思主义学院参加重庆市科技局社科普及基地的申报工作。教育学院牵头申报的重庆文理学院教育创新研究院已获批市人文社会科学普及基地。加强高校科技创新团队的建设与培育工作，“特色经济植物重要性状形成及调控”科技创新团队入选 2021 年市高校创新研究群体（资助经费 50 万）。科技特派员队伍持续壮大，现有市级及以上科技特派员 60 余人，较 2020 年增加近 20 人，服务区域覆盖永川、大足、万州、黔江、巫溪、巫山、武隆等全市 10 余个区县。

狠抓科研平台内涵建设，积极推动学科发展、校企合作和科技成果转化，在人才聚集和培养、学科建设、社会服务等方面成效显著。组织“重庆市非物质文化遗产研究中心”开展重庆市人文社会科学重点研究基地建设情况集中检查，“创新靶向药物国家地方联合工程研究中心”“光电薄膜与器件重庆市工程实验室”“多维数据感知与智能识别重庆市工程研究中心”等平台参加市发改委组织的优化整合和评估评价工作，以及“微纳米光电材料与器件国际科技合作基地”的年度检查工作。

结合科技评价体系改革的相关要求，建好专职科研队伍，发挥专职科研队伍在学科建设和科学研究方面的创新力量，对《重庆文理学院专职科研人员管理办法》进行了优化。

协同谋划，完成科研助理招聘工作及日常管理等工作，做好 2021 年科研助理岗位的开发与招聘工作，2021 年开发 22 个岗位，续聘科研助理 4 人，其余 18 个岗位需新招聘，新聘科研助理 16 人。

注重科研实验室安全规范，5 次对科研实验室开展安全管理专项检查：包括各级各类科研基地、实验研究场所、科研设施与装置、危险品储存处置场所等。科研实验室危险废物收集、贮存、转移、处置等环节逐渐规范，安全隐患得以有力排除。组织开展实验室安全专项排查和进一步加强危险化学品安全监管工作，排查了实验室易燃易爆药品的存放及使用管理。

2021 年，学校 5 项科技成果获 2020 年度科学技术奖，其中《高性能超细玻璃纤维材料关键制造技术研究与产业化应用》成果获科技进步奖一等奖，《高性能中大尺寸金属网格一体化电容式触摸屏关键技术创新与产业化》成果获科技进步奖二等奖，《山地城镇水环境氮污染“源—迁—汇”协同治理关键技术研究与应用》《数字医学影像大数据智能交互服务平台研发及应用》《基于物联网技术与北斗技术的桥梁安全监测关键技术》3 项成果获科技进步奖三等奖。获奖数量在全市同类高校中名列前茅。自 2018 年以来，学校科研成果连续三年获重庆市科学技术一等奖。

不断挖掘新的科研成果及申报潜力，通过与申报者点对点联系，重点培育，专家评审、现场辅导等途径，全面提升申报材料质量。申报社会科学优秀成果奖 20 项，市发展研究奖 6 项，重庆市科学技术奖 18 项，组织申报中国产学研合作促进会产学研合作创新成果奖、中国兵工学会青年科技奖等行业协会奖项。

合作与创新

举办主题为“尊重知识、崇尚创新、诚信守法”知识产权宣传周活动，活动采用线上与线下相结合的方式，通过学校技术转移中心微信公众平台，宣传普及知识产权基本知识，邀请重庆市知识产权局及知识产权代理事务所专家就知识产权保护、专利导航、专利申请、高价值专利培育等进行专题培训。此次活动增强了科研人员知识产权保护意识，规范了专利申请行为，对促进学校科研创新质量和水平产生了积极作用。

2021 年，学校取得专利授权 149 项，其中发明专利 65 项。此外，实用新型专利授权 84 项，获得软件著作权 30 项。获重庆市及永川区专利资助申请资助 100 余万元。

组织学校抗癌新药成果亮相“2021 浦江创新论坛—2021 全球技术转移大会”，受到包括加拿大领事馆参赞等与会人员的关注。征集学校近 20 项优秀成果，参与西部（重庆）科学城举办的重庆市高校科技创新成果对接系列活动。遴选人工智能与大数据、新能源技术、材料科技、智能制造与智能装备、智慧农业、环境保护等领域 17 项成果亮相 2021 中国国际智能产业博览会线上展厅，充分展示学校科技创新能力及取得的成效，让公众对学校在教学科学、产学研交流合作及成果转移转化等方面的成就有更加深入的了解。

积极参与市教委、市科协组织的高校科技资源精准对接活动，组织 5 个科研团队，10 余科研人员分别前往万州、江北、九龙坡、开州、云阳等地，深入企业一线调研，定位企业生产痛点与难点，充分挖掘企业技术需求，推进产学研交流与合作。

深化与铜梁区的战略合作，协同铜梁区科技局推进人才专家进产线、科研平台建设、科技成果转移转化以及服务科技型企业入库等活动。并与重庆会通科技有限公司、杰尔精密电子（重庆）有限公司、重庆百钰顺科技有限公司签订合作协议，合作推进高水平科研平台的建设，提升协同创新能力和人才培养质量，促进学校科技成果转化落地服务铜梁区产业发展。

与福安药业（集团）股份有限公司签订战略合作协议，共同组建靶向药物研发团队，共建共享研发平台，开展创新靶向药物设计与合成、筛选与评价、临床前研究和临床试验等。

促进校企科技资源精准对接。加强与重庆各区县政府、高新区管委会、科技管理部门的沟通，持续推进与市内外企事业单位的交流与合作，通过横向科研项目及科技创新券等方式，联合企业开展技术攻关，服务企业持续发展需求。2021年，学校达成横向类科研服务合同 773 项，合同金额 2 300 余万元，其中创新券项目 660 余项，合同金额 1 100 余万元；横向科研项目 110 项，合同金额 1 200 余万元，到账经费 1 090 万元。

经重庆市科学技术局牵线，学校与华东师范大学重庆研究院完成结对签约。本次签约，极大地提高学校科学研究的实力，加快学校科技成果转化的步伐，显著提高学校科研工作对地方产业赋能的力度，全面带动永川区乃至重庆市在高端装备制造业的发展。

邀请专家为学校科技成果的转移转化“问诊把脉”。8 月 24 日，学校邀请相关成果转化专家到校，全面梳理了人工智能学院的相关科研成果，并针对具体项目的转移转化进行了分析和指导。经过讨论与研究，团队遴选出具备较好产业化前景的重点项目 2 项，细化项目应用场景及市场定位，形成初步的转移转化方案。

推动成果转移转化工作，让科技成果“走出”实验室，“转出”新动能，在市教委、市科技局、市知识产权局指导下，协同重庆工商大学、重庆科技学院、重庆第二师范学院、重庆重大知识产权运营公司等单位达成战略合作，合力推进高校科技成果信息共享、转化渠道共建共用、联合推广科技成果，加速科技成果的转化落地。

2021 年，学校实现成果转化 11 项，转化金额 71 万元。学校“OLED 柔性显示屏激光高频切割装备生产”“空间站和火星载人舱用关键隔热隔音复合材料及其大规模产业化”两项成果，在“2021 年重庆科技成果转移转化峰会”上实现签约，将在永川区推进相关技术成果的产业化；新药团队研发的首个同时针对 RET/VEGRF2 双靶标开发的全球首创的小分子药物，获国家药品监督管理局颁发的一类药物临床试验批件。

人文与社科

加强校级研究机构建设，调整校级科研机构，加大对人文社会科学类平台的支持力度，人文社科类科研机构 28 个，其中新增 18 个，机构数量较上一轮增加 17 个。

加强重大项目与成果培育，立项建设哲学社会科学类重大培育专项 4 项，资助经费 20 万元，学术专著出版资助 20 部，拟资助经费 72 万元，经费投入较 2020 年增加 71%。

设置思想政治教育专项，在校级科研项目类别中继续设置思想政治教育专项，为思政课教师搭建马克思主义理论建设平台，营造浓厚的学术生态氛围，大力推动思想政治研究工作。

助推市级平台建设，探索哲学社会科学繁荣发展的突破口，大力开展哲学社会科学平台建设，组织教育学院、经管学院乡村振兴学院和马克思主义学院开展科学普及基地的申报工作，教育学院牵头申报的重庆文理学院教育创新研究院获批为市人文社会科学普及基地。营造风清气正的学术氛围，传递前沿学术信息，2021 年，邀请院士、专家、学者等，为学校师生开展线上或线下学术活动 100 余场次。

加强科研工作中的意识形态管控工作和科学道德、学风建设与科研诚信建设管理工作，积极与科研人员沟通，提前解决可能存在隐患的问题。组织开展《关于进一步加强科研诚信建设的若干意见》等 9 个文件和“科研诚信与学术不端典型案例”学习，邀请重庆理工大学教授到校举办科研诚信教育专题报告会，邀请重庆市科技局科技监督与诚信建设处开展科研诚信教育专题培训会。

制定 2021 年学术风气建设工作计划，对 2021 年学术风气建设工作进行总体部署和规划。积极开展学术建设的舆论宣传和引导，在科研处网站学风建设专栏及 QQ 群转发《一份面向航天青年的倡议书：做科研诚信的忠诚捍卫者》等转载文章，要求各二级单位进行宣传教育，起到了良好的宣传作用。

组织参加由市科协、市教委、市科技局、市社科联联合举办的第二届重庆市科学道德和学风建设辩论赛，由文化与传媒学院教师带领的辩论队积极备赛，全情投入，经小组赛、复赛的激烈角逐，获本次辩论赛第四名，油佳哲与陈梓睿同学获单场“最佳辩手”称号。

期刊工作

1. 制定《重庆高教研究》用稿规范

为保持期刊良好的发展势头，结合期刊办刊宗旨、期刊考核和期刊评价，从期刊论文选题要求、形式要求、内容要求、投稿及审稿要求和其他方面，制定《重庆高教研究》用稿规范，并经校长办公会审议通过，以确保刊物质量的持续提升和社会效益不断扩大。

2. 召开第四届西部高教论坛

作为《重庆高教研究》创办的品牌学术活动，论坛以“提升西部高等教育水平、促进西部经济社会发展”为主题，围绕新时代西部高等教育发展不平衡不充分问题，以及与西部经济社会的耦合关系展开理论研讨和实践反思。来自北京大学、南京大学、北京师范大学、云南大学、中国人民大学、石河子大学、新疆师范大学、重庆大学等高校的 100 余位专家学者、师生代表参加了会议。南京大学教育研究院院长、常熟理工学院应用型院校研究中心主任、北京师范大学高等教育研究院教授分别作主旨报告。来自全国各地的 16 位报告人围绕西部高等教育展开了深入的研讨。论坛引起了权威媒体关注。“科学网”在第一时间对论坛进行新闻报道；《中国科学报》以《振而不“兴”，西部高校需要哪些“强干预”》为题对论坛进行全面的学术报道。郑州大学《合建工作动态》2021 年第 6 期以《跳出“西部”面向“未来”》进行专报，并报送教育部相关部领导及部内各相关司局、国家发改委和财政部相关司局。

3. 期刊影响力持续提升

《中国学术期刊影响因子年报（2021 年版）》显示,《重庆高教研究》复合影响因子达到 2.630，在 288 种教育类期刊中学科排序位列第 27 位（比 2020 年上升 9 位）；期刊综合影响因子 2.022，在 288 种教育类期刊中学科排序位列第 19 位（比 2020 年上升 5 位）；人文社科影响因子 1.844，在 288 种教育类期刊中学科排序位列第 18 位（比 2020 年上升 11 位）。《重庆文理学院学报（社会科学版）》复合影响因子达到 0.661，在 626 种综合类期刊中学科排序位列第 229 位（比 2020 年上升 37 位）；期刊综合影响因子 0.326，在 626 种综合类期刊中学科排序位列第 220 位（比 2020 年上升 31 位），人文社科影响因子 0.303，在 626 种综合类期刊中学科排序位列第 208 位（比 2020 年上升 32 位）。

4.《重庆高教研究》入选多个核心期刊目录

《重庆高教研究》入选中国人民大学人文社会科学学术成果评价研究中心“复印报刊资料重要转载来源期刊（2020 年版）”。首次入选《中文核心期刊要目总览（2020 年版）》，在入选的 19 种高等教育类核心期刊中，《重庆高教研究》排名第 9 位。继 2019 年首次入选中文社会科学引文索引（CSSCI）来源期刊扩展版（2019—2020）目录，2021 年《重庆高教研究》再次入选中文社会科学引文索引（CSSCI）来源期刊扩展版（2021—2022）目录。

5. 所获荣誉

《重庆高教研究》获国家哲学社会科学文献中心学术期刊数据库 2020 年度教育学最受欢迎期刊称号，获重庆市委宣传部“重庆市出版专项资金资助项目”出版资助。在全国理工农医院校社科学报“四优”评比中，《重庆高教研究》编辑部获优秀编辑部奖。在重庆市高校期刊研究会组织的“庆祝建党 100 周年”书法、美术、摄影、短视频作品展中，《重庆高教研究》编辑部获优秀组织奖。在重庆市第二十一届期刊优秀作品评选中，《重庆高教研究》获一等奖 1 项，二等奖 1 项，三等奖 2 项。《重庆文理学院学报（社会科学版）》获一等奖 1 项，二等奖 1 项，三等奖 2 项。

在重庆市高校期刊研究会组织的“庆祝建党 100 周年”书法、美术、摄影、短视频作品展中，兰刚书法作品《江山如此多娇》、蔡宗模书法作品《〈共产党宣言〉选抄》获得特等奖；吴朝平摄影作品《启航》获一等奖，杨慷慨摄影作品《水墨故乡》获优秀奖。在全国理工农医院校社会科学学报“四优”评比中，吴朝平获优秀主编奖，杨慷慨获优秀编辑奖，吴朝平、张海生获优秀编辑学论著奖，蔡宗模被重庆市期刊协会评为“期刊经营领军人才”。

学生工作

XUESHENG GONGZUO

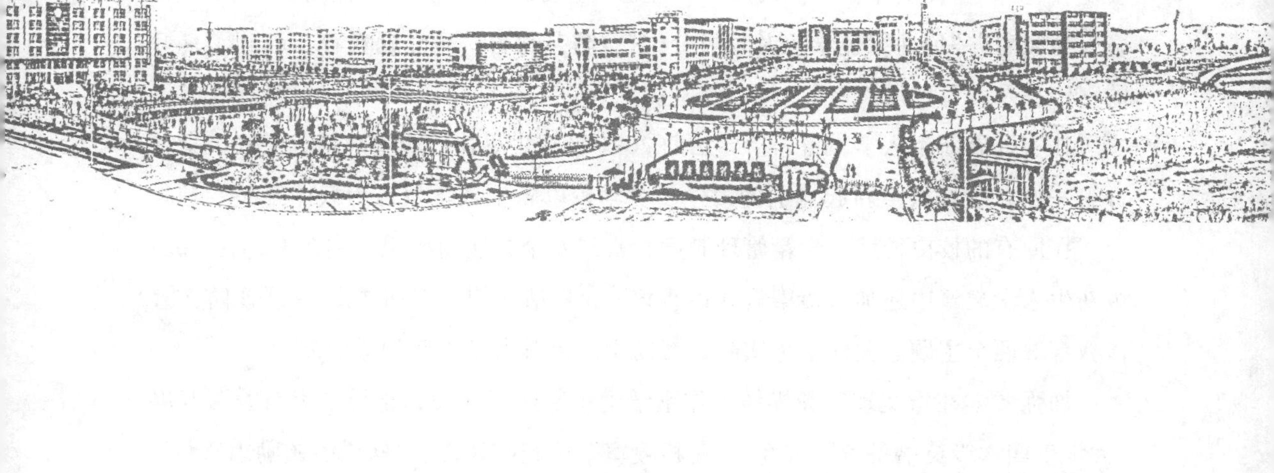

思想政治教育

组织全体在校学生参与《全国大学生党史知识竞答大会》云答题，“学党史”“云答题”在学生中得到广泛传播，成了“流行”，学校答题 8 027 人次。组织在校学生观看党史知识竞答大会直播，学生及时提交了心得。通过学习活动的开展，把党史学习融入日常，坚定了学生的理想信念，真正做到学史明理、学史增信、学史崇德、学史力行。

依据《重庆文理学院派驻学生社区辅导员工作实施办法》，组建学生社区辅导员工作队伍，成立四个学生社区特设党支部。对四个社区办公场所进行考察、落实，持续推进基本办公设施建设和完善，保障社区思政工作有效开展。以《大学生周末思想教育》课为主要抓手，扎实稳定有序地开展大学生思想政治教育工作。丰富完善周末教育专题教学内容，根据大学生成长需求和上级部门工作安排，增加党史学习、防诈骗教育、网络安全教育和防艾教育四大主题，组织开展“网络安全教育”“全民反诈·守护校园——同上一堂反诈课”“厉行节俭反对浪费”“网络安全教育”“创建绿色学校及垃圾分类”“防艾教育”等专题教育，起到了良好的宣传普及教育作用。

扎实开展新生入学教育，指导帮助 2021 级新生尽快适应新环境，上好大学教育第一课，迈好人生新起点上的第一步。学校以新生入学教育为载体开展专题教育，在原有的校史校情、学籍管理制度、常规安全、法制法规等主题上，在 2021 级新生入学教育中还加入传染病知识教育（含疫情防控知识和要求）、反诈防诈宣传教育等两个主题。关注学生实际，帮助学生提升大学生活的适应能力。

加强“学在重文理”新媒体工作室学生干部队伍建设，指导“大自委”开展“大学生四六级英语备考”大赛、“免检寝室”检查和评比、“榜样引领励志笃行”主题宣讲等各类活动，丰富学生课余生活，引导学生树立正确的价值观和人生观。加强“学在重文理”“重文理大自委”两个微信公众号的建设和推广，为学生成长成才提供平台。2021 年“学在重文理”累计推送文稿 495 篇，“重文理大自委”微信公众号推送文稿 99 篇。

强化大学生仪式教育，精心策划，组织实施2021届毕业典礼，其中向教师代表献花、毕业生代表宣誓等环节展现了新时代大学毕业生的良好风貌。组织实施了2021级新生开学典礼暨军训动员大会，其中新生代表发言、教师代表发言、为新生佩戴校徽等仪式为新生大仪式教育开启新篇章。

召开2021届毕业生代表座谈会，了解毕业生在思想、就业等方面的情况，倾听毕业生对学校的意见和建议。落实领导干部深入基层制度，领导干部走到学生身边，走入学生之中，主动进课堂、进班级、进寝室、进食堂、进社团、进讲座、进网络，切实解决学生的思想、学习、工作和生活中的实际问题。2021年度领导干部深入基层联系学生工作，共联系176个班级、159个学生寝室、166名学生干部、199名四困生、21个学生社团、9名少数民族学生。

心理健康教育

1. 依托四级预警体系，有效开展研判干预

建立学生心理健康网上预警库系统，全覆盖研判学生心理健康状况。蔚蓝心理健康教育与咨询中心通过调查问卷，完成对学校全体学生的集中网络普测建档。建设并开通学生心理健康预警库系统，实现心理危机学生一体化管理。蔚蓝心理健康教育与咨询中心有针对性地为学生开展个体咨询、团体辅导、转介工作，有效预防和干预学生心理危机事件发生。

2. 拓展心理育人途径，充分发挥课程主渠道作用

将心理健康教育课程纳入整体教学计划。在学生工作处成立大学生心理健康教育教研室，编制教学大纲，制订课程教学计划，组建由心理学专业教师、心理咨询师以及有丰富实践经验学工人员等 15 名教师组成的课程团队，面向 19 个学院 5 000 余名新生 35 个教学班开设“大学生心理健康教育”公共必修课，2021 年下学期开展 16 学时 7 个专题教学，充分发挥心理健康教育课在学生心理健康教育的主战场作用。开展以“相伴成长路，携手与爱行”为主题的“5・25”大学生心理健康节、重庆市第十二届大学生心理成长论坛活动。开展 2021 年“呵护心灵，珍爱自我”心理健康宣传月活动、“剧温暖，伴你行”校园心理情景剧大赛、“微笑百事达，送你小红花”摄影主题展、“关爱成长，相伴同行”讲故事等主题特色活动。开展以“5・25”“新生适应”“唱响青春，班级同唱一首歌”等为主题的形式多样的心理健康主题班会。开展以“坚强意志，拓展人际”为主题的心理素质训练营，面向 19 个学院共计 16 场次持续近 2 个月的素质拓展活动。结合线上与线下，在学校广播台、学在重文理微信公众号推出《心理健康直通车》系列推文 35 期。

3. 建立健全体系制度，保障心理育人机制建设

做好心理健康专职教师配备、场地设施设备建设、专项经费保障等工作。将学生心理咨询中心建设纳入“我为群众办实事”活动，投入 100 万元建设咨询中心，中心装修面积 440 平方米，包含心理沙盘室、心理讲堂、心理宣泄室、团体辅导室、心理测评室、心理咨询室等场地设施，已于 2021 年 12 月 15 日完成施工

和装修。将学校蔚蓝心理健康教育与咨询中心机构及人员划到学生工作处，调配心理健康教育专职教师 2 名，心理健康教育专职教师队伍达到教育部要求。根据《高等学校心理健康教育指导纲要》文件要求，划拨心理健康教育专职教师岗位津贴，并将心理健康专职教师职务（职称）评聘纳入辅导员系列。

辅导员队伍建设

1. 顶层设计把方向，制度建设促发展

认真学习贯彻落实全国高校思想政治工作会议和文件精神，进一步加强和完善辅导员队伍顶层设计，保障队伍建设的长效机制。组织二级学院学生工作负责人、辅导员代表以及相关职能部门开展意见征求会，修订《重庆文理学院辅导员岗位津贴发放办法》《重庆文理学院学工建设绩效核定办法》，保障辅导员待遇，调动学院和辅导员开展学生工作积极性、主动性和创造性。完成《重庆文理学院兼职辅导员（班主任）队伍建设实施办法》初稿和各部门意见征求，进一步规范学校辅导员队伍建设和管理。出台《重庆文理学院辅导员工作室建设管理办法》，为学校辅导员工作室的规划、指导和管理提供制度保障。出台《重庆文理学院优秀辅导员评审办法》，鼓励先进，表彰典型，为落实辅导员队伍的长效发展提供保障。

积极落实文件精神，保障辅导员权益，严格按照"三单"标准，积极组织开展辅导员队伍职称职级评审工作，辅导员职称评审推荐比例上浮 15%，注重考核辅导员工作业绩和育人实效。严格落实《重庆文理学院学工绩效核定办法》和《重庆文理学院辅导员岗位津贴发放办法》，完成 2020 年学工绩效发放与专职辅导员的岗位津贴发放，保障辅导员权益。

2. 多方引进强配备，盘活队伍促建设

为加强辅导员队伍配备工作，结合学校辅导员队伍流动等情况，坚持校外引进，校内选拔相结合，配齐配强辅导员队伍。考察专任教师转岗辅导员 3 名，支持辅导员队伍正常流动，支持职务职称调整（1 人在企业进行"双师型"锻炼，2 人外出挂职锻炼）等因素带来的辅导员正常流动，保证辅导员队伍能引得来、留得住、发展好，不断盘活队伍建设。

进一步提升辅导员队伍整体素质，强化辅导员队伍在疫情防控背景下教育、管理、服务学生的业务水平，积极组织辅导员队伍进行"充电"学习，提升整体素质。组织参加市教委组织的辅导员岗前培训两期 35 人次，进一步帮助辅导员增强岗位适应能力；组织辅导员 40 余人参加国家教育行政学院 2021 年辅导员素质能力提升网络培训，充分利用寒假空档期学习提升。组建辅导员素质能力比赛培育团队，邀请重庆市第八届辅导员素质能力大赛一等奖获得者开展首期培训，与重庆工程职业技术学院市级辅导员素质能力比赛培育选手共同组建重庆市第九届辅导员素质能力大赛赛前培训团队，在校开展为期 6 天的集中培训，进一步提升学校辅导员队伍的工作水平和能力。开展辅导员沙龙活动 5 期，内容涵盖“班级建设”“辅导员正念减压”“辅导员素质能力大赛准备”等主题，旨在帮助辅导员学会自我关照，挖掘自身潜能，从容应对工作压力。7 月 4 日—7 日，组建由各二级学院分管学生工作负责人、学生工作办公室（副）主任、辅导员、学校心理咨询老师等 110 余人组成的学工队伍心理健康教育能力提升研修班，在志仁楼 116 教室开展了为期 4 天 4 个专题的 8 场培训，邀请来自中国人民大学等三所高校专家作关于“大学生常见心理问题识别与处理”“学工人员谈心谈话技巧与实践”“辅导员的职业枯竭和自我关爱”“家校沟通艺术”专题报告，通过培训，进一步提升了学工队伍心理健康教育能力和水平。

3. 辅导员学科建设取得新成果

智能制造工程学院辅导员李树明、园林与生命科学学院辅导员黄威均获重庆市第九届辅导员素质能力比赛三等奖。园林与生命科学学院辅导员贺方云获得“2020 年重庆市高校优秀辅导员”荣誉，人工智能学院辅导员牟芷被推选参加第十三届全国高校辅导员年度人物，职能制造与工程学院辅导员彭瑶被中南大学录取为博士研究生。辅导员队伍获批教育部人文社科项目 2 项，重庆市级课题 4 项，校级以上科研项目 5 项，发表核心期刊 8 篇，参与编著 2 部，教材 2 部。

育人工程

1. 探索资助育人体系建设

由学生资助管理中心牵头，延续“爱在文理”的资助品牌建设。举办以“爱在文理”为主线，“疫情无情人有情”以及“寒冬送暖”为副线的系列专项资助活动。遵照《重庆文理学院学生困难补助管理办法》，进一步规范学生困难补助的申请、审批、监督与管理，对学生的家庭经济状况通过电话或访谈的形式进行抽样核实，以便更客观地确认学生家庭经济状况，做好经济困难学生认定工作。加强对家庭经济困难学生资助工作力度，充分发挥困难补助的应急救助功能，做到切实帮助学校学生解决困难，保障学生顺利完成学业。按照上级“应助尽助”精神，扎实推进学生帮扶资助体系宣传工作，将学校“奖、助、贷、勤、免、补”的完整资助体系深入人心。

2. 培育和践行社会主义核心价值观

培育和践行社会主义核心价值观，贯彻落实《新时代公民道德建设实施纲要》《新时代爱国主义教育实施纲要》，将社会主义核心价值观、《新时代公民道德建设实施纲要》《新时代爱国主义教育实施纲要》主题教育融入“大学生周末思想教育”课程，结合疫情防控，开展专题教育。依托“学在重文理”、辅导员工作网文等网络思政工作平台，开展宣传教育。通过宿舍文化建设、学生社团活动等，将理论融入实践，推动大学生积极践行社会主义核心价值观，培育大学生理性爱国理念，争做时代新人。

3. 校风建设

启动非师范学生早、晚自习以及开展2021级学生跑操及早操改革，做好两校区每月校风巡查，开展全校校风巡视，对上课迟到、宿舍安全、清洁卫生、文明行为、学生晚归等进行专项巡查，开展2021年“三夜两节”学生安全专项工作巡查，对学生加强安全教育，校园秩序良好。加强节假日期间学生的教育管理，引导学生合理利用节假日开展学习，办理学生寒暑假留校相关手续，引导学生做好期末复习备考，严格学生校外住宿管理，完成对学生校外住宿情况的清理、建档和审批工作。

2021 年，桃苑 215 室等 5 个学生寝室被评为重庆市“特色寝室”，听松苑 337 室等 18 个学生寝室被评为重庆市“文明寝室”。学校 2021 年市级文明公寓、文明寝室及特色寝室评选都名列前茅，在校园内逐渐形成文明寝室群和特色寝室群。

做好学生综合素质测评加减分公示和综合奖学金评定，688 名学生获综合奖学金特等，3 407 名学生获综合奖学金一等，7 674 名学生获综合奖学金二等。开展校级“五四”评优和优秀（良）毕业生评选，评选表彰出校级先进班集体 51 个、文明寝室 194 个、特色寝室 78 个、三好学生 368 名、优秀学生干部 425 名、各类先进个人 811 名、“学习进步奖”获得者 44 名，校级优秀毕业生 461 名、校级优良毕业生 498 名。开展 2021 年重庆市高校学生先进评选，评选出市级三好学生 31 名、优秀学生干部 19 名、优秀本科毕业生 48 名、先进班集体 10 个、各类先进个人 110 名。开展 2021 年国家奖学金、励志奖学金评审工作，41 名学生获国家奖学金、620 名学生获国家励志奖学金，30 名学生获 2021 年度“成都校友会奖学金”。

4. 学生资助育人

在“爱在文理”资助品牌建设的思路支撑和各项资助政策制度的指导下，学校资助持续向“体系化”发展。对各类贫困学生的资助持续做到“专款、专账、专人、专责”，分工明确，责任到人。持续向“发展式资助”迈进，鼓励并资助学生积极深造、参加各类培训、提升技能。

通过绿色通道，为 999 名新生办理入学手续。为 142 位新生发放生活补助、生活物品补助及车补。为 12 848 人次发放国家助学金，累计发放金额达 2 056 余万元。为 1 250 人发放全科教师生活补助 386 余万元。发放校设岗位勤工助学工资 87 万余元。为全校学生购买校方责任险 11 余万元。为 3 756 名学生办理生源地信用助学贷款，贷款金额达 2 713 余万元。为 37 位学生办理学费减免共计 20 余万元，为 41 名学生办理临时困难补助 15 万元。节假日为特困学生发放粽子、月饼等慰问品及慰问金 12 余万元。

开展以“诚信、感恩、励志”为主题的诚信教育，包括资助征文、创意作品设计等在内的资助诚信宣传主题活动，评选出 96 位获奖学生。开“少数民族困难学生代表座谈会”“孤残学生慰问聚餐会”“考研困难学生慰问”等“寒冬送温暖”活动，发放慰问品及慰问金 16 余万元。

招生工作

1. 招生宣传，媒体推介

在纸质刊物刊登学校、学院宣传图文，主要包括《2021 艺术报考指南》《高考—重庆特刊》《2021 填报志愿指南》《2021 招生计划汇编》（物理历史）等。在多家新媒体上推送宣传软文，主要包括教育科研网（中国教育在线）、重庆教育、新华网、华龙网、上游新闻、阳光高考及重庆文理学院官方微信等新媒体。

开展线上直播，疫情期间，联合教育在线、云招考等组织线上直播宣传，邀请二级学院院长、教学名师介绍专业特色、人才培养优势，多角度多维度宣传学校招生政策、志愿填报指南。

组织策划拍摄学校 2021 年“师说专业”“梦享文理”招生宣传视频拍摄，发布招办主任来帮忙、历年分数、招生计划、招生简章等内容。志愿填报期间在学校官网微信平台、学在重文理、重文理学工、重文理小团团、校友微信以及广大教职工、学生及朋友圈等个人微信平台推送、转发。

2. 编制计划，优化结构

根据上级主管部门要求，参考近三年来各省（市）考生的报考意愿和报到率、巩固率、各专业的就业率以及学校专业建设的规划、办学条件、对接地方产业行业等情况，合理编制 2021 年招生计划，完成 28 个省（自治区、直辖市）分省分专业分科类招生计划编制。对信息与计算科学、经济统计学、物理学（师范）、生物科学、行政管理、社会体育指导与管理、金属材料工程 7 个专业暂停招生，新增工程审计专业招生。

完成广西一本的申报，首次实现省外一本招生。完成大类招生项目申报，新增环境科学与工程类、电气类、工商管理类 3 个大类招生项目，录取大类新生 1 642 人，占比 30.79%。通过计划交换、省级合作，2021 年在广西、四川、贵州出省计划大幅增加，实现省外计划增大的目标。

3. 招生考试，严格录取

组织重庆文理学院 2021 年高水平运动队（篮球）专项测试，共计 22 人参加专项测试。整个测试工作按教育部及重庆市教委、市考试院相关文件及学校疫情防控要求执行，确保测试过程平稳、公平、公正、公开。

组织普通高考录取工作，在全国 28 个省（市、自治区）录取新生 5 333 人，重庆市普通文理科录取分数持续稳定，文科录取最低分 518 分，超本科线 62 分；理科录取最低分 502 分，超二本线 56 分。一本线上（含特殊类型控制线）录取人数创历年新高，达到 1 428 人，较 2020 年（991 人）增加 437 人，增长率为 8.4%。

就业工作

1. 就业指导促就业

加强指导服务，提高就业育人质量。面向全校学生开设“大学生就业指导”网络课程，培养学生正向就业观念，提升就业能力，全校共 12 616 名学生参加学习。举办“职引未来”职业指导进校园活动，从简历撰写、面试技巧、职场礼仪等方面对毕业生进行指导，帮助他们提高求职就业技巧。承办 2021 年重庆市万名大学生精准就业指导服务活动，举办“如何设定就业目标”校园就业指导公开课和开展职业测试、身心测试与潜能测试的测评服务。承办 2021 年重庆市大学生职业发展论坛第三期分论坛，举办“职引人生、创就未来”为主题的专题讲座。学校获批“全国高校毕业生就业能力培训基地”（全国 135 所高校），负责对渝西片区 11 所高校，340 余名毕业生开展为期 5 天、10 个专题的现场集中就业能力提升培训，参训学生满意度高，收获很大。组织学生积极参加“智汇巴蜀”成渝双城经济圈第二届大学生模拟求职招聘大赛，2 名学生获重庆市分赛区二等奖，在总决赛上分别获总决赛二等奖、三等奖，学校获大赛优秀组织奖。组织辅导员教师参加就业创业指导教师课程教学大赛、就业演讲大赛、征文比赛，就业专题培训等方式，打造专业化、专家化、职业化的就业指导教师队伍。加强“重文理就业”微信公众号建设，通过新媒体手段宣传就业政策、发布招聘信息、推送求职技巧等信息，发布 672 篇推文，关注人数达 14 650 人。

严格执行教育部“四不准”规定，始终坚持就业数据保真是就业工作的底线。出台《重庆文理学院促进 2021 届毕业生就业 15 条措施》《关于进一步做好 2021 届毕业生就业统计与核查工作的通知》等文件，对严格执行教育部“四不准”和确保就业数据真实作出明确要求。在全校干部大会上，强调就业工作规范，召开专题会议，对就业数据核查进行培训。通过“辅导猫”问卷调查、电话抽查、纸质材料逐一核查等方式，加强就业督查核查。将就业真实性纳入二级学院书记、院长年度就业创业工作目标责任书签订和学工人员绩效考核，

2. 一把手工程“保就业”

持续实施就业工作两级一把手工程，不断完善“校院联动、家校互动的就业体系”，形成各负其责、运行高效的工作格局，建立了就业导向决策机制，定期召开党委常委会、校长办公会、就业工作推进会专题研究就业工作。学校主要领导及分管领导坚持亲自参加大型招聘会协调部署，坚持走进双选会现场为毕业生求职“站台”，坚持深入所有二级学院专题调研就业，针对问题找策略，引导先进帮后进。校长与二级学院党总支书记、院长签订《就业创业工作目标责任书》，学校探索招生、人才培养、就业半定量考核指标体系，调整专业结构、优化人才培养，出台 15 条就业促进措施和 10 条就业激励措施。在教学单位目标考核方案中设立毕业去向落实率、考研率、满意度等考核指标，实行就业情况周通报制，强化就业工作目标考核与督查督导。二级学院通过党政联席会决策、分工包项落实、绩效考核激励、论文导师帮扶等方式，构建了院领导、系主任、专业教师、辅导员等参与的就业育人共同体。

3. 拓宽渠道“促就业”

面向东部沿海，建立优质就业基地。学校通过“走出去、引进来”的方式，加强与珠三角、长三角及东部沿海地区政府合作，建立引才基地和联络站 12 个，邀请东部沿海地区企业组团到校招聘。聚焦成渝地区，深入开展校地校企合作，学校抓住成渝地区双城经济圈建设契机，深挖成渝两地就业潜力，与重庆高新区、璧山高新区，与成都龙泉驿区、青白江区、崇州市，泸州高新区等建立政校合作关系；与重庆建工、宗申动力、长城汽车等 200 余家重庆本地重点企业建立稳固的招聘合作关系。组建就业联盟，共享就业信息资源，学校联合在永 17 所大中院校成立西部职教基地就业联盟，建立从“产线工人”“技术管理”到“科技研发”等多层次“人才超市”，实现联盟学校每年 4.2 万名毕业生打包推送。

对接新疆阿勒泰地区、喀什地区、新疆建设兵团第二师铁门关市、西藏昌都等地区教育部门，鼓励师范类毕业生支援边疆、服务边疆。开辟师范类学生就业新渠道，与深圳市龙华区教育局下属幼教集团、中雅（深圳）教育集团、南方国际教育集团、创未来（深圳）教育科技有限公司、福建闽江人才服务中心等单位合作，向东部沿海地区私立学校输送师范专业毕业生。拓展内地师范生就业市场，与巴川中学、大足城南中学、合江少岷教育集团等优质民办学校建立实习就业基地。

4. 就业成效

学校获批教育部“全国高校毕业生就业能力培训基地”，全国135所高校入选，重庆市只有6所高校入选；第一批承担渝西地区11所高校的培训任务，开班培训340余人，学生反响良好。

李天福副校长入选教育部2021—2025年全国普通高校毕业生就业创业指导委员会，新闻出版行业就业创业指导委员会委员。

学校报送的《外建基地、内组联盟、积极拓展毕业生就业渠道》案例，入选重庆市就业创业工作典型案例。学校分别在全市2022年就业工作会，重庆市2021年普通高校与重庆两江新区水土高新技术产业园人才供需对接洽谈会上作交流发言。

“智汇巴蜀”成渝地区双城经济圈第二届大学生模拟求职招聘大赛总决赛中2名学生分别获二等奖、三等奖，2名辅导员获优秀指导教师奖，学校荣获大赛优秀组织奖，在“稳就业、保居民就业”重庆市就业创业演讲比赛决赛中，1名辅导员获二等奖，在全市“稳就业、保居民就业”主题征文比赛中，学校4篇文章分别获二等奖和优秀奖，学校2名辅导员在2021年重庆市高校就业创业指导课程大赛决赛中分别获就业组和创业组三等奖。

发展与管理

FAZHAN YU GUANLI

发展规划

1. 教育改革

依据中共重庆市委教育工作领导小组秘书组印发的《重庆市各级各类学校开展党的教育方针贯彻落实专项行动工作方案》，开展自查，形成《重庆文理学院开展党的教育方针贯彻落实专项行动工作总结》。依据《中共重庆市委教育工作领导小组秘书组关于违背新时代教育评价改革精神有关情况的通报》，开展自查，形成自查报告。

开展有力举措推进教育评价改革落细落实，将健全完善相关考核评价机制列入2021年党政工作要点，将《新时代教育评价改革总体方案》贯彻落实及教育评价改革情况列入相关职能部门主要工作目标。制定重庆文理学院贯彻落实《重庆市深化新时代教育评价改革若干措施》责任分工表，明确分工，细化任务。

以“重庆市深化新时代教育评价改革重庆文理学院试点校——应用型高校教师教学科研业绩评价与激励机制”为题的试点校项目立项。制定《应用型高校教师教学科研业绩评价与激励机制实施方案》，从健全师德师风长效机制、改革教师教学评价、改革教师科研评价三方面入手开展试点改革。每季度按时向市教委报送改革进展情况。强化对教育评价改革落实情况的督查，联合开展深化新时代教育评价改革落实情况督查，对相关职能部门落实改革工作情况开展检查与指导。

组织开展教育评价改革专题培训，邀请重庆市教育评价改革咨询指导委员会专家、西南大学副校长来校做《重庆市深化新时代教育评价改革若干措施》宣讲会，包括校领导、全校中干、全体科岗、全体教研室主任、各学院师生代表在内的650余人参会学习，会议对学校进一步贯彻落实好新时代教育评价改革的工作要求具有重要指导意义。组织人事处、教务处、科研处等6个单位的中干、科长等人员参加国家教育行政学院开展的“落实《新时代教育评价改革总体方案》精神、全面提升教育质量”专题网络培训。

依据《重庆市教育委员会办公室关于报送“放管服”改革工作总结的通知》，提交总结和案例。依据市科技局印发的《关于做好赋予科研人员职务科技成果所有权或长期使用权试点工作有关事项的通知》，及时提交《中共重庆文理学院委员会关于抓好中央巡视反馈意见整改落实进一步加强改革试点工作的情况报告》。

申报立项重庆市第七批教育综合改革试点项目及课题，“以艺术与文理交叉融合为特色的美育改革试点”获批试点项目立项，“高等学校耕读教育策略研究”获批课题立项。

“校地合作共建重庆乡村振兴学院试点”结项，校地合作共建重庆乡村振兴学院试点成果获重庆市第四届教育改革试点成果一等奖。依据《中共重庆市委全面深化改革委员会教育体制改革专项小组关于加强和改进改革信息工作的通知》，指定教改信息联络员，定期向教育体制改革专项小组报送改革信息。

2. 基本办学条件

全校校舍建筑面积 73 万平方米（含 2 万余平方米非学校产权建筑面积），生均教学科研仪器设备值、体育场馆面积、宿舍面积、百名学生配教学用计算机台数，均达到教育部规定的标准。

学校有图书馆 2 个，图书馆总面积 24 078.41 平方米，阅览室座位数 2 223 个。纸质图书达到 200.3 万册，本年新增 1.35 万册，生均纸质图书 85.84 册。电子期刊 70.59 万册，学位论文 400.35 万册，电子图书 91 万册。

学校现有专任教师 1 312 人，其中具有博士学位人员 379 人，具有硕士学位人员 731 人，具有硕士学位以上人员占专任教师 84.6%，“双师型”教师 437 人，占 33.31%。学历结构和职称结构更趋合理。学校聘请 200 余名校外专家学者、企业技术骨干及高级管理人员为兼职教师。

3. 规划与章程编制

由发展规划处牵头，组织人事处、教务处、学生处等相关部门先后到内江师范学院、苏州科技大学、无锡学院等院校考察学习，撰写形成调研报告，为学校“十四五”发展提供重要参考。先后组织 8 次专题研讨会，多次征求学校领导意见，2 轮全校征求意见，广泛征求二级学院、职能部门、全校教职员工、学生代表、校外专家等不同层面的意见和建议，共征集全校师生书面意见和建议 260 余条，进行充分吸纳。

撰写《重庆文理学院“十四五”规划编制的说明》《关于重庆文理学院“十四

五”规划的修改说明》等第五届教代会材料，总体规划顺利通过学校第五届教职工代表大会暨工会会员第二次代表大会审议，得到代表高度认同。依据《重庆市教育系统事业发展“十四五”规划评估工作方案》，及时提交规划审议稿，对照市教委反馈的修改要求对总规进行完善后顺利通过中共重庆文理学院第三届委员会第十次全体会议审议。

修订完善《重庆文理学院“十四五”事业发展规划》，印发并按要求上报市教委备案。召开子规划专题研讨会，充分吸收各二级单位意见建议后，经学校审议通过，印发了《重庆文理学院“十四五”专业建设规划》《重庆文理学院“十四五”师资队伍建设规划》《重庆文理学院“十四五”学科建设规划》《重庆文理学院“十四五”实验室与实践教学体系建设规划》《重庆文理学院“十四五”信息化建设规划》等5个子规划。

印发《关于编制二级学院“十四五”发展规划的通知》并召开二级学院“十四五”事业发展规划启动会，明确二级学院规划编制的主要任务、基本原则和推进进程安排。制定《二级学院“十四五”发展规划评估标准》，组织教务处、科研处、研究生处、部分二级学院，对各二级学院发展规划进行评审，及时反馈评审意见。深入文化与传媒学院、马克思主义学院、旅游学院、园林与生命科学学院等单位就规划修改开展调研座谈。

在充分征求校领导、职能部门、二级学院、全校教职员工等多方意见后，完成章程修订及材料印制，撰写《重庆文理学院章程编制的说明》及《关于重庆文理学院章程的修改说明》，章程修订版顺利通过学校第五届教职工代表大会暨工会会员第二次代表大会和中共重庆文理学院第三届委员会第十次全体会议审议。

4.“十四五”教育强国工程项目立项

根据《重庆市发展和改革委员会关于开展“十四五”教育强国推进工程项目学校遴选的通知》要求，及时组织相关单位负责人召开工作协调会进行安排部署。发展规划处积极谋划项目设计，相关单位积极准备支撑材料，经多次修改研讨后的申报材料，通过校长办公会审核后及时报送至市发改委。最终学校以小组第一名的成绩成功获批立项，为学校争取1亿的建设资金。

5. 履行教育职责评价督查工作

根据《重庆市人民政府教育督导委员会关于做好接受省级人民政府履行教育职责评价实地督查准备工作的通知》要求，结合《2021 年对省级人民政府履行教育职责的评价重点及观测点》，及时发布《重庆文理学院关于做好 2021 年对省级人民政府履行教育职责情况满意度调查的通知》，制发了《重庆文理学院配合做好 2021 年接受省级人民政府履行教育职责评价实地督查工作方案》，对涉及高校的 23 个观测点进行了任务分工。结合全市深化教育督导体制机制改革暨市政府教育督导委员会 2021 年第一次全体（扩大）会议精神，组织各责任单位开展自查自评，认真梳理近三年以来学校贯彻落实党中央国务院重大决策部署以及市委市政府有关工作要求情况，形成工作报告。

人事工作

1. 坚持党管人才

坚持党对一切工作的领导，坚持党管人才原则，把坚持“四个面向”作为做好人才工作的目标方向。坚持人才工作的需求导向和问题导向，通过制定政策、创新机制、改善环境、提供服务，为人才提供更多发展机遇和更大发展空间，深化人才发展体制机制改革，全方位培养、引进、用好人才。

坚持以习近平新时代中国特色社会主义思想为指导，深入开展习近平总书记关于师德师风建设重要指示批示精神，聚焦教师思想政治工作，以师德师风为核心，多措并举，推动师德师风建设常态化、长效化。

全面加强师德师风建设，着力提升教师思想政治素质。把师德师风作为第一标准，构建师德师风建设制度体系，成立党委教师工作部，强化教师思想政治素质，完善师德师风考核监督机制。加强和改进宣传思想政治工作，按师生比专职思政课教师应配 62 名，实配 67 名。通过线上线下相结合的方式，对思政课专任教师开展线下培训，新进辅导员教师以线上方式开展培训，取得较好的效果。

全面落实《新时代高校教师职业行为十项准则》《重庆文理学院师德建设长效机制实施办法》《重庆文理学院教师职业道德规范》《重庆文理学院教职工纪律处分暂行规定》等规章制度，完善教师评聘考核办法，在教职工晋升发展中实施政治标准和师德师风“一票否决”。出台《重庆文理学院师德师风考核办法（试行）》《重庆文理学院进一步完善教师思想政治和师德师风建设长效机制的意见》，将师德师风考核纳入教职工年度考核，修订《重庆文理学院教职工年度考核实施办法》。举办“进德大讲堂”、开展时代楷模——王红旭事迹宣讲、科研诚信、师德师风警示教育等活动，推动师德师风建设常态化、长效化，发挥典型示范引领作用。

2. 加强制度建设

提高政治站位，切实增强抓好巡视整改的政治自觉、思想自觉和行动自觉。深入学习贯彻习近平总书记关于巡视整改工作的重要讲话精神，切实做好巡视整改工作，切实增强巡视整改的紧迫感、责任感和使命感。对巡视整改中涉及的问题对标对表，认真落实。为落实教育评价改革精神，促进学校人力资源合理配置，加强高层次人才队伍建设，提高用人质量和用人效益，助推学校发展，启动了学校绩效工资分配方案、定编定员工作方案、人才引进办法、人才培育、师资培训进修等办法的调研、修订和制定工作。修订完善了《重庆文理学院岗位设置管理实施办法》《重庆文理学院管理岗位设置与聘用实施细则》《重庆文理学院专业技术岗位设置与聘用实施细则》《重庆文理学院岗位聘期考核暂行办法》《重庆文理学院工作人员转岗管理办法》等文件。

3. 人才工作服务机制

设立人才专项经费，保障人才队伍建设。人才专项经费分设人才引进费、高层次人才培育费、师资队伍培训费等，高度重视人才队伍建设。人才专项经费在学校各项经费大幅压缩的情况下，仍然投入 1 750 万元，为学校人才引进和培养提供了强有力的经费保障。人才专项经费使用规范、效益好。人才专项经费主要用于教职工培训、人才引进安家费、科研启动费、住房补贴、配备工作电脑等。同时还用于高层次人才在学科建设、科学研究等方面，为他们在各自领域发挥排头兵作用提供了充足的资金保障。设立的高层次人才服务交流中心，配备专职工作人员，强化高层次人才服务和保障工作。

主动为专家办理退税、子女入学等工作，做好人才服务工作。启用重庆文理学院英才专家沙龙室，为专家开展学术研讨、座谈交流提供场所。克服疫情影响，通过线上线下相结合的方式开展师资队伍培训，积极推荐青年教师参加国际会议。另一方面，大力邀请海外高层次人才进行线上学术交流和教育教学，师资队伍国际化水平得到提升。着力为民办实事，解决历史遗留 35 人教师资格证办理问题。加强人事工作信息化建设，全面清理学校人事档案，深入挖掘人事档案里的红色基因，开展“信仰的力量：入党志愿书里的档案故事”活动。

4. 高层次人才建设

本年度，引进知名高校和具有海外留学经历的博士 18 人，选派教师市内外学习、进修 30 余人，比上年有所增长，学缘结构日趋优化。学校现有专任教师 1 312 人，其中具有博士学位人员 379 人，具有博士学位人员占专任教师 28.9%，学历结构进一步优化。严格落实中央关于高校思想政治工作的有关要求，将思政工作放在人才工作的首要位置，配齐配强建成了一支人员充足，政治优良、素质过硬的思政课教师队伍和辅导员队伍。

积极推荐申报重庆市教书育人楷模，国家高层次人才特殊支持计划教学名师、青年拔尖人才，归国人员留创计划项目、重庆市技能大师工作室、重庆市专家工作室等人才称号和人才项目。做好巴渝学者“青年学者”“讲座教授”的推荐申报工作，共推荐青年学者 6 名、讲座教授 4 名。

新增重庆英才、巴渝学者等市级人才 9 人次。持续对接重庆市博士后创新发展需求，积极搭建平台，助推学校青年博士进站从事博士后研究工作，新进站博士后 29 人。学校人才工作影响力逐步提升，重庆日报、重庆晨报、华龙网、新浪网、上游新闻等市级以上媒体多次报道学校人才发展战略及成效。

制定《重庆文理学院铭旌学者计划实施办法》，构建“学术骨干—学术带头人—学科带头人”三位一体人才培养机制。教师学缘结构改善、博士学位占比提高，高层次人才总量持续增长，人才工作影响日益显现。实施铭旌学者计划，优化人才培养机制，组建乡村振兴专家服务团，持续为脱贫攻坚和乡村振兴提供人才支撑和坚强的技术保障。设立铭旌杰出学者岗位、铭旌领军学者岗位、铭旌拔尖学者岗位和铭旌起航学者岗位等四类岗位，实行年薪制。实现了以品德和能力为导向、以岗位需求为目标的人才使用机制，发挥高层次人才标杆和示范作用，形成优绩优酬的人才评价激励机制。

举办 2021 年“百万英才兴重庆”—“博士渝行周”走进高校活动，营造“近悦远来”的人才发展环境。通过邀请有意向来渝发展的博士（含在读及在职博士）到重庆及其意向企事业单位、博士后工作站实地考察，进一步了解事业发展平台，同时参观重庆经济发展平台及城市文化，让博士多维度了解和认识重庆。这是“博士渝行周”首次走进高校，活动采用线上为主、线下为辅相结合的方式举行，线上对接博士 600 余人，线下参会高校 30 余所，岗位 200 多个，针对性邀请优秀博士人才来渝考察、洽谈、签约。

以学校为依托单位申报的成渝地区双城经济圈乡村振兴国家级专家服务基地获批。学校是川渝两地唯一获此殊荣的单位，实现了国家级人才工作平台建设的重大突破。7 月，人社部专技司司长专程来永川为成渝地区双城经济圈国家级专家服务基地揭牌。为基地实现服务“成渝地区双城经济圈”和“乡村振兴”两大国家的战略，建成科技成果转化、开展人才活动、人才培养和引进三大平台，发挥集聚创新资源、服务地方经济社会发展、服务专家人才、促进人才柔性流动积极助力。

以成渝地区双城经济圈乡村振兴国家级专家服务基地为依托组建26个专家服务团，领衔专家由百千万人才工程国家级人选、国务院特殊津贴专家、重庆英才计划优秀科学家等国家级、市级专家担任，包括各行业领域学术技术带头人、博士后科研人员、青年科技人才以及当地专业技术人员骨干，形成多层次、多元化、跨学科“1+N+1”团队模式，积极为脱贫攻坚和乡村振兴提供持续的人才支撑和坚强的技术保障。

校务管理

1. 巡察工作

学校党委全面贯彻落实中央和市委关于巡视巡察工作的部署要求，出台《中共重庆文理学院委员会巡察工作实施办法（试行）》，对巡察工作的指导思想、机构与人员、职能职责、巡察范围和内容、工作方式和权限、工作程序、成果运用、纪律与责任等内容进行明确。制定《重庆文理学院党委巡察工作流程（试行）》，从巡察准备、巡察了解、巡察报告、反馈巡察意见、巡察移交、巡察整改、巡察资料立卷归档等对工作环节进行细化规范。全年完成对马克思主义学院党总支和电子信息与电气工程学院党总支 2 个基层党组织的巡察工作，以巡察整改成效助推学院高质量发展，保障了巡察作为党内监督利剑和密切联系群众纽带作用的发挥。

2. 校地合作

城东校区建设进入新阶段，完成向重庆市教委、重庆市人民政府关于重庆文理学院与永川区人民政府城东校区建设、研究生综合楼建设的请示、报告，并与永川区共同举办申硕建大签约活动，就城东新校区建设签订合作协议。支持永川区高质量举办市六运会，协调 2 000 余名师生参加运动会筹备、开幕式演出、场内外协调等工作，完成重庆市第六届运动会的相关承办活动。拓展高新区实习实训基地，针对文化传媒、大数据、人工智能、智能制造、美术设计等领域，与永川区深入研讨校企合作、产教融合模式，并与重庆云谷・永川大数据产业园签订数字人才产教合作协议，拓展了学校学生的实习实训基地。

学校与内江市教育局、内江师范学院、内江职业技术学院签订合作协议，在信息共享与信息化建设、干部互派与师资交流、专业建设与科学研究、人才培养等领域开展合作，相关合作模式得到了市教委的批准和肯定。在校际合作方面，与四川大学共同举办了第三届“四川大学——重庆文理学院文化遗产本科专业研习营”活动，联合开展了“酉阳花田乡非物质文化资源调查与研究”乡村振兴社会服务活动。

在助力地方产业发展方面，在学校党委书记孙泽平带领下，党政办公室、新材料研究团队和特色植物研究团队负责人赴四川省内江市出席“2021 四川内江人才活动周”活动，推动新材料、靶向药物、特色植物、智能制造、环境修复等科研团队与内江市及东兴区相关部门、企业的对接工作，助力内江市和东兴区产业发展取得新突破。

3. 文件管理

严格工作程序，严守工作纪律，切实履行机要保密职责，圆满完成本年度机要保密工作的各项要求。通过 OA 系统接收和处理外来文件 2 000 余份，接收处理纸质文件 780 余份，为各二级部门提供文件资料查阅、复印 3 000 余次。在印章管理方面，累计用印 30 余万次，涉及合同 1 706 份。根据机构调整的需要，刻制印章 6 枚，收回废旧印章 3 枚，开具介绍信 40 余份，严格规范地保障了各二级部门的高效运转。

4. 政务信息

围绕全校工作重点和社会关心关注的热点，不断理清思路，完善机制，创新方法，扎实推进政务信息工作，向市教委报送政务信息 98 条，被市教委采纳 26 条，较好地向市教委和社会各界传播了文理声音。

坚持强化信息服务意识，提高信息工作的主动性，主动思考决策方案，提高信息工作与决策思维的进度，全年回复和处理校领导留言板信息 100 余条，督办校领导留言事项 30 余项；持续推动与各高校的交流互动，在各兄弟高校的校庆日向 12 所高校发送贺信，加强了沟通与联系。

5. 会务工作

根据学校事业发展需要，积极主动向各职能部门收集需要讨论的议题，严格对照《中共重庆文理学院委员会常务委员会会议议事规则》《重庆文理学院校长办公会议议事规则》要求，筹备党委常委会 36 次，校长办公会 32 次，形成会议纪要 60 余份，较好地促进了学校事业的发展。

进一步优化 OA 系统会议管理模块，对全校性会议活动安排严格把关，及时准确完成每周的一周会议信息发布；积极做好上级来校检查指导以及成渝地区双城经济圈乡村振兴国家级专家服务基地示范活动等重大会议的服务工作。

根据《重庆文理学院公务接待管理办法》，进一步规范接待管理，加强接待经费管控，切实提高接待工作质量和服务水平；严格执行学校公务用车管理规定，坚持做到所有用车统一调度集中管理；每月定期开展驾驶员安全管理培训工作，不断提高驾驶员的安全意识；严格按照要求对车辆进行安全检查，做到勤保养、及时维修，确保所有车辆能够随时以良好的车况出车，全年无安全事故发生。

6. 制度建设

坚持把党内法规制度建设作为加强党的领导，提升学校办学治校水平的重要举措，印发了《重庆文理学院规章制度清理工作方案》，成立规章制度清理工作领导小组，对学校规章制度进行全面清理。经党委常委会和校长办公会会议审定，共废止 141 个规章制度文件，其中党内规章制度 43 个，新编写或修订《重庆文理学院章程》等规章制度 24 个，内部治理结构进一步完善。

充分发挥巡察在促进党内法规制度落实、加强党的领导、落实立德树人根本任务等方面的重要作用。通过巡察工作，重点对照党章、巡视工作条例和市委巡察工作实施办法等党内法规和规章制度，检查二级党组织在具体工作上的党内法规制度执行情况以及存在的问题，通过常态化巡察和督查督办，确保了中央、市委党内法规制度在二级党组织贯彻落实不走样、不变形。

严格按照《合同管理办法》，与重庆新源律师事务所签署常年法律顾问服务合同，规范开展合同管理与法律事务相关工作。采购并试用合同管理系统，加大合同审签、履行管理力度，从法律角度完成了 1 796 件合同的审签工作。

7. 人大代表换届

按照《重庆市永川区中山路街道区人大换届选举工作实施方案》要求，学校以组长单位身份，与中山路街道辖区的其他 6 所高校及中职学校，构成永川区第十八届人大代表换届中山路街道第二十选区。负责与中山路街道选办指导小组联络沟通，领取工作任务和信息数据接收、分转和上报及各项工作安排、协调，圆满完成了永川区第十八届人大代表换届工作。

成渝地区双城经济圈建设

1. 川渝合作交流

1月，学校与四川省内江高新区签订战略合作协议，双方建立战略性、紧密型的全方位合作，推动政产学研用一体化建设，服务区域经济发展需求。致力于整合学校人才、智力与科技等资源及内江高新区区位、平台和企业资源，形成人才、技术、资源的共享与互动，优势互补，共同推动人才培养、科技创新以及科技成果的转移转化。

10月，学校分别与内江市教育局、内江师范学院、内江职业技术学院签订合作协议。合作双方将在干部交流、师资互访、教学改革、科学研究等方面深入合作，以更高质量服务地方经济发展，为成渝地区教育合作提供成功经验。

本年度，西华师范大学、四川旅游学院、西昌学院、内江师范学院等高校先后来校考察交流。通过交流，将充分利用和发挥好各自优势与强项，相互学习借鉴共同促进双方教育事业更好发展。

2. 平台建设

4月，人力资源和社会保障部印发《人社部办公厅关于确定2021年专家服务基层示范团队项目和国家级专家服务基地的通知》，批准设立15个国家级专家服务基地，以学校为依托单位申报的“成渝地区双城经济圈乡村振兴专家服务基地”获批，成为川渝两地唯一获批基地。7月，成渝双城经济圈首个乡村振兴国家级专家服务基地在学校正式揭牌。该基地将对接国家战略，建设成为在西部地区具有引领和示范作用的高水平国家级专家服务基地，为支撑乡村振兴战略提供“西部方案”。国家级专家服务基地先后组织专家赴丰都县、武隆区开展服务活动。

9月，中共重庆市委机构编制委员会办公室同意对我校内设的乡村振兴学院增挂重庆乡村振兴研究院牌子予以备案。该研究院是学校与地方政府合作办学的教学科研机构，立足重庆，服务成渝地区，辐射西部，面向全国。将秉承“矢志‘三农’、扎根重庆大地、培养乡村人才、服务乡村振兴”的发展理念，聚焦“五大振兴”，建设重庆乡村振兴研究的“智囊团”、校地合作的“实验室”、人才培养的“大本营”。研究院的获批挂牌，是继学校获得“全国脱贫攻坚先进集体”荣誉后，推动脱贫攻坚与乡村振兴有效衔接的又一件喜事、大事，标志着学校服务乡村振兴战略的“一地（成渝地区双城经济圈乡村振兴国家级专家服务基地）两院（重庆乡村振兴研究院和学校乡村振兴学院）”整体格局初步形成。

9月，重庆工商大学与重庆文理学院、重庆科技学院、重庆第二师范学院联合举办的“2021 成渝高校院所科技成果转化资源共建共享战略合作签约仪式暨科技成果转化（重庆）路演活动”，在江北嘴国际投融资路演中心举行。我校与重庆工商大学、重庆科技学院、重庆第二师范学院、国科创新投资（成都）有限责任公司、重庆大学（知识产权运营中心）共同签署《成渝高校科技成果转化资源共建共享战略合作框架协议》。协议各方将充分发挥科技创新及成果转化等方面优势，共建共享成渝科技成果转移转化协作体系，推动高校科技成果“走出”实验室，“转出”新动能。

3. 培训研修

6 月，由重庆市教委、四川省教育厅主办，学校牵头承办的成渝地区双城经济圈创新创业人员高级培训班在北京大学举行。来自西南大学、西南交通大学等 30 所川渝地区高校创新创业工作负责人、企业代表，地方政府科技、人社部门代表等 66 名学员参加了培训。培训采用“理论学习+实地参访”相结合的形式，除课堂学习外，还参访了互联网独角兽企业—北京字节跳动科技有限公司、中关村国家自主创新示范区展示交易中心。

根据渝教师发〔2021〕18 号文件，学校成为成渝地区双城经济圈教师教育协同研修培训项目承担机构之一。成功获批脱贫区县乡村学校“一对一”协同发展项目，该项目培训对象涉及川渝各 3 所学校。培训旨在帮助脱贫区县乡村学校教师更新知识储备，提高课堂教学技巧和能力，实现与名校教师资料共享，开阔教育视野。

4. 重要活动

1 月，“智汇巴蜀·成渝地区双城经济圈首届大学生求职大赛”总决赛落下帷幕。学校荣获大赛优秀组织奖，一位教师获优秀指导教师奖，教育学院周佳林、张荣秀两名同学分别获得重庆赛区三等奖和优秀奖。6 月，“智汇巴蜀”成渝地区双城经济圈第二届大学生模拟求职招聘大赛总决赛在重庆医科大学（大学城校区）落下帷幕。两位老师获优秀指导教师奖，教育学院傅嫣然、文化与传媒学院丁俊玥两位同学分别获得总决赛二等奖、三等奖，学校荣获大赛优秀组织奖。

大赛以“巴山蜀水 美丽川渝”为主题，通过创新设计乡村旅游线路，形成更加丰富、更具特色的乡村旅游产品体系，调动高校、文旅企业等从业人员积极性，培育成渝地区双城经济圈乡村旅游新业态，提升乡村旅游产业竞争力，促进川渝两地的共融与发展。本次大赛参赛项目从重庆、四川、江苏、云南、陕西等省市的 100 多个作品中遴选产生，共有 23 支队伍入围了大赛决赛。大赛设一等奖 3 名、二等奖 8 名、三等奖 12 名。

5 月，由四川省教育厅、成都市博览局、成都市会议及展览服务行业协会等主办，重庆市会展业协会等支持的“川渝会展人才培养论坛暨校企对接活动”在中国西部国际博览城举行。旅游学院参加主题对话并介绍了学校会展经济与管理专业的办学概况及校企合作的主要做法。本次活动搭建的川渝两地会展人才培养及校企合作平台，将对我校旅游学院持续加大开放创新办学力度，促进会展经济与管理专业产科教融合、学生实习实训、双师型队伍建设、项目合作、学生就业等工作起到较大的推动作用。

5. 科学研究

学校材料科学与工程学院与四川大学高分子科学与工程学院联合研发的液晶显示背光模组高分子复合光学薄膜项目取得进展，针对目前背光模组中高分子光学薄膜数量较多，制作工艺较为复杂的问题，设计制备了复合型光学薄膜，将传统的多层扩散膜和增亮膜复合在一起，有效地降低了光学薄膜的厚度和成本。

国际合作与交流

1.“一带一路”国际合作

继续拓展与俄罗斯相关高校和机构的合作，在2020年与俄罗斯托木斯克理工大学等5所大学开展合作项目的基础上，又与俄罗斯罗斯托夫国立交通大学、库兹巴斯国立技术大学、库兹巴斯科教中心、托木斯克国立大学4所高校和机构的5个专业开展了本科生、硕士生联合培养等项目，并与库兹巴斯国立技术大学开展了1项博士生联合培养项目。与马来西亚多所高校开展教育合作，为管理类等专业学生搭建平台攻读硕士或实践交流平台。克服疫情影响，继续与东南亚和中亚等国家的教育机构合作，招收来华留学生17人。与俄罗斯、白俄罗斯等国家合作，聘用俄语语言教师和艺术类专业教师6人来校或线上任教。

2. 中外人文交流

继续发挥“中俄青少年发展研究中心”（中俄人文合作工作机制）作用，接收伊万诺沃国际教育中心（国际儿童院）学生来校交流和学习，并应邀参加中俄“友谊之路”暨庆祝中国共产党建党百年座谈会。在伊万诺沃化工大学开设了汉语教学中心，本年度约100人次在中心学习汉语和中国文化。“中俄科教合作交流平台”获批重庆市国际化特色项目立项建设。应邀参加第六届东方经济论坛“中国重庆市—俄罗斯克麦罗沃州教育合作洽谈会”，在会上学校校长黄伟九代表重庆市内高校发言。与俄罗斯克麦罗沃州内库兹巴斯国立技术大学线上签署《材料成型与控制工程》“3+1”本科联合培养协议以及“矿山机械及综合体”“机械工程”“化工技术”等专业的博士研究生联合培养协议。师生代表重庆市应邀参加第七届中俄“长江—伏尔加河”青年论坛，论坛加深参会同学对俄罗斯国家文化以及增进新时代中俄青年友谊使命的理解，为同学们今后赴俄学习打下良好基础。

3. 中外合作办学

与美国北卡罗来纳大学威尔明顿分校合作开展数学与应用数学本科教育合作办学项目，本年度招收73名学生，项目在校生250人。学校与俄罗斯库兹巴斯国立技术大学联合申报学校第二个中外合作项目，项目申报材料已报送教育部。与俄罗斯托木斯克理工大学继续推进材料科学与工程专业本科联合培养教育“2+2”项目，2021 级留俄国际班，招收 14 名学生。该项目有留俄学生 39 人，其中 22 人获留基委本科插班生或硕士项目资助。与俄罗斯托木斯克建筑大学继续推进土木工程专业本科联合培养“2+2”项目和环境设计专业本硕联合培养“4+2”项目，本年度有 8 名学生参与项目班级，人数达 16 名。与库班体育运动与旅游大学继续推进体育教育和运动训练硕士项目，有 7 名学生获硕士入学资格，现有 10 名学生在外攻读硕士学位，其中 1 人获国家留学基金委资助。与俄罗斯托木斯克国立大学合作开展视觉传达专业和机器人工程专业本科联合培养“2+2”项目，现有 18 人参与项目。与俄罗斯库兹巴斯国立技术大学合作开展电子信息科学与技术专业本科联合培养“2+2”项目以及博士联合培养项目，现有 20 人参与项目。

4. 国际化师资建设

完成 2021 年西部地区人才特别培养项目、国家建设高水平大学公派研究生项目，促进与俄乌白国际合作培养项目申报工作。做好因疫情不能按时派出的公派项目录取人员留学资格延期相关工作。聘有长期外籍教师 7 名（4 人线上授课），涉及语言、艺术、材料科技等专业，主要来自俄罗斯、白俄罗斯和奥地利等国家，其中有博士学历学位 2 人。中外合作办学项目聘有 8 名美方教授或博士开展网上授课，主要涉及数学和英语等相关专业课程。通过各类海外引智项目，协助聘请外籍高水平专家或博士 50 多人，本年度主要通过网络开展工作或交流。

5. 国际化人才培养

与四川大学合作，为学生开设英语雅思、托福培训班，50 多人参加了培训，进一步提高学校学生国际化能力。有 30 多名学生取得出国本科插班、攻读硕士或交流学习的资格，虽然受到疫情的不利影响，但大部分同学已赴国外就读。因疫情，学校只新招收 17 名来华留学生，留学生总人数为 47 人，分别来自 9 个国家。采取差异化人才培养模式，努力提高留学生培养质量。

6. 教育涉外监管

加强外籍教师管理，依法依规聘用，严格规范管理。同时，加强外籍教师课堂管控，严守意识形态阵地。加强涉外交流管理，对涉外讲座、学术会议严格审查，全年审核自科类学术会议或讲座（线上）申请 4 项，无违规现象发生。加强中外合作办学和联合培养项目的管理，严格执行教育涉外监管相关规定，审核中外联合培养或合作协议 6 项，同时对中美合作项目的课程设置和教材引进严格把关，保证社会主义办学方向，保证人才培养质量。

校友工作

1. 规范内部管理

通过2020年度校友会审计和年检工作，继续完善校院两级校友工作机制，深入学院开展调研，进一步指导推进开展相关工作。指导校友分会建设，密切情感联系。校友总会先后走访浙江，四川广元、内江，重庆渝北、垫江、武隆、永川等地校友会。参加浙江校友会、内江校友会成立大会、星湖写作社校友会年会。筹备成立创业校友会，进一步推动巴南、开州、永川校友会换届。组织永川校友会节目《母校时光》，参加学校庆祝中国共产党成立100周年文艺晚会。二级学院校友分会走访慰问深圳、南川、酉阳、潼南、万州等地校友，进一步增强了母校的号召力，增强了校友对母校的向心力和凝聚力。

2. 校友会换届工作

筹备换届工作以来，经多方征询、认真酝酿，提出了校友总会第三届理事会换届拟任人选名单，制定了校友总会第二届理事会换届方案（征求意见稿）。通过重庆市教委组织的教育行业社会组织拟任负责人答辩，严格按程序完成了校友总会理事会换届拟任人选的报批工作，市教委批复同意召开换届选举大会。

筹备第八届校友会年会暨理事会换届大会，制定第八届校友会年会暨理事会换届大会活动方案、议程、指南、通知。起草欢迎辞、讲话稿、校友会第二届理事会工作报告、重庆文理学院校友会章程（修订稿）。评选优秀校友5人、优秀校友会5个、优秀校友工作者10人。组织培训学生志愿者队伍，通过召开相关部门和各学院协调会议，明确了各部门和学院校友的联络和任务安排，就校友的接待、食宿、活动等相关工作提出要求，大会进行了彩排，为正式举办大会相关活动做好充分准备。

3. 凝聚校友力量

试运行校友服务平台，加强校友信息库建设，扩宽校友信息收集渠道，本年度累计整理校友信息1万余条。撰写校友风采通讯稿10余篇，讲好校友故事，弘扬榜样力量。校友会官网和微信公众号累计编（转）校友文苑、校友活动等各类信息150余条，关注校友达5万余人次。完成《校友之家》会刊第10期纸质与电子版编辑、发行、寄送和推送工作。编辑推文《校友快讯》，及时报道学校、校友最新大事喜事，形式方便快捷，深受广大校友欢迎。发送节日祝福短信2万余条，向校友邮寄重庆文理学院报（申硕专刊），与100余个校友微信群、QQ群互动，畅通母校与校友交流渠道。

整合校友资源，支持学校招生就业、人才培养、专业建设、师范认证、科研成果转化、乡村振兴等方面工作。搭建校友及其单位与学校合作桥梁，推动校地合作、校企合作项目。促成与内江师范学院、内江职业技术学院、内江市教育局签订合作协议，推动二级学院与重庆雯羽体育文化传播有限公司等多家企业合作，协助校友企业返校招聘。

举办校友论坛，搭建校友与在校生之间的交流互动平台，使在校生零距离感受校友在人生、社会、事业、生活等方面的有益经验。本年度举办各种形式的“校友讲坛”10余场，邀请多位校友回校与在校生交流，共同分享校友们的成功与快乐，服务学校人才培养。开展毕业季校友活动，选聘124人为毕业班校友联络员，加强毕业生和母校的联系，邀请优秀校友代表参加毕业典礼。组织“铭记校史·传承精神——2021届毕业生参观校史馆”活动，推送《欢迎加入校友大家庭》《新校友你有一封信待查收》等微信公众号推文，增强毕业生校友意识的培养。

做好校友秩年返校服务，中文1976级、中文1978级、政史1988级、音乐1989级、原渝州教育学院英语1989级、小教1998级、物理2007级校友返校聚会，增进了校友与母校情感交流，温暖校友爱校之心。校友总会坚持开展校友工作部学生干部例会和值班制度，定期开展各类培训，在联络、接待、服务校友的各项活动中，锻炼学生们的服务意识、组织协调能力和交流沟通能力。提供校友服务，满足校友个性化需求，以点对点形式全心全意做好服务工作，为校友企业与母校及各学院的合作传递信息、搭建平台。为身在异地工作繁忙的校友提供办理毕业证、学籍证明等具体实际的服务，五一、端午节、春节等向校友发送祝福短信，让校友充分感受到母校的关爱和温暖。

4. 基金会工作

整理填报2020年基金会审计和年检的相关材料，圆满完成了2020年度基金会审计和年检工作，考核结果为合格。充实和完善基金会管理制度和岗位职责，新增《基金会重大事项报告制度》等 7 项制度，修订“基金会会计和出纳”岗位职责，进一步规范了基金会的组织和活动，加强了基金会的制度管理。更新和维护基金会网站，强化工作宣传和信息公开。基金会的每一笔捐赠、每一个项目评审和颁奖、每一位获奖者的感言都及时在网上发布。新增“党建工作”专栏，进一步丰富了宣传内容、强化了信息公开。

加大宣传力度，培养捐赠文化，精心策划推出“校友树网上捐赠平台”和“重庆文理学院校友捐赠平台”两大在线捐赠平台。在毕业季推出“感恩母校—校友树”认捐活动，校友树挂牌成为校园文化建设一道亮丽的风景线。基金会指导和协助各二级单位精心组织项目评选，完成“成都校友会奖学金”“招商局铝业工程师奖学金”“三友助学金”“云日人力资源奖学金”“迪康药业奖”“陈亿校友基金”等项目的评选和发放。2021 年，基金会签署捐赠协议 18 项，实际到账金额 65 万余元，奖助师生 156 人，奖助金额 38 万余元。

保障与服务

BAOZHANG YU FUWU

基建工作

1. 完善基建管理制度

规范学校基建工程招投标活动，制定《重庆文理学院基建工程招标管理办法》（重文理后〔2021〕3 号）。新增《重庆文理学院基建项目监理聘用规定》（重文理后〔2021〕9 号）。开展制度学习和交流，提升政策理论水平并用于实践指导，按照基本建设程序实施基本建设，将项目立项、招投标、预结算等基建管理制度贯彻落实到实践工作中。严格执行“权限管理”“分级审批”的制度，将多级监督体系贯穿建设全过程。随着从业人员的规范意识、规矩意识逐步强化，监督管理举措到位，基建管理的各项制度都得到良好执行和落实。

2021 年，办理基建合同 30 余份，完成工程结算项目 70 余项，收方 42 次，核图 5 项，完成付款申报 90 余项，涉及金额 2 200 余万元。

2. 规范招投标工作

按照重庆市教委和永川区的相关规定，学校基建项目立项管理规定及程序，严格执行立项审批制度。学校基本建设项目立项管理领导小组组长谭宏副校长先后于 4 月 13 日和 11 月 17 日召集基建处、发展规划处、科研处、教务处、审计处、后勤管理处等相关部门召开基本建设项目立项论证会，审议并通过学校 2021 年和 2022 年附属工程项目库、2022—2024 年基本建设三年分期规划项目库。做好 2021 年学校基建项目立项审批和备案工作。截至 12 月上旬，开展 2021 年不可预见的零星维修项目、红河校区停车场建设、党团教室装修、体育学院办公室改造设计等招标 20 余项。

3. 重点工程项目

3 月 23 日，星湖格物楼等实验室、实训室及其环境改造工程通过预验收。4 月 29 日，工程通过竣工验收。5 月 6 日，正式移交园林与生命科学学院并投入使用。

红河校区 A 区综合实训大楼装修工程为学校与永川区新城建设管理委员会共建项目，申请专项债券 7 500 万元，经双方多次协商，已完成项目初步设计、概算编制及审定，施工图的审核与优化，最高限价编制及复核。11 月 24 日，由新城建管委委托的第三方审核公司完成项目预算审核报告。按学校与区新城建管委的合作推进进程，由区新城建管委（永川区惠通建设发展有限公司）启动招投标事宜。学校全力配合永川区新城建管委、相关监管部门、使用单位、监理单位等对项目建设目标进行严格控制，保证工程质量、投资、进度目标，力争 2022 年 12 月底完成整体竣工验收。

配合永川区开展红河 A 区学生（研究生）公寓的建设工作，该项目由永川区政府投资修建。目前，项目方案设计已经通过永川区规委会审核，立项申请已报重庆市发改委。9 月 7 日，学校在恪勤楼 204 会议室召开该项目的工作推进会，就设计进度与阶段设计成果分别与校内相关职能部门进行充分沟通。截至 12 月底，项目已完成地质勘查初勘和详勘、初步设计，正在进行施工图优化设计中。

4. 开展“我为群众办实事”基建项目

学校党委行政聚焦“我为群众办实事”，主动满足师生需求，新建红河校区菁华广场室外停车场，改建知津楼后东门停车场。12 月 1 日，新建红河校区菁华广场室外停车场和改建的原东门停车场正式启动使用。此次启用的两个停车场总面积为 4 871 平方米，188 个车位，有效缓解师生员工停车难问题。

学校心理健康教育中心改建项目已于 12 月 13 日全面完工，并移交给学生工作处投入使用。星湖校区学聚苑自习室建设工程项目是学校暑期“1 号项目”。涉及该项目的基建管理人员暑假期间均未休息，冒着酷暑全力推进项目实施。为保障工程质量和施工进度，该项目设立 2 个党员示范岗，通过不懈努力和坚持，项目于 8 月 18 日完工，比目标工期提前 12 天，确保学生秋季开学后立即投入使用。

5. 校园维修改造及整治工程

落实市委巡视交办的重点整改项目——星湖校区消防水系统建设工程。该项目从 6 月中旬启动以来，仅仅两个多月便完成报建、初设、审图、施工图设计及清单编制与招投标。9 月正式开始动工，11 月 25 日开始分段通水，11 月 30 日星湖校区全面通水，提前一个月实现星湖校区消防供水全覆盖，按期兑现学校党委向市委巡视组作出的政治承诺。

开展民革之家改造、化学研究室维修、协同创新中心维修、材料科技楼维修等零星维修项目 30 余项，校园基本条件得到进一步改善和提升。开展校舍安全及防汛工作检查，全面检查星湖校区校舍、后山排洪沟渠、沿湖堤岸、生化池、重点堡坎、供电设备等。制定方案并落实红河 A 区北线地下车库、综合实训楼工地、AB 区地下通道、B 区一号实验楼、B 区学生宿舍、重点区域水泵房等项目的整改。

财务工作

1. 经费管理

完成2021—2022学年开学收费、日常学费收取、日常资金收支结算、票据管理和校园一卡通充值办卡等工作。2021年度，实现非税返还上缴收入17 557万元，其中普招生学杂费收入15 449万元，成教自考等收入1 944万元，计算机、等级考试等收入142万元，资产处置收入22万元。通过校园一卡通系统收取各类充值款项共计4 990万元。其中现金充值款93万元，通过收费平台充值收款4 990万元，其中支付宝充值773万元，银联转账26万元，微信充值4 191万元。

实行银行存款周报制，预警现金流风险。每周一上午资金科提供当前学校所有银行账户的实有金额及与上周金额的对比数。一方面，能及时掌握学校的现金情况，对可能出现的现金流风险提前防范；另一方面，能随时关注学校的零余额账户资金情况，加强对财政资金使用进度的监控。

完成校园一卡通商户代收款结算工作，按期编报各月学费、校园卡代收费等统计报表，及时与会计核算科衔接清理核对校园一卡通账务。

开展全面深入讨论，解放思想，集思广益，促进“开源”。为增强二级部门争取外来资金的动力、加强资产管理和深挖创收潜力等，出台《重庆文理学院筹资发展奖励办法（试行）》《重庆文理学院仪器设备有偿使用管理办法（试行）》，规范校内停车服务管理，建立智能化收费系统，提高校内停车收费的上缴率，加大科技成果转化奖励力度，促进科技成果加速转化。

2. 预算管理

2021年，学校重点项目国家“双万计划”、文化与传媒学院演播实训室建设、普通话考试教室升级改造、英语四六级口语考试标准化考场建设、实验实训条件建设、新药安评费、国家级平台建设（靶向药物），重点专项开支总计1 730万元。在财政拨款未增加的情况下，为全力保障学校重大事项经费开支的正常运行，积极谋划缩减常规运行经费，在不影响学校正常运行的前提下，解决了各重大专项经费的来源问题，为学校疫情防控、申硕、科研及发展贡献最大努力。

优化预决算管理，强化预决算公开工作。坚持预算控制为导向，提高资金使用效率。截至 2021 年 12 月，实现收入 61 802.17 万元，其中财政补助收入 38 581.18 万元，事业收入 21 937.26 万元（教育事业收入 12 979 万元，科研事业收入 3 312.96 万元），其他收入 1 283.74 万元。全年预算支出 60 497.7 万元。以预算控制为基础，严格执行财务内部控制制度，确保各项资金按既定用途、既定进度，安全有序使用。现金日清日结，银行支付多环节复核，保证资金安全。暂存、暂付往来款项按月清理，据实分析，最大程度上确保应收尽收，降低往来款项账面金额，降低坏账风险，提高学校资金使用效率。

强化预算编制，召开工作布置会，加强各部门对预算编制的重视程度。各部门指定长期、稳定的专人负责每年的预算编制。除常规使用经费外，新增的专项工作资金，必须进行前期论证，并提交使用论证报告，内容包括项目的必须性和可行性，项目的前期论证情况，资金支出标准和数量，资金的分年度使用计划以及预期效果。与校内其他部门联动，减少不必要的开支。利用“绿色校园”创建活动契机，出台《重庆文理学院市级绿色学校创建行动方案》，明确校内会议，学校不统一提供矿泉水。

3. 会计核算工作

严格按照国家法律、法规以及学校各项规章制度，组织开展会计核算工作。各项收支规范有序、进度合理，全面保障学校各项事业发展需求。截至 2021 年 12 月，财务核算录入凭证 147 606 笔，累计支出 60 497.7 万元。

优化财务报销模式，并根据新模式运行反馈出来的问题，积极思考、谋划，采取行之有效的措施，财务服务质量和效率得到不断提高、优化，财务服务效能得到提高。强化往来款项管理，往来款项余额较上年末减少 1 000 万元左右。根据上级部门新校区概算调整的要求，配合会计师事务所及时完成新校区建设以来近 18 年的基建项目决算工作，完成地恩公司注销涉及的固定资产、材料、债权、债务的并账工作。

4. 财务管理工作

完成 2021 年所得税申报及 2020 年度个人所得税年度汇算，上线增值税电子票据系统，完成了培训费、技术服务、咨询服务等项目开具电子票据，下一步将通过接口对接网上收费平台，将需要开具增值税的项目直接由平台推送。开展财务系统与科研系统对接，已完成新建项目的财务来款认领、新项目立项、预算下达、额度分配等对接工作。

审计工作

1. 配合上级巡视审计工作

根据学校的统一安排，审计处 2 名同志积极参与本年的巡视巡查工作，并圆满完成了有关任务。9 月 8 日至 11 月 12 日，审计处 2 名同志全程配合市审计局农业农村处完成对学校党委书记孙泽平和校长黄伟九同志的经济责任审计。

2. 常规审计工作

按照学校 2021 年党政工作要点，根据学校党委组织部的委托，结合纪检、监察、组织、人事、审计等部门组成的联席会议要求，本年度完成对图书馆、文化遗产学院/国际教育学院 2 个单位领导干部的任中经济责任审计工作。通过审计，客观公允评价被审计人员任职期间的经济责任，促进干部认真履职尽责。

根据《重庆市 2021 年教育审计工作要点》，按照学校党政工作要点和年度审计工作计划，自 2021 年 6 月 14 日至 11 月 22 日，对学校 2019—2020 年度招标项目开展审计。审计过程中，重点对招标项目的规章制度建立健全情况、预算立项、招标程序是否规范、招标项目资金拨付、质保金给付、档案资料归档等方面进行审计，审计金额 6 510.49 万元。审计发现个别项目未按合同约定保留履约保证金、个别投标人的投标保证金未及时退还、采购档案管理欠规范等问题，及时提出审计建议。

严格按照《重庆文理学院经济合同审计签证办法》要求，审签采购合同、办学协议、建设工程合同、绿化合同、维修改造等各类经济合同 261 份，审签金额 7 266.1 万元。审签过程中发现合同条款缺失或存在争议的经济合同，经与合同经办部门沟通和协调，经济合同中的相关条款都予以修改和纠正，保障了学校合法权益。

完成《沪港通背景下沪港股市相依结构研究》《四类集中连片特困地区农村人口空心化治理体系研究》等 6 个结题项目的审签工作。

参与并完成 71 项基建维修工程收方验方和 3 次工程竣工验收的监督工作，掌握维修工程有关工程量和工程质量的重要资料。严格按照《重庆文理学院基本建设预结算管理办法（修订）》文件的有关要求，完成学校党团教室装修等 6 个工程项目招标控制价审核工作，送审预算金额 1 031.69 万元，审定金额 1 016.13 元，审减 15.56 万元，审减率为 1.51%。完成 47 个工程项目结算审核工作，送审结算金额 5 777.37 万元，审定金额 4 996.41 万元，审减 780.96 万元，审减率为 14.62%，有效降低了学校建设成本。

3. 审计整改工作

根据《重庆市教育委员会关于做好 2018—2019 年度预算执行和财务收支审计查出问题整改工作的通知》《重庆文理学院 2018—2019 年度预算执行和财务收支专项审计报告》要求，学校党政高度重视，召开专题会议认真研究，对报告中要求整改的有关事项进行逐条梳理，形成整改台账，校内有关单位按要求在规定的时间内完成所有问题的整改工作。并将整改报告及其问题整改佐证材料一并上报。

加大审计整改跟踪力度，提高审计实效，年初，对 2020 年审计中查出的问题进行了综合分析、分类梳理，实行“台账”式编号管理，加大整改跟踪力度。根据“台账”及时向有审计问题的单位制发审计整改通知书，要求限期予以整改，对反馈的整改结果进行跟踪验证并销号，2020 年度审计发现的所有问题都得以全部整改完备。

4. 工程监督可视化

工程监督可视化是监督人员可以通过该项工程实施过程的现场图片或视频资料确定该项工程项目的真实性和完备性。核心是要求现场工作人员在整个工程施工过程中采集关键施工图片或视频资料并存档，以确保工程实施关键过程可再现。它一方面有利于促进施工人员和现场管理人员认真履职尽责；另一方面有利于监督人员更加大胆清晰判断，监督更加到位，有效维护了施工单位和建设单位的合法利益。

5. 审计队伍建设

本年度，有 3 人次参加由市内部审计协会举办的有关领导干部经济责任审计的学习培训，有 2 人次参加有关全过程跟踪控制审计、外聘中介机构工程审计项目的质量控制的学习培训。鼓励审计人员积极从事审计研究是在完成日常审计工作后采取的又一重要举措。学校提交的《高校价值增值型内部审计模式探析》一文获重庆市内部审计协会组织的“新时代内部审计的新担当新作为”理论研讨活动三等奖。

国有资产管理工作

1. 制度建设

按照《关于印发〈重庆文理学院规章制度清理工作方案〉的通知》，清理完成部门相关制度，出台《重庆文理学院人才安居实施办法》《重庆文理学院人才用房申购办法》《重庆文理学院公用房管理暂行办法》。根据《中华人民共和国政府采购法》《重庆市 2020—2020 年政府集中采购目录及限额标准》等有关文件精神，落实“放管服”改革，减少办事环节，提高工作效率，出台《重庆文理学院投标人诚信管理办法（试行）》。

2. 资产管理

按照巡视和审计工作安排，配合巡视组和审计组开展相关工作，及时准确提供巡视组和审计组要求的材料。针对巡视和审计提出的问题，认真分析研判，举一反三，立行立改。特别是对一些时间较长的遗留问题的整改，通过查阅相关档案资料，问询当事人，收集各项信息资料，报审报批，坚决整改到位，全面完成巡视整改任务。

按照《重庆文理学院仪器设备有偿使用管理办法（试行）》规定，根据年度工作安排，结合学校资产管理实际，开展开放共享资源调研。完成第二批共享设备审核，推动符合条件的科研设施与仪器开放共享，并建成设备共享网站，将信息完备的共享设备在网上展示设备的实物资料、设备有关性能指标和测试项目等。制定《重庆文理学院公用房管理暂行办法》，完成学校房间信息收集，为下一步推进公有房有偿使用打下了基础。

学校固定资产、无形资产总量达 21.39 亿元，2021 年累计新增资产 4 700 余台件，原值 2 889 万余元。资产价值增长较上一年度同比上涨近 36%，国有资产总值保持持续增长。

按照国家税务机关关于发布《研发机构采购国产设备增值税退税管理办法》规定，结合学校实际，根据永川税务部门工作要求，提供了全部退税票据资料，进行了实物的管理和使用核查，完成了 2019 年 1 月至 2020 年 3 月采购的国产设备退回增值税的工作，获得退税 21 万余元。

资产出租出借工作开展有序，管理更加规范。按照《重庆文理学院国有资产出租出借管理办法》规定，规范管理经营性资产出租行为，对 27 处门面用房进行了招租。结合营商环境，出租前对租赁户反映较多的出租区域进行了市场调研，调整了出租底价，在保证出租程序规范的情况下，兼顾了市场的合理性，资产出租收益稳步增长。

本年度，完成 4 000 多台件、原值 2 000 万余元资产的验收审核和台账管理工作，完成质保验收 27 批次，应退质保金 70 万余元。根据年度资产清查工作安排，为更好地推动学校办学相关条件建设工作，保证数据准确性，完成了固定资产的全面清查工作。首次推出网上清查系统，对 25 个单位进行抽查。各部门根据资产管理系统台账，分别组织清查，全校教职员工根据自己管理和使用的资产，通过网上清查系统进行清查，提交清查结果。根据各单位提交的清查结果编制了清查报告，根据各部门申请，经组织论证，按程序审核审批，共进行资产报废申报事项 6 批次，共计 3 930 台件、原值 964 万余元。及时完成相关账务调整和资产信息系统数据更新工作，并进行资产残值处置。按有关规定和主管部门、主控部门要求，按时完成了各项报表的上报工作。根据工作开展需要，每月按时完成行政事业性国有资产月报、高基报表和状态数据表等数据的收集、整理，并在规定时间进行上报。

妥善完成星湖校区商贸小区关停，鉴于商贸楼建成年限较长，相关配套设施不完善，存在一定的安全隐患。原经营户使用液化气罐等危险品，存在严重安全隐患，为确保学校及相关方的安全，从根本上消除隐患，资产处与经营户反复多次耐心沟通，停止了商贸楼相关经营活动，并妥善处理好关停善后事宜，解决了多年难以解决的难题。

3. 政府采购

本着服务学校发展，做好物资保障的基本原则，统筹安排，有序完成采购任务，及时满足教学科研物资的需求，保障各项活动顺利开展。

本年度，线上线下招标采购 127 个项目，合计金额 3 775 余万元。其中现场招标采购 53 次共 60 个项目，成交金额合计 2 672.65 万元；网上招标采购 50 个项目，成交金额 602.74 万元（网上竞采 26 个项目成交金额 197.16 万元，协议供货 18 个项目成交金额 385.79 万元，货物超市 4 个项目成交金额 9.79 万元，服务超市 1 个项目成交金额约 5 万元，竞价网 1 个项目，成交金额约 5 万元）。

根据财政部和重庆市财政局《关于开展政府采购意向公开工作的通知》要求，完成政府采购项目意向公开 15 项，合计金额 2 061 余万元。

根据使用部门提供明确完整的技术、服务和安全等采购需求，按照政府采购法律法规，编制、审核和讨论招标文件，严格执行政府采购相关的规章制度。在重庆市政府采购网或行采家或其他采购平台公开发布采购公告，做好采购信息公开工作，确保招标采购信息公开透明。完成申报政府采购项目 29 个，合计金额 2 599 余万元。

完成评审专家的抽取 50 次，合计 114 人次。按规定组织或参与现场招标采购，完成采购过程记录，及时应对各种突发事件，收集整理采购的相关档案。合同审核严格把关，根据招标文件和投标文件逐一审核采购合同，提出修改意见，维护学校的利益。完成政府采购合同登录 31 项，合计金额 1 633 余万元。参与完成采购项目综合验收 64 次，合计合同金额 1 500 余万元。

图书情报工作

1. 文献资源建设

深入二级学院和科研院所进行文献资源需求和信息服务调研，通过对化学与环境工程学院、电子信息与电气工程学院、人工智能学院等单位进行资源需求走访调研，深入了解各学院专业和学科建设以及教学科研对图书文献资源的需求情况和信息服务需求情况。

针对学校重点学科、师范认证专业等需求，采购中文图书 5 207 种，13 641 册。完成 2022 年中文报刊征订工作，其中征订纸质期刊 372 种、报纸 25 种。积极做好图书捐赠宣传，接收捐赠图书 418 册。完成过刊装订 1 880 册。完成图书数据及馆藏修改 309 册。本年度全校编目典藏图书（包含资料室）14 622 册，其中图书馆编目典藏图书 14 247 册。

扎实做好各项文献资源建设工作，完成 2022—2023 年中国知网数据库 CNKI 的申报及建设论证、招标采购和合同签订工作。完成社科类数据库、音乐数据库等 6 个数据库的招标工作。积极与各类数据库公司联系试用数字资源，全年新增数据库试用 32 个、数据库试用续用 4 个，包括《ASP 世界音乐与舞蹈在线数据库》《当当读书校园版》《公图艺术资源 O2O 服务平台》《人大基础教育同步课堂》等数据库。积极参与图工委新一轮资源共建共享工作，拓展学校数字资源获取途径。截至 2021 年 12 月，全校文献总量 291.3 万册，其中纸质图书 200.3 万册，电子图书 91 万册。

2. 图情服务

为读者提供了足够的开放时间和空间，最大限度地满足读者在时间、空间上对图书文献的需求。认真完成日常归还图书的分类上架、期刊上架、自习室管理、办证等大量烦琐细致的工作。做好毕业生阅读记忆清单的发放及毕业生图书催还、超期款催缴工作。认真做好读者微信留言回复工作，回复读者留言 1 000 余条，共接待读者 60 余万人次，借还书 6 万余册。

在传统参考咨询服务基础上，继续开展好代查代检、课题检索、文献传递、专题报告等服务。2021 年编制《图书馆资源利用年度报告（2020 年）》，制作《重庆文理学院专利分析报告 2009—2020》和《重庆文理学院 2021 年 WOS 科研成果分析报告》，对学校准备引进人才论文进行查收检索，出具首份校内高被引证明，通过盈科文献传递系统传递文献 2 000 篇。

针对学校重点学科建设，利用情报信息网络和文献资源，主动收集学科信息，进行信息提取、加工和数据分析，为相关学科建设提供图书数据统计和决策支持服务。为土木工程、教育学院、体育学院、化学与环境工程学院等学院提供图书资料统计支持。完成材料科学与工程、环境科学与工程、教育学、社会学、园艺学、机械工程学等 6 个重点学科的学科快报制作，编印《高等教育动态》共 16 期。

采取不定期形式深入各二级学院资料室进行检查指导，并提出资料室建设意见和建议。为提升各学院资料室管理人员业务能力，进一步做好读者服务工作，在博文馆 115 室召开“过刊编目和金盘系统客户端使用”培训会。通过培训，使资料室管理人员对过刊编目和金盘系统客户端使用有了进一步的了解，为各学院的期刊编目、数据统计填报、教学科研服务提供了有力保障。

开展学生座谈会、资源利用问卷等形式的读者调研活动，收集读者意见建议，并及时形成反馈意见、调研报告。针对考研学子急需安静舒适学习空间的问题，在调研基础上充分利用有限资源，将星湖校区弘文馆 304 室和红河校区博文馆 401 室进行清理和调整，打造总共占地 1 100 平方米可容纳 700 个读者的考研自习室。图书馆考研自习室建设不仅解决了教室供应不足问题，而且为学校考研学子提供了便利和舒适的考研空间，已申请考研自习室的考研学生们对该自习室赞不绝口。

指导社团开展换届改选、评优评先工作，对社团的内部管理工作进行指导，在依托社团开展的各项活动中，对活动的策划、宣传、组织实施、活动的评奖等各环节进行管理、协调和支持。

3. 书香校园

在博文馆 203 室和弘文馆 101 室精心打造中国特色社会主义思想理论书屋和专题书架，对室内进行文化氛围营造软装饰，调整室内布局，将思想理论著作资源及党史资源整合于专用书架，供全校师生进行专题学习。通过党史教育空间改造，结合馆内丰富的文献资源，打造出了沉浸式、立体式、体验式的多功能红色教育学习基地。

4月14日至5月19日，开展主题为“书香润心灵、阅读促成长”的读书文化月活动。开展图书捐赠活动，组织举办“国学经典朗诵大赛”，400余名学生报名参赛；组织举办“书山寻宝”活动，1 000余人报名参加；组织举办以“校园溢满书香，好书伴我成长”为主题的读书分享会活动，参赛者分享优秀书籍及阅读感悟，有200余人报名参加活动；组织参与永川区2021年庆祝中国共产党成立100周年暨“4·23世界读书日”活动，图书馆组织选送的《苦难辉煌》书籍分享获得观众好评；组织参加川渝地区“图书馆杯”全民英语口语大赛，学校共有193人参与了该项活动，有4人进入网络复赛；开展“特别还书日”活动，减免金额近5 000元。各项活动有序开展，学生参与热情高，进一步激发了学生的读书热情，培养了学生良好的阅读习惯，引领了阅读新风尚，对推动学风建设和校园文化建设起到了积极的作用。

11月10日至12月8日，开展了主题为“不忘育人初心、牢记服务使命”的服务宣传月系列活动。活动主要包括免费文献传递服务、走进科研院所、资料室管理员业务培训、特别还书日、2021年川渝高校信息素养大赛、雅韵书香环境装帧艺术设计大赛、新生借书有礼、读者座谈会、博文微课、数字资源推广和宣传等活动。其中特别还书日免除超期金额近2 000元，有77名学生参赛“2021年川渝高校信息素养大赛”学校选拔赛并选拔3人参加省赛；“雅韵书香环境装帧艺术设计大赛”活动参与人数463人，参赛作品493件。通过形式多样、内容丰富的服务宣传活动，提高了读者阅读素养和人文素养，提高了图书馆对学校教学科研的服务质量和水平。

开展“手绘风筝节”“汉服文化节”“手绘灯笼节”等形式多样的阅读推广活动，其中活动参与人数1 000余人。开展“借阅达人”和“年度优秀读者”评选活动。通过线下“读书分享会”，收集优秀的书籍分享内容，经过编辑和审核，发布在图书馆微信公众平台，扩大了书籍分享的受众面。

4. 信息素养教育

对全校19个学院、5 000多人进行关于图书馆基本馆情、书目检索、数据库利用等内容的培训。在形式上将新生入馆培训视频、多媒体教学及新生体验式参观相结合，增进了新生对图书馆的了解，激发了他们利用图书馆阅读、学习的积极性，提高了培训质量。

结合移动互联时代特点，将传统线下培训内容进行整合，借助移动终端开设了“博文微课程”，目前，已制作了 6 期微课程内容，包括“搜索伴侣—listary”“搜索引擎的分类”“搜索引擎的原理”“搜索引擎之布尔逻辑的应用”“搜索特定网站 site 语法”“经纶发现、惊奇发现”“学术菜鸟选刊发文（一）”新生入馆教育系列等。开设“信息素养与论文写作”课程，开设 2 个班级，选课学生人数近 80 人。

档案工作

1. 档案查询利用服务工作

克服疫情影响，在严格执行相关程序和规定前提下，优质高效提供了学籍、会计、科研、党群、基建等档案查询服务工作。提供查询服务中，既严格标准，又热情服务。提供查询利用服务过程中，做到了无差错，档案利用人员满意度高。特别是在学校接受巡视和经济责任审计期间，档案馆全体人员以高度的责任感和务实的工作作风，全天候提供了档案查询利用服务。

针对广大校友查阅档案需求越来越多的情况，加之疫情防控的需要，进一步做好了广大校友学籍档案远程服务工作，让广大校友足不出户就能完成查档工作。为做好此项工作，档案馆与校友会联系，将查档服务指南在校友群广为宣传。部门每一名党员职工认领一件实事，党员实行值周制，每一周由一名党员负责，全年完成 500 余名校友的远程服务业务。校友档案远程服务工作得到了广大校友的充分肯定和好评，纷纷给档案馆来电来信感谢学校、感谢档案馆、感谢热情接待服务的老师。

2. 学籍档案数字化工作

利用部门设施设备，部门人员齐心协力、加班加点，完成 2020 届学籍档案数字化工作。2020 届每位毕业生的信息录入非常详细，姓名、性别、身份证号、毕业证号、学位证号、所在学院、专业、班级一应俱全，查询十分方便，输入任何一个信息都可以查询，避免了过去查询容易出现重名的现象，此项工作节约了成本，提高了部门人员业务技能，为广大校友提供方便快捷的查询利用服务打下了坚实基础。

3. 2021 年度全校归档工作

为做好本年度归档工作，部门召开了专题工作会，就 2021 年学校归档工作进行了研讨、安排和部署，下发了关于做好 2021 年归档工作通知，对相关要求进行了规范。安排专人，对接每一个归档单位，协调指导归档工作。做好了离校学生留在二级学院的档案收集工作。本年度全校归档质量较往年有新进步，新提升。

4.《重庆文理学院年鉴（2021）》编撰工作

为做好《重庆文理学院年鉴（2021）》的编撰和出版工作，部门进行了精心安排，周密部署，安排精干人员进行组稿工作。特别是利用暑假和周末，精心进行组稿工作。全书 23 万余字。经书面请示国有资产管理处，同意采用询价方式进行出版，在多方询价、权衡价格和质量基础上，部门询价小组确定了本年度学校年鉴出版单位，进展顺利，稿件已交付出版社。

5.“信仰的力量：入党志愿书里的档案故事”活动

2021 年，“信仰的力量：入党志愿书里的档案故事”活动进一步拓展深入，在全党深入开展党史学习教育之际，学校党委组织部和档案馆联合打造，以学校老党员入党志愿书为依托，深挖红色档案资源，创新档案开发方式，将尘封的老档案转化为党史、教育和艺术资源，创作为红色档案故事，传承党性育人红色基因，发挥档案育人功能，引起良好的社会反响，为创新档案资源价值发挥提供了生动案例。

走进党课：4 月和 10 月，在第 75、76 期入党积极分子培训班中，“信仰的力量：入党志愿书里的档案故事”入选学校党校党课第一讲，全校入党积极分子通过现场或直播观看学习。

5 月和 10 月，在第 6、7 期党员发展对象培训班中，“信仰的力量：入党志愿书里的档案故事”被邀请走进党校第一课并成功开讲，全校党员发展对象通过现场或直播观看学习。

联合主题党日活动：5 月 19 日下午，由文化与传媒学院党总支、机关第一党总支、机关第二党总支、材料科学与工程学院党总支、图情党总支联合开展的“信仰的力量：入党志愿书里的档案故事”主题党日活动在学校恪勤楼 304 多功能报告厅举行，300 余位师生参与活动。

媒体刊发：5 月，重庆文理学院校报刊发题名“共产主义照耀着我前进”的老党员贺远明的故事。

舞台宣讲：6 月 26 日，在学校庆祝建党 100 周年庆祝晚会上，“信仰的力量：入党志愿书里的档案故事”作为演出节目成功出演。作为演出中分量最重的节目之一，档案馆历时 4 个多月挖掘、查考，将老党员的榜样精神淋漓尽致地体现在节目中，令现场观众眼眶湿润，备受教育，掌声经久不息。

党性教育活动：11 月 17 日，学校档案馆首次开展“聆听档案故事，感悟信仰力量”党性教育活动。活动由档案馆组织策划，化学与环境工程学院大一新生中提交入党申请书的同学 50 余人参与活动。

11 月 24 日，学校档案馆开展“聆听档案故事，感悟信仰力量”党性教育活动。活动由档案馆组织实施，智能制造工程学院大一新生中提交入党申请书的同学 50 余人参与活动。

12 月 7 日晚，重庆市委组织部举办的“全市新任驻村第一书记培训示范班”在重庆文理学院恪勤楼 304 多功能厅举行党性教育活动。重庆文理学院党委组织部、档案馆联合打造的“信仰的力量：入党志愿书里的档案故事”在本次党性教育活动中展演，历时 1 个小时，全市 114 名新任驻村第一书记参加。

12 月 8 日，学校档案馆开展“聆听档案故事，感悟信仰力量”党性教育活动。活动由档案馆组织实施，药学院提交入党申请书的同学 50 人参与活动。

让历史说话、史实发言，用身边故事育身边人，“信仰的力量：入党志愿书里的档案故事”活动的开展，让广大师生受到党性教育，充分认识到档案工作的重要价值。在学校庆祝中国共产党成立 100 周年暨“两优一先”表彰会上，档案馆支部作为先进基层党组织受到表彰，档案馆馆长、党支部书记蔡华锋上台领奖。

信息化工作

1. 网络安全工作

本年度，学校强化网络安全技术保障，增加安全设备态势感知系统，及时检修网络安全设备、升级各类安全设备的特征库，定期开展系统漏洞扫描和重要数据备份，联合开展信息资产清查、软件正版化、重要信息系统数据排查、网络安全隐患排查和整改、渗透测试和模拟演练评估等工作。制定重要时期安全保障方案，进行应急安全演练，严格执行 24 小时值班制度，保障信息系统和重要基础设施设备的安全管理。

按照网络安全等级保护 2.0 要求，对站群管理系统和一卡通系统进行三级等保测评，强化学校信息化基础设施设备的监管，确保网络安全工作落到实处。

严格管控信息发布渠道，全面监管校园网络系统，强化网络安全意识，完善管理机制体制，成立学校网络安全和信息化领导小组，重新修订并严格落实《重庆文理学院信息化工作管理办法》《重庆文理学院网络与信息安全管理办法》《重庆文理学院网络安全事件应急预案》，从制度上、机制体制上保障网络安全工作落实到位。保障了本年度无重大网络安全事故。

2. 基础网络建设

完成星湖校区光纤增补，及时增补网络设备 6 台，保证校园网可达并能正常使用。扩容网络出口带宽，总出口带宽 27.5G，其中电信学生 10G、移动学生 10G、联通学生 5G、电信办公 1G、移动办公 250M、联通办公 250M、教育网 1G，高峰期用量 17G，保障了师生教学、科研、生活有较为充足的互联网出口带宽使用。

学校与卓智公司和三家运营商签订的校园网运营合作模式运行多年，经过多次调研、协商论证与意见征求，重新签订合作协议，变更合作模式，进一步完善校园网运营管理机制，校园网运营有重大的变化，服务水平有较高提升，用户故障率逐年降低。

2021 年，校园网达 3 万余网络用户，3.4 万余个信息点，7 000 余台网络设备，其中包含 6 000 余台无线 AP 设备和 1 000 余台数据交换设备；处理网络故障 300

余次，运维网络辅助服务（计费认证、DHCP、DNS 等）24 小时正常稳定运行；定期对接入网络设施设备进行检查维护。

建立多方位网络监控系统（RIIL、WIS、ZNMS、SNC、RIIP 等），对校园网和专用网络的线路及设备进行监控维护，定期进行巡检，及时排除故障隐患，保障网络正常运行；对数据中心机房精密空调和不间断电源进行定期的检修和维护，严格执行机房门禁准入制度；加强对电子政务、一卡通、校园监控、招生等专网的维护，及时处理故障和排除隐患，重要时段安排专人保障专网运行，保证专网运行稳定。

3. 网站管理

严格管控信息发布渠道，进一步提高学校网站群的安全性、稳定性，2021 年完成了站群管理系统升级、学校主站及二级部门网站改版与维护工作，学校 100 余个子网站，运行状况良好。

2021 年，完成定制化建设与维护各二级部门网站 100 余个。截至 2021 年底全校二级网站总计 102 个、栏目 6 400 余个、文章 58 700 余篇。

完成学校内网和外网通知的审核与发布 300 余条；完成招生宣传、报考指导专题视频网站的制作及运行保障工作；完成所有站点文章外链、敏感信息的排查与清理；建立并完善网站维护服务 QQ 群，为各二级单位提供更高效更优质的运维服务。

加强基础数据治理，集成校内信息系统，完善数据中心，集成 31 个信息系统，新增学生工作平台、合同管理系统等，并完成数据集成。建成 CKettle 数据转换平台，新增 69 个数据转换及作业，集成校内信息系统接口 168 个，每天数据吞吐量达 3.6 万余条。数据中心主数据集成及共享接口 77 个，有效表数 59 个，涵盖了人事、OA、一卡通、缴费、工薪发放、教务、科研、学生工作、站群等信息系统基础数据，总记录数 5 486 万余条，备份记录数 4 244 万余条，数据量 22.19G。

完成虚拟化平台版本升级，进一步提升平台运行的稳定和安全。截至 12 月底，数据中心支撑学校各类应用的虚拟化服务器总计 250 余台。定期对各服务器进行系统配置优化、漏洞修复、系统升级、重要文件备份，核心业务系统每日一检，核心业务数据每日备份，保障了各项业务工作的正常开展。

为保证各项应用的正常使用与数据的完整，每月完成 5 套数据库的健康检查、性能调优、数据备份、安全审计。采取有效措施，确保新版学工系统、资产管理系统、合同管理系统、新版校友系统、人脸比对系统等业务系统建设如期推进。

本年度，切实开展课程资源建设，增加教学视频资源 200 余个，容量增加 3TB，在网络教学平台中今年新增网络课程 100 余门、课程资源容量 6.3T。

完成市委巡视工作、经济责任审计工作期间技术服务保障工作以及工程专业认证、师范专业认证技术支持、2021 年大学英语等级考试听力保障、入党积极分子和发展对象的开班仪式、线上学习、结业仪式、中层干部培训的直播工作，2020 级师范生教学技能大赛、中俄青年论坛等远程视频会议等技术保障工作。

“面向产出的教学质量评价大数据分析平台建设”项目获批为重庆市高校智慧校园建设创新示范项目，获重庆市财政资金支持 500 万元。

后勤管理工作

1. 党建工作

落实学校党委“对标争先”建设计划，认真落实部门主要负责人“一岗双责”制度。加强后勤党员干部培训管理，以庆祝中国共产党成立 100 周年为契机，建立专门的党员活动室，购置党报、党刊和党史书籍，给教职员工提供学习平台。通过学校微信公众号开展“四史”教育，开展党史知识竞赛活动，对获满分的党员发放购书卡，进行表彰鼓励。赴烈士陵园开展“学党史、促实践”党史学习教育主题活动。在学校党史学习专题网上推出相关宣传报道 7 篇，相关专题党课 4 次，开展为群众办实事活动 8 项。

强廉政，讲师德，意识形态工作不松懈，修订完善《重庆文理学院后勤管理处规章制度（试行）》，强化内控职能监管。累计完成食堂、超市、学生寝室、房屋楼顶、饮用水等常规检查 150 余次，发现问题 350 余条，监督整改问题 350 余条。及时处理师生咨询、报失、报修及投诉处理等工作 100 余次，对师生投诉处理率达到 100%。牢牢把握意识形态工作主动权，坚持每周研判意识形态动态，坚持正面导向，编印《后勤服务工作简报》2 期，利用学校相关网站推送新闻 60 余篇，在学习强国平台推送 1 篇，在华龙网、上游新闻等官方媒体专题报道 4 次。

2. 办实事工程

服务群众在一线，通过送义诊，送疫苗接种，送温暖等方式，服务群众 2 000 余人次。水网改造解民生，通过主动与永川惠永水务有限公司沟通协调，该公司同意投资 200 余万元对星湖校区主管道水网和所有进入楼栋管道进行改造，彻底解决因年久自然环境导致的老旧管网经常性爆裂停水和管壁杂质脱落造成的水质二次污染的问题，为星湖校区 4 000 余师生提供健康安全的自来水以及生活和工作上的便利。

关爱学生落实处，组织各食堂给毕业学生送粽子活动，送出粽子 3 000 余个，熬制传统的姜糖汤送到军训现场，为 4 000 余名参训新生驱寒解渴助力。

广纳贤言促服务，通过召开食品安全暨餐饮服务师生座谈会、人和居业主座谈会、伙管会，发放问卷调查等方式，听取师生对餐饮和物业等的不同意见和建议近 100 条，切实提高后勤服务质量，尽量满足全校师生对日益增长的高质量美好生活向往。

勤查快修，保设施设备运转，坚持日常巡查，立即响应，及时维修。处理两校区各类维修事务 5 万余件。其中，完成桌椅维修 1.5 万余项，路石板维修万余平方米，灯具维修及更换 1 万余次，疏通清理防洪沟渠内的沉沙、树叶和垃圾等 8 000 余米。开展楼宇外墙排危专项 2 000 平方米，保护了师生安全。

3. 疫情防控

坚决贯彻疫情就是命令、防控就是责任、生命重于泰山、坚决打赢疫情防控阻击战的行动号令。全力做好新冠疫情防控工作，校医院和卫生防疫中心积极协调永川区人民医院到校开展师生新冠疫苗的大规模集中接种工作 8 次，累计接种新冠疫苗 5 万人次。严格管控流动人员，对流动人员，严格实行 14 天健康管理和核酸检测。在新学期开学等人员流动密集期，实行全员核酸检测制度。累计排查统计离渝返渝返校师生千余人次，临时出入校园的各类人员 3 万余人次。及时有效处置学生校内发热人员 74 人次，协调组织校内人员疫苗接种 3.1 万余人次。协调组织校内人员核酸检测 4.2 万余人次，组织居家健康监测人员 60 余人次，医疗保障服务 76 人次，处置校内疫情防控排查 27 次，涉及师生 1 万余名，组织学生校内隔离 3 人次，排查学生校外隔离 6 人次。总结推广疫情防控经验，举办全市首届教育系统疫情防控能力提升培训班，邀请全国知名专家对重庆市卫生教育系统相关人员进行专业技能培训，影响深远。并获首批教育部全国急救教育试点学校。

组织公共卫生应急技能和肺结核健康知识专题培训会 4 次，培训 600 人次。建立健康信息档案，坚持做好常态化疫情防控工作。做到校园疫情零发生，有效保障师生员工健康安全，凸显了疫情之下“最后一公里”的后勤价值。

4. 绿色学校创建

对标对表，召开推进会，形成推进表，按照《重庆市绿色学校创建评价标准》逐条梳理，设定时间节点，落实责任人。制定《重庆文理学院市级绿色学校创建行动推进表》，公示在后勤管理处办公室，每周形成责任清单进行推进。

推动生活垃圾减量化，牵头制定生活垃圾减量化措施，实行生活垃圾分类，限制使用一次性办公用品，停止使用不可降解一次性塑料制品。明确要求各二级单位、食堂、超市等停止使用不可降解一次性塑料制品。通过重庆市教委、发改委组成的专家组验收，学校获“重庆市绿色示范学校”称号。

5. 筑牢食品安全防线

强化监管培训，提高供餐质量，通过对师生消费情况进行跟踪分析，要求食堂经营方优化增加菜品近十种，并提高菜品轮换率。建立《重庆文理学院食堂监管办法》，理顺机制体制，进一步明确监督职责。邀请永川区市场监督管理局到校对所有食品从业人员进行食品安全培训，坚持每半个月和重大节假前进行食品安全大检查。设立陪餐制度，后勤管理处管理人员每周至少一次到各学生食堂用餐，并将用餐体验反馈给餐饮服务中心，通过建立阳光餐饮 App 系统等现代技术手段与市场监督管理局形成联防共管的监管体系。

6. 制止餐饮浪费

编制《食堂制止餐饮浪费实施方案》，从制度上健全防止餐饮浪费的工作机制和激励机制，并设立学生文明就餐监督员岗位，对师生餐饮浪费行为进行管理和引导。各个食堂积极推行让同学“吃多少选多少”的自行称重售卖方式，切实减少餐饮浪费，推行科学文明的餐饮消费模式。

通过在各个食堂门厅张贴节约粮食的宣传画，组织开展了反食品浪费暨食品安全学生志愿者活动，如开展“厉行节约—反对浪费”手抄报活动比赛和光盘打卡集赞活动。利用周末教育开展“重庆文理学院厉行—节约反对浪费主题教育”，让全校师生树立粮食安全危机意识，切实培养节约习惯，营造浪费可耻、节约为荣的氛围，效果显著。

安全管理

1. 校园安全管理

加强与市区公安局业务主管部门、市教委安稳办、区教委等相关单位的沟通协调工作，明确新形势下校园安全工作的目标、重点。坚持24小时值班值守制度，特别是在重大节假日等时段加强巡逻值守，以确保校园安全稳定。建立健全规章制度，完成《重庆文理学院校园车辆管理办法》《重庆文理学院消防安全管理办法》等安全管理规章制度的制定，夯实安全管理基础。

2. 消防管理工作

开展消防安全隐患排查20次，包括学生宿舍、食堂、教学楼等重点部位。两校区更换4kg干粉灭火器2 000具、灭火器箱100个、防烟面具100个、疏散指示牌200块、消防水带100条、疏散引导箱10套。两校区新增微型消防站5台（包含器材柜5套、防火服20套、防毒面具20个、照明灯20把、灭火毯10张、安全绳20根、腰斧20把）、消防无齿锯2把。

利用“5.12 防灾减灾”宣传周、“119”消防安全宣传月等时段，围绕消防活动主题，大力开展消防宣传、实战演练工作。组织开展专项消防知识讲座和实战演练8次，组织应急疏散演练5次，制作悬挂消防宣传条幅30条，制作宣传展板24块。组织学生参加“重庆（永川）第四届高校消防知识竞赛”活动。组织开展校内消防安全知识竞赛1次，1 000余人参加。

3. 交通管理工作

严格实施外来人员盘查和登记制度，对外来车辆实行实名登记和后备厢开厢检查制度，严禁外卖摩托车和电动自行车进校。宣传《重庆文理学院校园摩托车管理规定》，禁止学生在校内行驶摩托车和电动车，加强对校内乱停乱放车辆的管理力度，暂扣电瓶车16辆，锁车120余次，保障校内交通秩序，确保校园交通安全。严惩超速车辆，累计处理超速车辆1 100余次。发布《重庆文理学院校园车辆管理办法》，切实强化校园内部交通安全管理，保障校内车辆进出有序、停放有序、管理有序。

校园车辆测速系统经过前期试运行和调试正式运行，校园车辆超速现象得到明显改善，提升了学校交通秩序管理水平，保障了校园交通安全。

4. 治安综合治理

本年度，星湖、红河两校区接处警 223 起，协调地方公安部门结合学校及周边实际情况完成了校园及周边环境整治工作，关闭星湖校区商贸小区，排查消除安全隐患，维护校园及周边环境的良好秩序。

对全校师生开展大型反诈骗宣传教育活动，发放防范电信网络诈骗宣传资料 2 万余份。邀请公安民警进校为全校师生开展防电信网络诈骗专题讲座 2 场，深入二级学院开展防电信网络诈骗专题讲座 17 场。

完善视频监控系统，学校视频监控系统现共建镜头 1 037 个，高清枪机 417 套，红外枪机 561 套，智能球机 59 套，保障了校园指挥中心的正常运行。

做好校区室外场地管理，审批学生活动及临时性商业活动 104 场次，审批哲学社会科学类活动 72 场次。按照学校疫情防控常态化总体要求，坚守一线工作岗位，加强校园安全管理，两校区实行半封闭式管理，对进出人员、车辆进行检查、询问、登记及体温检测，筑牢疫情防控“防火墙”，切实保障全校师生的生命安全和身体健康。

5. 国防教育工作

10 月 10 日至 10 月 22 日，星湖、红河两校区组织开展 2021 级学生军训工作，历时 12 天，参训队伍分 5 团 13 营 53 连，受训新生 5 176 人，参训教官 57 人。开设队列、拳术、应急演练、仿真射击等课目，军训期间两名专项负责老师全天候“钉”在训练场，做到严格管理、现场有序、科学施训、文明施训。通过严格训练要求，使全体新生在军训中感受军威、严明纪律、提升自我。在军训总结大会中，表彰 70 个优秀寝室、19 名优秀教官和 55 名优秀学员。分列式及汇报表演方阵动作整齐、气势磅礴，得到全校师生的一致好评，相关视频在学校融媒体点击量超 500 万。

2021 年，首次启用退役复学大学生士兵进行军训自训，69 名符合条件的退役复学大学生积极踊跃报名，经过为期一周的岗前培训，切实规范动作、严明纪律、提升能力，最终挑选 49 名军事技术精、思想素质好、作风纪律严、组训能力强的退役复学学生担任军训教官。

本年度，学校 143 名大学生在学校武装部应征报名，通过严格的体格检查、政治考核和役前训练，为部队输送优秀兵源男兵 27 人，女兵 7 人。“军事理论”课程采用网络在线学习和考试，反复比对挑选优质教学平台，完成本课程在教务系统排课等系列工作，完善对退役学生免修等其他特殊情况明确相关规定，军事理论教学稳步推进。

二级学院

ERJI XUEYUAN

文化与传媒学院

1. 党建工作

切实履行党总支职责，推进学院建设和发展，加强政治理论学习，不断提升教职工政治素养，扎实开展工作，加强基层党组织建设。培养 124 名入党积极分子，发展 102 名预备党员，转正 27 名党员。集中开展政治理论学习 8 次，讲党课 5 次，组织到红色革命教育基地学习 2 次，锤炼了党性，提高了党员思想水平。

狠抓重点任务落实，切实为群众办实事 18 件，包括教师工作室提档升级、支持教师专业发展、关注青年教师生活和成长、帮扶困难教师和贫困学生等，得到学院师生广泛认可。

创新形式，多元化开展党史学习教育，成立以党总支书记为组长的宣讲小分队，班子全体成员，学生辅导员为组员，有计划有分工，全学院覆盖扎实开展宣讲活动，开展专题宣讲 8 场，宣讲对象合计 1 319 人。组织师生党员 71 人次到渣滓洞、红岩魂陈列馆以及红岩革命纪念馆等红色教育基地开展“学党史，强信念，跟党走”主题党史学习教育，听革命先烈、英雄模范的感人事迹，缅怀革命先烈，接受红岩精神洗礼。

主动策划，联系其他党总支联合开展“信仰的力量：入党志愿书里的档案故事”主题党日活动。选取老党员的入党志愿书和先进事迹作为学习材料，老师和学生党员进行现场讲述，生动展示涂铭旌等老一辈优秀共产党员坚定信仰跟党走的感人事迹和崇高精神品质。

以党建带团建，举办“学党史、强信念、跟党走”为主题的党史知识竞答，团总支书记讲主题微团课，“百年峥嵘，初心如磐”专题成果展示的线上讨论会等学习教育活动，以多种形式营造广大学生学史爱国爱党的浓郁氛围。利用网站、微信公众号、校报校刊等宣传载体凝练报道学院李东平教授扎根一线教学 34 年先进事迹，李东平教授获“2021 年重庆市教书育人楷模”。雷璐荣、张雪等 2 名教师获“优秀共产党员”和“优秀党务工作者”称号和表彰。

2. 行政工作

成立“十四五”规划编制工作组，全面启动学院“十四五”规划编制工作。编制工作组贯彻实施学校“创新开放、顶天立地”发展战略，根据国家、重庆发展规划和远景目标、《重庆文理学院“十四五”事业发展规划》等精神，立足学院发展实际，按照“求真务实、科学保划、突出重点、解决薄弱”的原则，完成学院“十四五”规划编制以及三个专业“‘十四五’建设规划”。

推进人才队伍建设，审核推荐申报正高级职称 3 人，副高级职称 2 人，讲师 1 人。6 人获聘为省级高校教指委委员。派出 100 余人次多形式参加专业研讨交流会，30 余人次到西南大学、四川外国语学院、重庆三峡学院等交流学习。3 位教师攻读博士学位。支持教师参加各级各类教学比赛，帮助 3 名教师打磨录制参赛课程。召开青年教师座谈会 2 次，3 名专任教师获兼职硕士研究生导师资格，10 名外聘教师获合作硕士研究生导师资格，7 名教师承担研究生培养工作。聘请 12 位行业导师，副高以上职称占比超过 60%。形成学科语文和新闻与传播导师团队各 1 个。

承办重庆市巴南区 2021 年中小学（幼儿园）办公室主任和荣昌区 2021 年教育系统办公室人员业务能力提升培训，培训人数累计 233 人。全力做好安全防控工作，做好节日及相关安全节点值守工作，实验实训室安全排查工作，疫情防控和通报工作，确保学院无重大安全事故发生。

3. 教学工作

狠抓教风建设和学风建设，制定并落实二类卷考试考核、期末考试“回头看”、教学与学工联动管理课堂、毕业论文（设计）管理办法、毕业论文（设计）替代办法、师范生“三字”训练与展示、课程负责人等制度，有效推动人才培养工作落地落实。汉语言文学（师范）获批市级一流本科专业立项建设项目，雷璐荣老师获重庆市本科高校教师教学创新大赛一等奖，所在传媒艺术教研室获重庆市优秀基层教学组织奖，“纪录片创作”课程获批重庆市课程思政示范课程，所在课程教学团队获评重庆市课程思政示范团队。“新媒体策划与运营”“媒体语言艺术”等课程获批重庆文理学院课程思政建设培育项目，“汉语方言与保护”“纪录片创作”“基础写作”“国学智慧”“电视采访与写作”等课程获批重庆文理学院课程思政建设示范项目。

举办喜悦读书会、“林中漫步者”写作分享会、“林中遐想者”读书会、舆情写作社、方言保护工作室、方言文创工作室、新媒体工作坊、纪录片工作坊、智媒创新人才班，将教改成果与卓越人才、特色人才培养有机结合，提升学生人文素养，强化专业技能，指导作品创作、学科竞赛、创新创业等，多方联动夯实人才培养各个环节，实现“特色培养，多元培养，卓越培养”目标。

李芹燕的《学科交叉、校企协同的融媒体复合人才培养机制研究与实践》，王长武的《一流课程建设背景下“汉语方言调查与保护”课程“政产学研”四位一体协同育人的探索与实践》获批重庆市教委高等教育教学改革重点项目。

王长武的《文化传承与理解视角下的中小学语文戏剧教学研究与实践》，李微的《红色文化融入高校新闻传媒教育的实施路径研究》获批 2021 年度重庆市教育科学规划一般项目。

李天福教授入选第一届（2021—2025 年）全国普通高校毕业生就业创业指导委员会委员，王长武、李芹燕入选重庆市 2021—2025 中国语言文学类教学指导委员会委员，韩永青入选重庆市 2021—2025 音乐舞蹈类教学指导委员会委员，李天福教授入选重庆市 2021—2025 音乐舞蹈类教学指导委员会副主任委员，黄贤忠、平瑶入选重庆市 2021—2025 人文素质教育指导委员会。

4. 学科科研工作

优化学科建设布局，以学科教学（语文）深度参与教育学重点学科建设，申报新闻与传播重点学科，均获批市级重点学科。与重庆广电数字传媒股份有限公司联合申报研究生联合培养基地。与江津、永川、大足、璧山、潼南、九龙坡、垫江等多家融媒体中心签署人才培养战略合作协议，在新闻宣传、人才培养、学术研究、媒体创新、媒体+产业等方面形成全方位、宽领域、多层次的合作，充分发挥各自优势，纵深发展校地合作的开放式人才培养模式。

加强科研管理与服务，邀请四川轻化工大学人文学院教授，华中科技大学新闻与信息传播学院教授、博士生导师等专家开展评审打磨。傅钱余《百年中国少数民族小说的世界意识及其演变研究》、张锐《西南地区山地特色高效农业区域公用品牌建设水平诊断及提升路径研究》、黄贤忠《巴渝唐诗之路的形成与传播研究》等获 3 项获批国家社科基金项目，平瑶、王长武等 8 项立项省级科研项目。

发表学术论文30篇，其中CSSCI期刊2篇，核心期刊8篇，其他期刊22篇；出版学术专著3部，其中1部在国家重要出版社出版；获批2项实用新型专利；近10人次教师赴国内科研院所参加学术会议。与西安石油大学、四川轻化工大学、重庆三峡学院等相关学院开展联合培养硕士研究生工作，王长武、傅钱余、胡牧等3位教师新获批开展研究生指导，现有硕士研究生指导教师9名。李东平老师的“语文教学设计与实施”课程获批四川轻化工大学2021年研究生课程建设项目，另有8位教师获省级科研奖励。

5. 学生工作

用情抓好课堂思政，将“四史”教育，习近平总书记在庆祝中国共产党成立100周年大会上的讲话等精神融入课堂教学，增强课堂教育的时代性和针对性。充分发挥思政育人作用，张耀同学被评为中国大学生自强之星。用力抓好实践思政，让学生走进社会，了解国情、民情，宣讲党史、助力乡村振兴。举办爱国心报国情强国志、中华魂等主题教育征文比赛，学生在各类征文比赛中成绩优异。永川电视台、永川融媒体中心对学院“三下乡”活动进行报道。用心抓好网络思政，组织学生参与团中央青年网络大学习，学习伟大建党精神等主题活动11期，参与人次1.2万。积极参加校“学明德网·悟思想”活动、大学生网络文化节比赛，撰写心得100余篇，投送作品40余件。利用微信公众号、官方QQ、年级群等方式开展学生思政教育，微信公众号推文96篇，阅读量近2万人次，2 350人关注公众号。学生拍摄的《万疆》《我和我的祖国》视频被学习强国、华龙网、上游新闻报道，853人参与全国党史竞答知识竞赛。

做好专业教育与就业教育相融合，建立学工队伍与专业教师就业教育共同体，助推2017级学生就业，就业率为92%，考研成功30余人，高质量就业80余人。做好线上招聘与线下招聘相统一，发布就业简报，发布就业信息，点对点推送就业岗位，组织招聘会10余场次，解决100余名学生就业问题。提升“四困生”获得感，通过国家助学金、国家励志奖学金资助家庭经济困难学生398人，占全院学生的35%。

数学与大数据学院

1. 党建工作

深入学习贯彻习近平新时代中国特色社会主义思想、党的十九大精神和十九大以来的历次全会精神，加强师生理想信念教育 ，围绕“四史”教育，尤其是党史教育、庆祝中国共产党成立 100 周年等形式多样的活动，强化师生理想信念教育，取得了较好效果。

实施高校教师党支部书记“双带头人”培育工程，选拔教学学术骨干担任教工支部书记，98 名师生发展为预备党员（含教师党员 1 名），24 名学生党员转正，递交入党申请 166 余人，80 人确定为入党积极分子。

根据学校通报的市委第四巡视组巡视重庆文理学院反馈的问题和提出的意见建议，制定《数学与大数据学院巡视问题整改事项落实方案》《数学与大数据学院意识形态问题整改专项方案》等并按照方案严格执行，完成整改事项。

2. 教学工作

建立健全教学管理制度，加强学院内部各项教学工作的科学管理，教学常规工作有序落实。2021 年下半年，按照学校统一部署，中高风险地区学生暂不返校，根据停课不停学的要求，对不能返校的 14 名学生，以“学生为中心”开展教学和学习活动设计，实现教学平台使用中的优势互补，确保教学质量“不打折”，师生互动活跃，学生认真完成线下作业，教学效果良好。

扎实推进本科课堂教学质量提升工程，着力打造“金课”及配套资源。“高等代数”和“高等数学”两门课被认定为重庆市高校一流本科课程，“统计学”被认定为重庆市高校线上一流课程。校级线上一流课程培育项目立项 2 项。获重庆市高等教育教学改革研究重点项目 2 项。4 个项目通过学校校级思政课程项目建设中期检查。

数学与应用数学专业（师范）获批 2021 年重庆市市级一流本科专业立项建设项目，通过教育部高等学校师范类专业认证。

积极谋划，多渠道营造竞赛浓厚氛围，强化激励引导，学科竞赛成绩取得新突破。高教社杯全国大学生数学建模竞赛获全国一等奖 1 项。赵恒军老师被评为 2021 高教社杯全国大学生数学建模竞赛重庆赛区优秀指导教师，学校被评为重庆赛区优秀组织单位。数学专业组唐妮同学获由中国数学会组织的第十二届全国大学生数学建模竞赛三等奖。2021 年，获数学竞赛重庆市一等奖 6 人，二等奖 6 人，三等奖 7 人。获 2021 年第十六届图像图形技术与应用学术会议（IGTA）论文竞赛国家级二等奖 1 项。获第十一届市场调查与分析大赛国家级三等奖 1 项。

深化产教融合，与重庆中软卓越信息技术有限公司共同打造金融数学专业技术课程，与智酷道捷（重庆）科技有限公司、重庆宏火科技有限公司、重庆友仁科技有限公司共建“产教融合实训基地”，不断改变以往校企合作只停留在学生的实习、实训阶段，不断提高师生的实践能力、解决问题能力和科研能力。

本年度，获“数学与应用数学（中外合作办学）专业学业奖学金”学生 115 人次。不断强化英语口语班、学术英语培训、UNCW 寒假语言项目，暑假期间，联合四川大学出国留学培训部举办为期一个月的暑期夏令营活动，为学生提供丰富的英语学习平台。面对疫情带来的严峻挑战，数学与应用数学中外合作办学项目联合中美两校相关项目负责人紧密配合，结合线下教学线上化、数字化、智能化等新形势新变化，采取多措施保障教学工作及项目相关管理工作的顺利开展。

3. 学科科研工作

全面落实《关于进一步弘扬科学家精神加强作风和学风建设的意见》《关于进一步加强科研诚信建设的若干意见》精神，加强学术交流，促进科教融合，采用“请进来，走出去”方式，多次线上或线下邀请数学学科和数学硕士学位点建设相关的专家教授莅临我院指导科研实践工作，努力营造科研氛围。组织教师积极参加重庆市工业与应用数学学会第七届学术年会、中国工业与应用数学学会第二届数学促进企业创新发展论坛等重要学术会议，以科研促进教学，以教学充实科研。

“十三五”期间，“数学”学科获批重庆市重点培育学科，“群与图的结构理论机器在信息与决策中的应用”创新团队结题，新增复杂数据分析与人工智能重庆市重点实验室，获重庆市科学技术奖三等奖 1 项，发表科研论文 85 余篇，承担国家、省部级项目 24 项，经费 244 万元，新增巴渝学者青年学者 2 人，重庆市学术技术带头人后备人选 1 人。

根据2020年学位授权审核申请基本条件，学院对标对表推进数学学科的交叉发展，积极同电子电气工程学院、人工智能学院合力申请电子信息重庆市重点学科，并立项。

本年度，立项国家自然科学基金青年基金项目1项，重庆市科委面上项目2项，重庆市科委博士后基金项目1项，重庆市教委重点项目1项，重庆市教委青年项目1项，到账经费76万元。公开发表学术论文20余篇，其中SCI收录论文10篇。

4. 学生工作

加强队伍建设，提升专业化水平，申报成功重庆市高校优秀团学工作品牌建设项目1项，校级课程思政项目2项。参加校级辅导员素质能力大赛获奖1项，网络征文获奖1项。

利用宣传栏、网络平台、主题班会、“第二课堂”等形式，广泛开展学生思想政治教育活动，帮助学生树立正确的世界观、人生观和价值观。以日常考勤为抓手，加强学风建设，以学生安全为中心，扎实开展日常管理工作。加强招生就业工作，拓展招生就业渠道。完善家庭经济困难学生认定制度，深入开展“四困生”帮扶工作，分类建立翔实的“四困生”档案，制定学院领导联系帮扶方案，详细做好跟踪帮扶记录。根据学院工作需要，在办公室、实验室等区域设置勤工助学岗位，安排贫困学生参加勤工助学，减轻学生家庭经济压力。

外国语学院

1. 党建与思政工作

扎实开展党史学习教育，党政领导成员开展党史学习教育进校园宣讲报告 2 场，支部书记讲党课 3 场，辅导员讲党课 4 场。用好红色资源，组织师生党员赴邱少云烈士纪念馆、聂荣臻元帅陈列馆参观践学。扎实开展“我为群众办实事”实践活动，开展赴永川区协润·凤凰世纪城小区开展“垃圾分类”主题宣传公益活动；邀请校外导师和行业导师指导学生专业认知见习、教师资格证考试、学生考研就业等民生实事 20 余件。在职党员到社区报到并参加志愿服务活动 3 次。

开展党务干部培训 2 期，编制《党支部工作指导手册》《党员领导干部联系基层工作记录》。推荐 88 名学生参加校第 73 期、74 期党校学习，发展新党员 55 名，15 名预备党员转正。

结合学生专业学习、服务学生成长成才等，将本科生导师制要求和学生党员发展工作导师制要求结合起来，探索实践“党员发展双导师制”，将导师指导、示范引领纳入学生成长成才全过程，形成专业教师认真教学与学工队伍管理高效的联动。截至 12 月底，递交入党申请书学生人数 150 余人，确定培养积极分子 140 余人，预备党员 68 人。

加强师德师风建设，与全院教职工签订《新时代高校教师职业行为十项准则》告知书，切实加强和持续改进师德师风建设工作，全面提升教师师德素养。加强师生思想政治教育，组织开展 10 场次习近平总书记“七一”重要讲话精神“进校园”宣讲活动。

2. 教学工作

推进课堂教学创新改革，建成“新视野大学英语 2”在线课程并运行，筹备和打造大学英语 A 类课程，遴选优秀教师组建课程团队，启动并运行大学英语在线课程，选课学生数近万人，获重庆市一流外语在线课程建设重点项目立项。

结合课程特点，围绕课程思政、项目申报、五大教学改革、学科竞赛等开展系列教研活动。教师参加各类思政课培训、教学技能培训 34 人次，各教研室开展教学研究活动10次以上，开展教学民主生活会2次，组织教师反思教学改革。以教研活动为载体，积极打造教师教学比赛。

组织教师参加教学比赛，2021外研社“教学之星”大赛全国复赛，团队一等奖5项，团队二等奖5项；2021年高等学校（本科）外语课程思政优秀教学案例征集与交流活动重庆市一等奖 1 项；第十二届“外教社杯”全国高校外语教学大赛重庆赛区决赛重庆市一等奖1项，二等奖1项等多项奖项。

推进专业认知见习、实习环节工作，凝练专业认知见习教师团队，安排校外一线专家深入课堂讲学 6 人次。聘请 8 名中小学一线优秀教师作为校外试讲指导教师，与校内导师共同指导学生试讲，实行“双导师制”指导。组织学生进入真实的课堂，取得较好效果。

组织教师申报各项教改项目，其中“2021 年教学改革研究专项项目”申报 8 项，“重庆市高校一流本科课程”申报2项，“线上一流课程培育项目”申报2项，“新文科研究与改革实践项目”1 项，“2021 年重庆市高等教育教学改革研究项目申报”9 项，“重庆市高等教育教学改革研究项目”5 项。获重庆市一流外语在线课程建设重点项目1项，重庆市教改项目1项，重庆文理学院课程思政示范项目1项，课程思政项目4项，线上一流课程培育项目2项立项。

切实做好2021、2020级师范生晨读晚练训练，主要包括学生三字一话、简笔画、英语语音与英语阅读等语言技能。组织学生参加校内外多项学科专业竞赛，2021年全国大学生英语竞赛中，一等奖7项，学院获优秀组织奖；2021年全国高校大学生外语水平能力大赛，一等奖2项，二等奖3项，三等奖4项；2021年“外研社·国才杯” 全国英语演讲、写作、阅读大赛重庆赛区（重庆赛区），特等奖3项，一等奖1项，二等奖5项，三等奖1项；“巴渝工匠”杯重庆市第十四届高等职业院校学生职业技能竞赛英语口语大赛三等奖1项。

3. 学科科研工作

申报各类科研项目20余项，获省级科研项目7项，厅级科研项目2项，学术出版资助1项，科研经费14万元。刘俊玲、陈虹樾被聘为重庆三峡学院兼职硕士生导师。发表各类科研论文10余篇，著作类4部。新增外语教育研究所、比较文化研究所2个校级科研机构。

4. 学生工作

加强思想政治建设，提升学生思想道德素质。发挥周末教育课主阵地作用，加强爱国主义教育，组织党史学习宣讲 13 场，习近平总书记“七一”重要讲话精神宣讲 10 场，主题团日活动 4 次，“青年大学习”平台学习全年一直稳居前 8 名。多渠道抓班风学风，提升教育教学质量，提升服务学生水平。开展领导干部联系班级、寝室、“四困生”、学生干部、学生社团的对接、指导工作，总人数 100 余人。领导班子成员定期联系贫困学生、学生干部、学生班级、学生寝室的制度，为切实了解学生情况，提高人才培养质量，落实立德树人的任务，起到了较好的带头示范作用。

2021 届毕业生 18 人考上硕士研究生，举办英语“口语角”、寒暑期社会实践报告大赛、“绿色美化环境，文明净化心灵”主题手抄报大赛等比赛活动 15 次，进一步提高大学生的思想素质、政治觉悟和专业技能，充分发挥了社会实践引导人、教育人、塑造人、激励人的作用。

2021 级招生英语（师范）、商务英语专业 200 人，到校报到 197 人。开展以“学院领导+就业导师”的指导方式，多方联动，在各方的共同努力下，截至 12 月底，2021 届毕业生年终就业率 92.34%。

学生获国家奖学金 2 人，国家励志奖学金 30 人，国家助学金 200 余人次，成都校友会奖学金 1 人，学生获省部级以上奖励 20 项。

化学与环境工程学院

1. 党建工作

学院始终把思想政治建设工作摆在首位，坚持强化政治理论学习效果，累计开展政治理论学习 8 次，组织习近平总书记“七一”重要讲话精神专题学习 5 次，学院受众师生超过 1 000 人次，实现师生全覆盖。党总支书记、党总支副书记、党支部书记开展党课专题教育 31 次，3 次组织师生党员深入红色教育基地开展党性教育。累计开展党史专题党课 15 次，党史学习专题活动 4 次，党史学习专题组织生活会 1 次。学院党总支下设 4 个支部，召开支部大会 52 次，支委会 60 次。组织学生参加学校党校培训 92 人次，培训发展对象 64 人，二级团校培训 166 人次，青马班培训 20 余人次。发展党员 64 名，转正党员 28 名，完成 24 名党员同志（毕业生党员 21 人，教职工党员 3 人）组织关系转接。坚持发挥高校服务社会职能，不断强化服务宗旨意识，结合学院特色有序推进为民服务活动，先后开展 16 次活动，“我为群众办实事”走深、走实。

2. 教学工作

化学师范专业通过专家现场考察，环境科学专业获批国家一流本科专业建设点。深入推进五大教学改革 2.0，总结凝练近十年办学特色，完成校级、重庆市级教学成果奖申报工作，获校级一等奖。立项市级教育教学改革项目 2 项、校级 3 项，其中课程思政专项 2 项，校级课程思政示范项目 2 项，校级建设项目 3 项。

重点打造化学工程与工艺专业“优秀工程师”专业技能暑期集训，进一步提高学生的专业理论水平和实际操作能力，“以训促学”，提高学生职业素养，激发学生学习兴趣。2021 年，学科竞赛获国家级奖项 5 项，省部级奖项 66 项，其中第三届北控水务杯西南赛区仿真、化验一等奖等 10 余项，第四届全国大学生化工实验大赛全国二等奖一项，十五届全国大学生化工设计竞赛全国二等奖、三等奖各 1 项，西南赛区一等奖 1 项；第八届中国国际“互联网+”大学生创新创业大赛重庆赛区选拔赛获省部级金奖铜奖各 1 项，第二届全国大学生化学实验创新设计竞赛“微瑞杯”西南赛区二等奖、三等奖各 1 项。

与重庆智灏科技有限责任公司，四川川化汇成培训管理有限责任公司等单位签订学生实习基地合作协议。邀请四川省教育科学研究院化学教研员、重庆市特级教师分别作《新时代基础化学教育教学热点问题研究》《本科师范生职业规划与快速发展》专题讲座。重庆市骨干教师、重庆聚奎中学正高级教师、高新区教研员、永川中学等一线教师开展指导毕业论文、实践活动。邀请重庆紫光化工高级工程师为化学工程与工艺专业学生讲授“化工机械设计基础”课程，助力提高学生工程实践能力。

3. 学科科研

本年度，举办学术例会 8 场，学术交流与培训 10 余场，承办大型国内会议 1 场，新增硕士生导师 6 人，引进博士 1 人。主持纵向项目 28 项，其中国家自科基金 3 项，省部级项目 12 项，经费 232 万余元，横向项目 9 项，经费 78 万余元。科研论文 61 篇，其中 SCI 收录 47 篇，成果获奖 3 项，学术著作 7 部，资源与环境获批重庆市重点学科。

陈炜博士投身于永川区流域治理相关工作，形成“微污染高水力负荷水体修复”技术集成，为全区水环境稳定达标、实现永川“河畅水清、岸绿景美”的生态画卷作出了重要贡献。获 2021 年永川区临江河流域综合治理“先进个人”及 2021 年度“感动永川人物”殊荣。

关伟教授开发电耦合工业废水资源化治理技术，在梁平高新技术园区开展应用示范，并于 2 月被重庆市委市政府纳入《渝东北三峡库区城镇群建设行动方案》，获 2021 年度“广东省百名博士博士后创新人物”荣誉称号。

司万童教授三次进入西藏自治区后藏沙漠化地区，针对西藏重要大江大河流域典型生态功能区和沙漠化治理示范区的生态保护和人工辅助生态恢复情况进行评估，为西藏环保厅相关部门提供了第一手信息和建设性意见。

陈泉洲博士协助政府和司法机关，在重庆、四川、湖北等地开展环境咨询和环境损害司法鉴定服务，累计挽回环境损失 500 余万元，形成了较好的社会效益和环境效益。

李强联合西南大学获批国家自然科学基金面上项目，实现学院零的突破；刘菊梅、李彦林获批国家自然科学青年基金。2021 年，获批立项纵向科研项目 28

项，其中国家自科基金 3 项，省部级项目 12 项，其中重庆市科技局科技项目 7 项，重庆市教委科技项目 5 项，厅局级项目 5 项，校级科研项目 8 项（其中塔尖计划项目 4 项），合计划拨经费 232 万余元。

4. 实验实训工作

根据化学师范认证要求，查找实验室工作存在的问题与不足，制定并落实整改方案，责任到人，实验室建设取得成效。承担环境科学、环境科学与工程（一本）、环境科学与工程、化学工程与工艺、化学（师范）专业以及全校材料科学与工程、制药工程、药学、生物技术、园林、机械等本科专业 120 余门实验实训课程的教学任务。

组织完成“北控水务杯化验赛”“挑战杯”全国大学生课外学术科技作品竞赛，大学生化学实验技能大赛，全国大学生化工设计大赛等，节能减排科技竞赛等，获包括西南地区化工设计竞赛特等奖在内的国家级和省部级奖项 20 余项。

实验室安全管理有成效，安全隐患排查常态化，重视对师生的安全教育，学生进入实验室的第一堂课即安全教育，每次实验课必做安全培训。首次引入微信小程序安全教育游戏帮助学生掌握安全知识，投入经费 6 万余元，对实验室试剂库房试剂架进行更换，损坏门锁进行更换，加装排风设施和防护栏等。

5. 学生工作

组织学生参加学校党校培训 92 人次，学院党校培训 64 人次，二级团校培训 166 人次、青马班培训 20 余人次，组织学生党员、入党积极分子参加“星星启蒙”助残支教等志愿服务活动 300 余人次。

与时俱进开拓网络思想政治教育阵地，利用微信公众平台对学生进行思想行为引领，积极传播正能量。2021 年，学院团学公众号“文理化环青年”，从学院介绍、活动展示、学业辅导、青年精神引导等多个主题服务学院学子。依托平台开展学院学风建设调研等活动，推送辅导员工作网文 4 篇。以推文的形式，包含文案、图片、视频等多个内容。累计发布推文 180 余篇，总阅读量 16 000 余次，互动量 6 000 余次。

本年度，学生贫困认定、奖助学金评选工作零投诉，学生满意度 96%，评选国家奖学金 2 名，国家励志奖学金 29 人，成都校友会奖学金 1 人、燕宝基金奖学金 2 人。学院以“强专业、增素质、促发展”为导向，创新打造“科技文化节”学工品牌活动。第一届科技文化节以“砺能强技展风采，专业素养显实力”为主题，内容涵盖强化专业技能、培养创新能力、宣传环保理念、提升求职技能以及学党史、强信念、跟党走等六个方面，策划和部署系列活动，为学院学子搭建成长锻炼的舞台。

学院联合星光社区持续开展“周末红”志愿服务活动，组织学院青年党员、团员参加交通文明劝导等志愿服务活动，累计参加 50 余人次；创新开展“星星启蒙”助残支教活动，为永川区 15 个残疾人家庭孩子免费辅导功课，培养技能，累计开展 4 个月，服务 100 余人次。创新创业成绩明显，获全国二等奖 1 项、全国三等奖 3 项、省部级获奖 23 项，以赛促学的培养模式在学生中营造良好的学习氛围。

学院 2021 届毕业生 168 人，100 人报名参加硕士研究生考试，考研成功 46 人，其中 985 高校 1 所，211 高校 13 所，研究生升学率 27.38%（不含境外升学），再现同一寝室 6 人同时考研成功的学霸寝室。

积极开拓就业市场，与国家电投集团两江达远节能环保有限公司等多家单位签订就业实习基地协议，邀请中广核集团重庆中渝核环保科技有限公司、华峰化工等企业来校开展专场招聘会，学生年底就业率 92.26%。重视校友工作，搜集梳理 1979 级以来各专业校友基础信息，深入挖掘优秀校友资源，制作化学专业校友风采录，助推化学师范专业认证高质量通过。

体育学院

1. 党建工作

2021 年，学院考察发展 51 名预备党员。定期召开组织生活会，党总支书记为入党积极分子上党课，召开毕业生党员教育培训会，开展学生党员干部亮身份、新党员宣誓大会等活动。各种形式的党员培训、党课等活动，进一步培养学生党员的爱国主义情怀。以党支部为单位，以党员组织关系为依据，按照学校要求将新教职员工、新学生党员的组织关系和毕业生党员转接关系准确录入 12371 系统中，确保横向到边，纵向到底，不留死角。加强学院教师队伍建设，师德师风建设健康发展，学院教师以德修身、以德治教、以德育人的自觉性和主动性显著增强。

2. 教学工作

10 月 27 日—30 日，体育教育（师范）专业二级师范专业认证专家进校考察，体育教育（师范）专业认证工作得到专家的高度认可。10 月 9 日，举行首届体育教师教学能力与运动技能比赛，选拔 2 位老师代表学院参加重庆市首届高校体育教师教学能力与运动技能比赛。

4 月，启动第六届师范生教学技能竞赛工作。经过 2 个多月的“初赛、预赛、决赛”三个阶段，6 月 20 日，4 名学生代表学院参加学校师范生教学技能大赛，获二等奖 1 项，三等奖 1 项，优秀奖 1 项。1 月 5 日，召开 2021 届毕业实习动员会暨指导老师见面会，邀请校外实习基地萱花中学、重庆文理学院附属中学、海棠小学的指导教师代表出席会议。5 月 7 日，院长唐建忠率队赴渝南田家炳中学开展实习工作检查。5 月 18 日和 6 月 1 日，教学副院长王勇率队分别赴重庆文理学院附属中学校和海棠小学观看毕业实习汇报展示。6 月 2 日，召开 2020 届运动康复专业毕业实习动员大会，对相关毕业实习工作进行部署。6 月 6 日，召开 2021 届毕业实习总结大会，实习生代表各自专业作实习工作总结和经验分享。

12 月 1 日，2021 级运动康复专业学生在系主任的带领下，到纳斯健康科技有限公司进行认知见习活动。12 月 2 日，2020 级体育教育专业和运动训练专业分别赴重庆文理学院附属中学校和景圣中学进行认知见习活动。

开展2018级体育教育（师范）专业学生的试讲指导工作，推选4名同学参加学校第六届师范生教学技能大赛。3月17日，“践行未来体育名师”实验班开班。5月19日，实验班前往重庆市永川区萱花中学开展专业认知见习，观摩实习汇报课，并与重庆市体育名师，永川区名师工作室领衔名师进行面对面的交流。赴重庆巴蜀常春藤学校观摩第七届中小学体育教师基本功比赛。6月8日，全体实验班学生参加2021届毕业实习总结大会。

根据师范专业认证工作的要求，对近三年的期末试卷进行教师自查和学院复查，通过自查和复查，对存在的问题进行整改。开展期末考试命题质量检查，试卷质量大幅提升。

开展同行评教，成立工作小组，分4小组对16名教师的课堂教学质量同行评价。2021年，学院获批重庆文理学院课程思政建设示范项目3项、重点项目1项、培育项目4项。获批“农村学校骨干教师（初中体育）”和“重庆市骨干教师培养对象培训（初中体育）”2个国培项目，项目总经费近百万元。

3. 学科竞赛

男篮作为重庆市基层赛冠军参加西南赛区比赛，获2021年CUBA中国大学生篮球联赛总决赛32强赛直通资格。在中国大学生3×3篮球联赛全国总决赛中获全国第七名。在第17届中国大学生柔道锦标赛暨第31届世界大学生夏季运动会柔道项目选拔中，获2银3铜。田径队在2021年重庆市大学生田径比赛中获5金3银4铜。在2021年重庆市大学生羽毛球比赛中，获丙组男子单打冠军，丙组混合双打亚军、女子单打季军以及甲组女子双打季军。跆拳道代表队在2021年中国大学生跆拳道锦标赛中取得一金一银两铜。学院学子王鑫在第十四届全运会上获摔跤男子古典式60公斤级第五名，并晋升为运动健将。在全国大学生拳击锦标赛，学生吕冰宇获女子丙组60公斤级亚军，潘诗静获女子丙组60公斤级季军，唐应飞，陆洪保、陈玉峰分别获男子丙组57公斤级、63公斤级和69公斤级季军。在2021年重庆市大学生游泳比赛中，获22块金牌，3块银牌1块铜牌，男子团体总分第一，女子团体总分第一，包揽所有单项和团体金牌。

在第四届全国高校运动康复专业学生技能大赛中，2018级运动康复专业吕英捷、罗旺、李波三位学生组成的代表队，获本科组团体比赛“二等奖”。吕英捷、罗旺同学获个人二等奖，李波同学获个人三等奖，杨艳、刘凌、邱国荣三位老师被评为优秀指导老师。

4. 学生工作

党建带团建，充分发挥共青团组织作用，创新性完成 4 次团日活动，其中线上开展 1 次，线下开展 3 次，团员参与率均为 100%。推荐 17 名优秀团员参加第 77 期团校和第 14 期青马培训。组织各支部团员按要求参与“青年大学习”，注册率为 89.54%，每一次参与率高。

完善修订学生综合测评管理办法，更新学生第二课堂学分认定实施办法，优化联合培养学生选课、成绩管理办法。组织开展“四困生”帮扶工作，对学习困难、经济困难的学生开展谈心谈话。把握学生成长规律，全面育人创新发展。丰富第二课堂，在课余时间开展体操、3×3 篮球、军训演讲、征文等各类竞赛，以竞赛的形式丰富专业学习氛围，有效促进第一课堂和第二课堂的衔接，促进学风建设并增强学生的专业能力。

参与重庆市第六次运动会开闭幕式表演，开展“健康小分队”进社区志愿服务活动，给予学生充分展示自己的平台，涌现出一批优秀的参赛者、组织者，学生综合能力得到提升。打破过去就业前推荐的单一模式，试行“实习+就业”模式，运动康复专业与永川多家医院及市内外康复机构建立“实习+就业”合作模式，让同学们提前确立未来就业方向，减短进入用工单位的磨合期，提升学生的就业竞争力。2017 级毕业生考研录取人数达 29 人，其中 22 人被北京体育大学等国内知名高校录取。

5. 科研工作

2021 年，申报国家社会科学基金项目 6 项，教育部人文社科 1 项，重庆市各级各类项目 10 余项。截至 12 月 30 日，获批省部级 2 项，厅局级 12 项，校级项目 7 项。签订横向项目合同 2 项，总经费为 724.8 万元。完成科研项目结题 3 项，完成横向项目 2 项。以第一作者或通讯作者发表论文 8 篇，B 类核心期刊论文 2 篇；出版著作 2 部，其中专著 1 部，教材 1 部；研究报告被省级以上单位采纳 4 篇；获批国家发明专利 2 项。

园林与生命科学学院

1. 党建工作

开展党史学习教育，激发爱国热情，党总支书记、党支部书记、学院院长和辅导员上党课，讲党史，开展 15 场党史学习教育宣讲会，参与人数 1 318 人。开展组织活动，庆祝中国共产党成立 100 周年。135 名入党积极分子参加党校学习，其中包括 1 名博士。64 人加入中国共产党，32 人转为正式党员。

充分发挥党员作用，党员陈泽雄、王微等老师获市级纵向项目，党员孙翰昌、娄娟老师等获大批横向项目，党员邢海涛等老师发表高质量 SCI 一区论文，党员刘国花、李哲馨老师出版学术著作。在教学工作中，党员孙春红老师代表副高组进入校内决赛，教学效果得到评教专家的认可与好评。党员陆红佳老师承办食品检测技术技能大赛，既强化学生理论知识，也增强学生动手能力。

制定《2021 年园林学院师德师风建设实施方案》《2021 园林与生命科学学院统战工作实施方案》，认真落实中央八项规定及其实施细则精神和市委实施意见，党建工作成效显著。

2. 教学工作

教学常规工作规范开展，教学质量保证体系有效运行，2021 届本科毕业生 296 人，通过毕业审核获毕业证书 290 人，毕业率 97.97%，通过学位审核获学士学位 285 人。常规检查深入，教风学风良好。

组织园艺、园林、生物技术、食品科学与工程、风景园林专业负责人完成 2020 版本人才培养方案中专业劳动教育课程的增设，保证专业劳动教育教学计划有序开展。

申报《园林生态学》等市级一流课程改革项目 6 项，《“全产业链”双创型农科人才培养的探索与实践》等重庆市高等教育教学成果奖项目 1 项，“机械制图与机械设计基础”等 9 门课程申请首批校级课程思政建设项目结项验收，“食品化学”等 12 门课程获批校级课程思政建设项目。获批重庆市教学改革项目 2 项，校级教研项 3 项。完善 2022 届毕业论文（设计）多样化改革方案，确定各类型毕业论文

（设计）评价标准，更加契合各专业的人才培养目标和学生的个性化需求。

在原有 47 个校企合作共建的实践教学基地基础上，新增实践教学基地 6 个。与重庆市园林行业协会、重庆佳联园林景观设计有限公司联合举办 2021 年“佳联杯”校园景观设计大赛，比赛评出一等奖 1 项、二等奖 2 项、三等奖 3 项。与重庆市园林行业协会、重庆京玲生态环境科技有限公司联合举办 2021 年“京玲——溢彩杯”花境设计大赛，比赛评出一等奖 1 项、二等奖 2 项、三等奖 3 项。

在第 20 届韩国国际压花比赛上，获二等奖 2 项，三等奖 3 项，参赛学生 300 余人次。参加首届重庆大学生乡村振兴创意大赛，获银奖 1 项，铜奖 1 项。在第七届中国国际“互联网+”大学生创新创业大赛决赛中，获银奖 1 项，铜奖 1 项。第七届中国国际“互联网+”大学生创新创业大赛重庆赛区选拔赛决赛中，获金奖 2 项，铜奖 1 项。重庆文理学院第七届中国国际“互联网+”大学生创新创业大赛决赛中，获金奖 2 项，银奖 2 项，铜奖 2 项。在 2021 年首届重庆大学生乡村振兴创意大赛中，获二等奖 1 项，三等奖 1 项。

加强教学培训和帮扶，提升教师教学能力，“园林生态学”等 6 门课程申报重庆市高校一流本科课程。有 5 门课程申报 2021 年全国高校生命科学类微课教学比赛。

引进博士 1 人，柔性引进教育部新世纪人才、中国农业大学教授 1 名，新增兼职教授 5 人，外聘教授 5 人。

新建 3 个校外研究生实践教学基地，新聘 3 位校外研究生导师，实习就业一体化推进就业工作，提高就业率和用人单位满意度。完善农艺与种业（园艺领域）专业硕士学位研究生招生政策、人才方案、过程管理细则，为 2023 年专业硕士的招生打下基础。园林作为重庆市唯一的园林国家级特色专业、国家“双万计划”省级一流专业，正在实施国家“卓越农林人才计划”。

3. 学科科研工作

2020 年园艺学“十三五”重庆市重点学科终期验收获评为优秀，2021 年农业获批为“十四五”重庆市重点学科，农业硕士成为学校获批的 3 个专业硕士学位点之一。

新增 2 个研究生联合培养基地，具有省级研究生导师团队 1 个，新增兼职博士生导师 1 名，新增校外兼职合作硕士生导师 5 名。新增研究生联合培养基地 2

个，在建有省级研究生导师团队 1 个、省级研究生联合培养基地 1 个。

获各级纵向项目共 19 项，到账经费 334 万元，人均到账经费 5.3 万元。签订横向科研项目 8 项，到账经费 193 万元，人均到账经费 3.1 万元。

2021 年，获批“特色经济植物重要性状形成及调控”重庆市创新群体 1 个，获批“垫江晚柚产量与品质提升关键技术集成创新与应用”重庆市科技特派员团队项目 1 个。

发表各级各类学术论文 59 篇。其中，SCI 期刊论文 39 篇，包括 SCI 一区论文 8 篇，二区论文 19 篇，A 类期刊论文 3 篇，B 类期刊论文 6 篇，一般核心和非核心期刊论文 11 篇。李洪雷教授为第一作者的科研论文《二倍体生姜（Zingiber officinale）单倍体基因组及其特有物质姜辣素生物合成途径》在川渝科学技术大会中荣获二等奖。出版学术专著 6 部，授权国家发明专利 2 项（其中实现转化 1 项），实用新型专利 10 项。

由孙翰昌教授领衔的“大鲵健康养殖关键技术及产业化应用”获得中国发明协会发明创业奖创新奖二等奖。

李洪雷教授领衔的生姜全基因组研究中绘制了全球首张高质量生姜基因组图谱，并构建生姜特有成分姜辣素的合成通路。成果于 8 月，作为封面文章发表在中国科技期刊卓越行动计划领军类期刊 *Horticulture Research* 上，并获 2021 年川渝科学技术大会优秀论文二等奖。

4. 学生工作

积极组织学生参加全国第七届“互联网+”大学生创新创业大赛，重庆赛区获得金奖 2 项，银奖 1 项。其中作品“椒柳之实”“姜山如此多娇”在全国总决赛中分别获得银奖和铜奖。韩国压花比赛获银奖 2 项，特选奖 3 项。

录取 2021 级新生 414 人，实际报到 402 人，报到率 97.1%。毕业生 296 人，143 人参加研究生入学考试，上线 88 人，录取 79 人，录取率 26.6%，录取人数居第一。初次就业率达 86%，年底就业率达 94%，达到预期就业目标。

5. 实验实训工作

启动格训楼基础设施升级改造工程，格训楼 84 间，4 000 余平方米实验室，5 月项目竣工验收投入使用。新增固定资产 300 余万元，完成 1 000 余台套、1 500

余万元仪器设备的回迁调试工作，保证实验教学的正常运行。完成 107 块门牌、117 块制度牌以及楼层消防疏散图等制作。

开展新生实验室安全专题培训，发放《园林学院实验室安全手册》，与学生签订实验室安全承诺书。开展 4 场次高压灭菌锅规范操作及安全使用等专题培训。开展危化品安全管理专项检查、国庆及中秋等节假日前安全检查 20 余次。

与重庆云青环保科技有限公司对接完成实验室废液、废玻璃试剂空瓶等实验废弃物的转移及处置工作，投入 2 万余元完成实验室药品库房、特色植物研究院区域监控设施的安装。

承担园林、生物技术、食品科学与工程等 5 个专业 184 门实验实训课程的教学任务，开设实验项目数 863 项，完成实验 298 162 学时。

马克思主义学院

1. 党建工作

认真学习贯彻落实习近平新时代中国特色社会主义思想、党的十九届六中全会精神，并指导学院“十四五”规划方案。

扎实开展“四史”宣讲活动，引导全体党员深入学党史、守初心、担使命、谋发展。成立学院“四史”学习教育宣讲团，宣讲场次20余次，受众1 000余人。开展党史教育进校园、“七一”讲话精神进课堂170余次宣讲，实现全校各专业各年级全覆盖。

12月，开展第三届“微党课”比赛。以巡视巡察问题为导向，对标查找整改问题，学校党委巡察组在市委第四巡视组的指导下，于4月9日至5月25日，对学院党总支进行巡察。学院党总支高度重视巡视巡察反馈的问题，把巡察整改工作作为重要政治任务，迅速安排部署。7月8日召开党总支会议、党政联席会广泛征求师生意见，深入分析原因，坚持问题导向，以强烈的责任心和高度负责的态度，将任务分解细化，明确责任领导、责任人、整改措施和整改期限。在为期3个月的集中整改阶段，学院党总支严格按照整改方案，倒排工期、挂图作战、打表推进。经过全院上下共同努力，整改工作取得阶段性成效。

2. 教学工作

开展教学督查与指导工作，严格确保学院教育教学质量和水平。开展2017、2018级毕业论文质量、师范生晨读晚练专项督查及排课规范自查、教师自我和同行评价、试卷命题质量、期末试卷归档规范检查、日常巡教等教学常规督导工作，教育教学秩序运行良好。

4月25日，由学校思想政治理论课建设领导小组主办、马克思主义学院承办的2021年思政课教学竞赛举行。竞赛分为“毛泽东思想和中国特色社会主义理论体系概论”课程教学竞赛组、“马克思主义基本原理概论”课程教学竞赛组、“中国近现代史纲要”课程教学竞赛组、“思想道德修养与法律基础”课程教学竞赛组和“形势与政策”课程教学竞赛组5个组别进行，53位中青年思政课教师参赛。

12月，学院组织教师教学设计比赛，取得较好的效果。

坚持早谋划、早启动、早部署“双一流”建设工作，在全院广大教职工的齐心努力下，思政专业获批省级一流本科专业建设点，“习近平总书记关于教育的重要论述研究”课程已通过学校2021年一流课程遴选并推荐至市教委参评。

2021年，思想政治教育专业毕业生65人、法学专业85人、行政管理专业67人，全院217名学生参加实习，22名评为优秀实习生，其中思想政治教育专业6人，法学专业9人，行政管理专业7人。3名老师被评为优秀实习指导老师。

对标对表巡视、巡察整改要求，推动教学整改工作落地落实，针对教研室主任配备问题，按照相关要求选拔出6位教师担任教研室主任。针对教学安排问题，“马克思主义基本原理”“毛泽东思想和中国特色社会主义理论体系概论”“中国近代史纲要”“思想道德与法治”四门课，均安排在白天（非周末）上课，改变100人大班问题。因为时间、人员等因素，“形势与政策”课安排周末上课。针对教学实施有差距的问题，制定《新教师试讲制度》《集体备课制度》《教师听课互评制度》《集体命题制度》《教学大纲核准制度》《教案评价制度》，各教研室每月定期组织集体备课一次，制定重庆文理学院2021级学生“新中国史”“党史”“改革开放史”课程2021—2022第二学期开课计划。

3. 学科与科研工作

组织申报各级各类项目，立项30项，其中国家社科基金1项，教育部人文社科等省部级项目16项，校级项目13项。公开期刊发表论文34篇，其中核心期刊9篇，出版教材专著6部，各级咨政报告7项。出版教材专著《“挑战杯”全国大学生课外学术科技作品竞赛培训教程》《奋斗的青春最美丽——做新时代德智体美劳全面发展的大学生》等6部。

4. 学生工作

2021年是中国共产党成立100周年，学院围绕以“党史”学习为主线的“四史”学习教育开展各项党建工作。发展党员70名，预备党员转正35名，确定入党积极分子126名。

认真开展团组织生活，加强团员理想信念教育，以“制度就是承诺”“走出宿舍走下网络走向操场”主题活动，特别是十九届六中全会召开以来，学院利用专业特点，结合党总支各项活动加强政治学习，使广大青年深刻认识到要坚持党的先进性，坚定不移地沿着中国特色社会主义道路奋勇前进。

建立学院—班级—宿舍三级信息体系，形成“专职辅导员+学生信息员”和“群体辅导+个别指导”教育模式，全员参与、全程监控，形成了一套比较完整的危机干预预警机制。通过创建学生档案、个别谈话、集体辅导、网络宣传等方式开展心理健康教育活动，时刻把握学生心理动态。

狠抓学生技能训练，守正创新凸显特色，学院在第十七届挑战杯全国大学生学术科技作品竞赛重庆市选拔赛中，有 6 人次获市级特等奖、6 人次获市级一等奖、6 人次获市级二等奖。在 2021 年大学生创新创业训练计划中，有 5 人次立项国家级创新创业训练计划，5 人次立项市级创新创业训练计划。在“田家炳杯”第七届全国师范院校师范生教学技能竞赛中，学院学生吕贵凤等获全国三等奖。在第七届中国国际“互联网+”大学生创新创业大赛重庆赛区选拔赛中，学院学生邓莉莉获市级一等奖。在“重庆市第十一届大学生心理成长论坛”心理成长微课比赛中，2 名学生获市级一等奖。在 2021 年全国大学生英语竞赛中，3 人次获三等奖。在重庆市第十一届大学生心理成长论坛中， 6 人次获二等奖。

开展“学雷锋”志愿服务活动两次、“寝室文化大赛”活动两次、“12・4”宪法宣传日活动、“3・15”消费者权益维护活动、新生辩论赛、讲课比赛、“模拟教师招聘”比赛、讲课比赛等专业赛事 10 余次，学生参与面广，热情度高，专业性强，全面提高学生综合能力。

5. 党史学习教育

本年度，将党史学习教育作为全年工作重点，并将其贯穿学院党建、教学以及学生工作全过程。以党史学习教育为契机，号召全院师生“学党史、守初心、担使命、谋发展”，共促党史学习教育入脑、入心、入行，不断加强对党百年辉煌的认知，坚定走中国特色社会主义道路的信心。通过“四史”答题，形成“你追我赶”的竞争形式。要求学院领导班子、思政课教师、辅导员利用各级各类平台宣讲“四史”，实现全校各级各类学生全覆盖。多次走进永川其他大中小学、企事业单位、社区单位等，推动“四史”教育进课堂、进基层、进社区，以宣讲促提升，不断深化全院师生知识储备和精神信仰。

电子信息与电气工程学院

1. 党建工作

坚持学思用融通，通过线上线下个人自学、集体学习研讨、专题讲座和座谈调研等主要形式，开展切实有效的学习活动。制定《电子信息与电气工程学院开展党史学习教育实施方案》，扎实开展党史学习教育。2021 年，党总支书记、副书记、支部书记讲党课 50 次。

启动以共产主义理想信念教育为主要内容的学院党建品牌，通过三大工程，从入党积极分子管理到毕业生党员再教育，形成全过程、全方位教育体系，第一阶段的共产主义理想信念先导性教育工程已进入实施阶段。推荐 119 名入党积极分子参加党校培训，82 名发展为中共预备党员，34 名预备党员按期转正。

成立教师思想政治和师德师风建设领导小组，负责学院教师思想政治和师德师风长效建设，积极推动教师思想政治和师德师风建设的常态化、制度化和规范化。在学校首批教师分层激励名单中，学院教师获教学名师 1 名，首席教师 1 名，优秀主讲教师 2 名，教学新秀 1 名，占总人数的 14.7%，入选教师均为中共党员。

2. 教学工作

坚持对新进教师进行“一对一”帮扶指导，在 2021 年全国高等学校青年教师电工学课程教学竞赛四川重庆云南西藏宁夏赛区选拔赛中，青年教师申凤娟、穆星星、曾冲获一等奖 2 项、二等奖 1 项。

“电力电子技术”课程及团队被认定为重庆市高校课程思政示范建设项目和教学团队，重庆市高等教育教学改革项目立项 1 项，3 门课程立项为重庆文理学院课程思政建设示范项目，10 门课程立项为重庆文理学院课程思政建设重点项目。

电子信息科学与技术专业通过重庆市普通本科高校大数据智能化类特色专业终期验收。5 月 28—30 日，承办 2021 年中国高校电工电子在线开放课程联盟西南地区工委会暨重庆市电工学研究会教学改革研讨会，近 40 名专家及电气类专业教师参加会议，加强学校电类课程与其他高校的交流，促进相互学习，提升学校电类专业的社会影响力。

在第十二届蓝桥杯全国软件和信息技术专业人才大赛个人赛重庆赛区的比赛中，组织11名学生参加单片机设计与开发、嵌入式设计与开发、EDA设计与开发、C/C++程序设计四个组别的比赛，获一等奖3项，二等奖1项、三等奖3项，其中获一等奖的学生晋级全国总决赛。在总决赛中，获全国三等奖2项、优秀奖1项。

在第七届中国国际“互联网+”大学生创新创业大赛重庆赛区选拔赛中获1金1银。在全国大学生电子设计竞赛（重庆赛区“TI”杯）竞赛中，学生获特等奖2项，一等奖5项，二等奖4项。其中，重庆推选出的学院2项特等奖，参加由教育部高等教育司和信息产业部人事司主办的全国大学生电子设计竞赛，均获全国二等奖。在重庆市大学生物理创新比赛中，获一等奖3项，二等奖1项，三等奖5项。

学校与俄罗斯库兹巴斯国立技术大学签订框架合作协议，双方已经协同完成电子信息科学与技术“2+2”项目合作协议，及“2+2”人才培养方案对接工作，已于9月开始第一届招生联合培养，招生人数11人。

本着“精心策划、科学管理、优质教学、务求实效”的原则，承办“国培计划”—2021年职业院校教师素质提高计划培训项目—高职教师企业实践（电子与信息大类）项目。

3. 实验室工作

设物理、电子信息、电气工程三个教学实验中心，实验用房57间，面积6 000平方米，中心设备3 576台件，总值约2 700万元，配实验室主任1名，管理人员4名。新建智能充电桩实验室于9月底投入使用。秉承“安全无小事，责任重于天”，切实履行每周一次的实验室安全检查制度，坚持常规安全检查和专项安全检查，全面落实学校安全管理规定，严格履行管理职责，杜绝安全事故发生。

面向物理学、电子信息科学与技术、电气工程及其自动化、微电子科学与工程、信息工程、高分子材料等10个专业，开出大学物理、电工电子技术、电路分析、模拟电子技术、数字电子技术、信号与系统、自动控制原理、电工实训等实验实训课程40多门，开设实验实训项目260余个，开设电子设计自动化、电子线路CAD、单片机原理及应用等理实一体化课程10余门，实验实训人时数约32万人时数，实验室开放8 000多人时数。

4. 科研工作

本年度，学院以“十四五”重庆市重点学科申报暨学校第五轮学科申报立项为重点，以2023年“电子信息”专业硕士授权点申报为抓手，完成平台建设、团队建设、重大项目申报、国际交流合作等各项具体工作。与株洲宏达电子股份有限公司联合申报重庆市研究生联合培养基地。

引进学科带头人1人，新进博士2人。送培在职青年教师进修博士学位2人，送培博士后流动站进修教师3人，新增兼职硕士研究生导师6人。

立项建设重庆市自然科学基金项目2项、重庆市教委科学技术研究计划项目6项（其中重大项目1项）、永川区自然科学基金项目2项，经费720余万元。

探索国际合作，加强国内合作，深化校内合作，提升学科水平。在成果获奖申报方面与重庆大学开展合作申报科技成果奖1项。在科学研究方面与电子科技大学等高校展开合作，发表一区TOP论文4篇。

5. 学生工作

坚持以人为本，以忠诚、仁爱、引导、协作、笃学为工作理念，引导大学生增强自身法治理念，创新学生工作内容。引进企业一线人员为学生分享职业规划课程，探索项目育人模式。结合第二课堂成绩单实施项目，将第二课堂成绩单定性和定量考核相结合，实现对学生综合素养的全面评估。

落实落细学生健康风险管理，持续加强学生日常管理和出勤，推进学院学风建设。持续开展学生学业预警制度，不及格科目累计学分≥20的学生，引导降级继续学习，降低不能顺利毕业风险；不及格科目累计学分≥15，主动联系家长并将学习成绩情况以书面形式寄送家长，联合家长、学院、学生共同制定改善措施；不及格科目累计学分<15，开展面对面约谈，督促学生制订学习改进计划。

加强安全教育工作和校企合作，拓展学生行业知识。邀请Intel中国创新中心专家、两江半导体研究院专家、华清资深工程师、中科院微电子所专家等分享关于FPGA技术、集成电路版图设计、嵌入式技术应用等相关信息。

完善学生心理危机预防和干预机制，严把评优评先和资助评审工作，注重公平公正。组织30余家企业来院开展专场招聘，实施精准岗位匹配，2021届年底就业率超过94%，名次位于二级学院前列。2021年底，2022届学生签约率已超过50%。

加强辅导员工作环境文化建设，辅导员职业素养得到提高，陈媛获学校第七届辅导员职业能力素质大赛案例研讨单项比赛第一名，1 名教师转岗为专职辅导员，优化了辅导员队伍结构，完善了学工人员数量配置。

音乐学院

1. 党建工作

组织全体教职工开展政治理论学习 8 次，主题党日学习 10 次，师德师风教育 4 次，签订师德师风个人承诺书 64 人次，开展党务干部培训 2 次。学院党总支书记、副书记（院长）、支部书记、辅导员分别对学院教师党员、全体教职工、学生开展党史宣讲共计 7 次，宣讲习近平总书记“七一”重要讲话精神 5 次。学校党委副书记、校长黄伟九为学院开展专题党课 2 次，校纪委委员为学院开展专题党史教育讲座 1 次，开展“音韵党课”1 次。

2021 年，党总支书记、副书记，支部书记上党课 15 次。递交入党申请书 259 人，确定入党积极分子 53 人，参加党校学习 81 人，参加团校学习 81 人，新发展党员 40 人，转正 20 人，毕业党员组织关系市内外转接 30 人，举办毕业党员座谈会 1 次。

举办庆祝中国共产党成立 100 周年系列活动——音乐学院第五届教师业务汇报 1 场、博士音乐会 1 场、技法课教师学生月末音乐会 3 场；学院师生 500 余人次参加重庆市第六届运动会（残运会）开幕式、闭幕式演出；参加“永远跟党走——重庆市庆祝中国共产党成立 100 周年文艺演出”1 次。

2. 教学工作

开展 2021 年新生专业复查工作，2021 级音乐学（师范）及 2019 级音乐学（师范）专升本专业复查内容包括声乐、钢琴、器乐、乐理；2021 舞蹈学及 2019 级舞蹈学专升本专业复查内容包括基本功及剧目。对接学院和中小学师资需求，在本年度的技法课半期考试工作中，进行深层次考核改革。

开展申硕和师范专业认证的准备工作，完成材料收集、数据填报、学风教风整顿、人才引进、横向项目引进等工作，提前进入评估工作状态，多次进行自查、自纠、自讨、自束工作，多次组织老师们进行培训。秉承“反向设计、正向施工”理念，按照中小学音乐教育和舞蹈行业实际，在多方调研、座谈的基础上，完成 2020 版人才培养方案重构。分步骤开展 2020 版课程教学大纲修订工作，组织全体专任教师以教研室为单位进行了2020版人才培养方案解读和课程教学大纲的交叉评审及修改活动，完成2020版课程教学大纲汇编工作。

校级课程思政项目立项3项，市级课程思政项目立项1项。闫文娴“技法课（声乐）”（一流线上课程）入选学校推送至重庆市教委。“精品在线课程（声乐）”经过一年积极的筹备、录制及后期编辑工作，已投放至重庆在线开放课程平台。

在重庆市首届高校音乐教育专业学生现场课比赛和校级师范生技能大赛中，2017级音乐学（师范）专业郑润生同学以《苇叶船》为课题，获决赛一等奖；刘小梅同学以《一杯美酒》为课题，获二等奖；罗鑫渝同学以《一只鸟仔》为课题，获三等奖。在学校师范生技能大赛中，获一等奖1名（万玲），三等奖1名（邓正伟），优秀奖2名（梅芷玥、李星雨）。

与永川区文旅委合作打造、学院国家二级编导黎丙松老师编创、青年教师易信任领舞、舞蹈学专业学生参演的原创舞蹈作品《书记，爸爸》，在全国800多个舞蹈选送节目中脱颖而出，入选文旅部主办的第十三届全国舞蹈展演。

在做好疫情有效防控的前提下，举办音乐会35场。其中技法课教师学生月末音乐会6场，学生周末艺术实践8场，毕业生主题音乐会12场，教师业务汇报演出1场，音乐学院博士音乐会1场，教师教学音乐会3场，2018级音乐学毕业音乐会1场，舞蹈学毕业汇报晚会1场。

参加“第二届全国高校教师教学创新大赛重庆选拔赛”，进行教研室预赛、打造、遴选，推荐赵勇“中国古典舞基训”、陈亚芳“中国古典舞身韵”分别代表中级组、副高组进入全校决赛。坚持品牌项目《自弹自唱》月考工作，以学生为中心，以满足学生多元化发展需求作为出发点，开展2022届毕业生的从业技能验收。

3. 学科科研及艺术实践

制定《音乐学院2022年社科类科研项目申报工作方案》，成立工作领导小组，大力发动，积极组织教育部人文社科项目、国家社会科学基金项目、国家社科基金艺术学项目、全国教育科学规划项目等12项申报。申报乡村振兴舞蹈发展研究所、文化振兴区域民间音乐研究所、基础音乐教育研究中心、巴渝民族民间音乐研究中心等科研机构4个，成功申报“重庆市第六届残疾人运动会开（闭）幕式活动”项目等横向科研项目等共14项，横向科研合同金额近80万元。

组织师生参加重庆市第六届运动会开（闭）幕式闭幕式和重庆市第六届残疾人运会开（闭）幕式演出；组织师生参加“永远跟党走——重庆市庆祝中国共产党成立 100 周年文艺演出”；组织教职工参加“不忘初心、与党同行、共抒统战情、共祝中国梦”2021 年高校诵读比赛，获第二片区一等奖；组织 40 余名师生参加永川区区域工会庆祝中国共产党成立 100 周年文艺演出；组织师生参加重庆文理学院庆祝中国共产党成立 100 周年文艺演出；组织教职工参加“不忘初心、与党同行、共抒统战情、共祝中国梦”2021 年重庆市高校诵读比赛（总决赛）并获特等奖。

4 月 12 日—16 日，开展 2018 级学生为期 5 天的音乐、舞蹈采风工作。12 月 8 日，第二届舞蹈学学生专业技能大赛在星湖活动中心四楼落下帷幕，比赛设现代舞，分为初赛、复赛、决赛三个环节，包含舞蹈剧目和技术技巧两大环节，以“舞韵党课”为主题，10 支舞蹈队伍进入决赛。近 300 名舞者以舞台为讲台，以肢体为宣讲，以舞蹈话党史，感召青年学子奋进前行。

4. 学生工作

开展党史知识竞赛、主题教育活动 9 次，开展学习贯彻“七一”重要讲话精神主题宣讲 4 次、党的十九届六中全会精神宣讲 2 次。利用学校明德网开展学生政治教育和学习活动。加强学生日常管理工作，实行严格的考勤监管。早功早晚自习出勤率超过 95%，加强学生安全教育，确保校园安全稳定。平日利用周末教育、知识讲座、知识竞赛、反诈宣传等进行安全教育，开展教育活动 21 次。

关爱学生，认定家庭经济困难学生 191 人，做好学生资助工作，开展 1 对 1 大学生心理健康教育谈心谈话，引导学生开展心理咨询 22 次。

2021 届毕业生 236 人，截至年底，2021 届毕业生就业率 94%，其中 9 人考上硕士研究生，7 人自主创业，23 人考取编制，4 人考取特岗教师、西部计划。

美术与设计学院

1. 党建工作

持续开展思想政治和意识形态教育，党政一把手带头讲党课，从严落实“三会一课”、民主生活会、领导干部双重组织生活等制度。加强党员教育管理。落实党风廉政建设责任制、意识形态工作责任制。开展“我为群众办实事”活动，对师德师风、会风会纪、工作室运行等日常监管常抓不懈。

党团、学教联动，围绕“立德树人”目标和三全育人要求，以学习型、服务型和创新型党团组织创建为抓手，深化以学生干部“我做先锋”、学生文明修身、寝室文化建设等为主要内容的大学生思想政治教育质量提升行动，结合疫情防控要求，探索工作机制，推动工作形成常态化。

积极参与“大学生艺术展演”“廉洁教育五进”主题作品展，青少年魔方展示大赛等活动，引导学生通过创作把党的理论思想和国家建设成果用艺术作品呈现出来，把德育和美育结合起来，实现“艺术+思政”的有机融合，做到党的思想教育入脑入心。有效有用，不断提升组织育人成效。

完善搭建学习平台和宣传媒介，党员学习室功能和学习制度进一步优化。通过融媒体中心，运营“重文理美院”微信公众号和重文理美院 QQ 号，开创美院之声、画家故事、学风建设等特色专栏，推送原创推文 90 余篇，网络总阅读超过 2 万余次。

加强“围绕发展抓党建，抓好党建促发展”的辩证关系和新任务新要求的认识，摆脱就党建抓党建的陈旧观念和做法，用新的思路去开拓党建工作的新路子。着眼以培养学生综合能力为目标，推动思想政治教育、专业教育与社会服务紧密结合，全面培养学生认识社会、研究社会、理解社会、服务社会的意识和能力。在继环境设计专业获批国家级一流专业建设点之后，艺术学学科获批 A 类校级重点学科，“乡村景观规划设计”获批重庆市 2021 年高校课程思政示范建设项目，环境艺术专业成功申报重庆市高校基层教学组织建设“优秀基层教学组织典型案例”，党建与业务有机结合取得新成果。

2. 教学工作

落实教学管理制度，狠抓日常教学管理，认真策划、积极组织教师参与学校的教学改革、核心课、思政课程、通识选修、教育部协同育人项目等申报工作，取得较好成果。

组织开展期末课程展，毕业设计展览，专业写生展览等，充分展现学院办学特色和应用性人才培养的成效。组织老师参与学院承办的米兰设计周中国高校师生作品大赛、中国“互联网+”大学生创新创业大赛等各项学科竞赛，获得可喜成绩。

在全国大学生展演大赛中，学院《巴渝文化与环境设计工作坊》获全国大学生展演大学艺术实践工作坊评选一等奖，重庆市第六届大学生艺术展演活动艺术工作坊项目一等奖。

推进教学教改课题申报，立项重庆市教改重点和一般项目各 1 项，教育部产学合作协同育人项目 3 项，校级教改 1 项，校级课程思政项目 9 项，三进体美劳专项 1 项，教师参加科研申报工作的积极性逐年提高。

组织教师、学生参与学科竞赛，在中国“互联网+”大学生创新创业大赛，全国大学生广告艺术大赛，中国大学生计算机设计大赛，米兰设计周中国高校师生作品展、好创意数字大赛、第九届全国高校数字艺术设计大赛中取得丰硕成果，教师作品和指导学生作品获国家级、省部级奖项 260 余项。

统筹完成重庆市教学成果奖《乡村振兴战略背景下环境设计专业实践教学模式的探索与实践》的申报并获得二等奖，视觉传达设计专业认真准备和计划，完成重庆市本科高等学校一流课程“广告创意与设计”申报工作并立项。学院与俄罗斯托木斯克国立建筑大学完成首届“4+2”英语项目的合作，成立“4+2”视觉传达专业国际班并开始授课。

3. 学科科研

依据“艺术与科技相结合、设计与产业相结合、教学与学科科研相结合”的政产学研用协同发展的科研工作思路，大胆开拓、不断进取，在重点学科申报、科研项目申报、科研服务平台建设、对外学术交流及应用成果的产业化方面等方面都取得了好成绩。主办艺术学科学术报告会、研讨会、论坛、讲座 4 次，学术科研基地考察与参加学术研讨会 9 人次，新建教学科研基地 11 个，举办和参加艺术设计作品展 9 次，省部级科研项目立项 5 项。

公开发表科研论文 40 篇，其中核心期刊 6 篇，A 类期刊 3 篇。出版《巴蜀石刻铭文书法艺术》《古代巴蜀石窟的装饰设计与形态研究》《互联网+时代 App 系统性服务设计与创新》等学术专著 6 部、教材 1 部，获地方横向项目 3 项，到账金额 36 万元。视觉传达系陈毅涛老师获第九届“重庆艺术奖”。

4. 学生工作

严要求强规范做好日常教育管理工作，重视做好学生安全稳定工作。党政协同推进大学生心理健康教育工作，坚持党政联席会研究大学生心理健康问题，辅导员做好心理健康学生台账，不断完善大学生心理危机干预机制，积极开展心理健康普查、开展谈心谈话，依托学生会心理健康部开展心理沙龙、主题班会等活动，营造良好的心理育人氛围。本年度，认定经济困难学生 501 人，评选助学金 442 人，国家励志奖学金 43 人，国家奖学金 3 人，成都校友会奖学金 2 人。新生报到率 96.98%，年终就业率 93.83%。

本年度，确定入党积极分子 104 人，发展学生党员 48 人，转正学生党员 15 人，转出党员 21 人。狠抓团组织建设，组织动员团员青年投入青年大学习之中，总参与率 80%以上，坚持团组织生活“六看”评价标准，采取线上线下相结合的方式，组织开展四次团组织生活。参与支部 53 个，团员参与率 100%。新增“学院特色活动”环节，使团组织生活更加贴近学院实际情况。举办特色团学活动、开展朋辈结对帮扶、加强课堂寝室督查、搭建专业竞赛平台和学习平台等方面入手，建立加强学风建设长效机制，努力营造浓厚的学习氛围。共建党团联动学生学习室，为大学生搭建学习和活动场所，定期做好值日和开放。

本年度，依托学院“绘德”志愿服务队，深入武隆区土地乡、永川区中山路街道、大安街道等单位，积极开展暑期“三下乡”“正青春绘出彩”、交通文明劝导等主题实践活动，开设素质课堂 200 余课时，培养 2 000 余人次，值班值岗 500 余人次，积极构建服务型团组织。

积极参加专业竞赛，组织学生参加各类竞赛活动，获市级及以上奖项 170 余项。其中杨冬梅老师、杨柳老师在 2021 年全国大学生广告设计比赛获一、二等奖，喻慧琳创作的作品获全国第八届大学生新媒体创意大赛三等奖。在 NCDA 2021 第九届全国高校数字艺术设计大赛中获国赛二等奖 1 项，省赛一等奖 2 项，二等奖 1 项，三等奖 2 项。在重庆市第六届大学生艺术展演中，姚诗琦、姚敏、周瑞、赵子涵等同学获书画摄影设计作品一等奖，唐萱茜等 23 位同学获二等奖 3 项，三等奖 12 项。在第 40 届重庆市大学生“校园之春”文化艺术体育活动中，杨鹏旺同学获城市文创大赛一等奖，姚诗琦、李缘源等 14 位同学获二等奖 6 项，三等奖 6 项，入围奖 2 项。

教育学院

1. 党建工作

强化政治学习，注重思想引领，组织教职工认真学习《论中国共产党历史》、习近平总书记在庆祝中国共产党成立 100 周年大会上的重要讲话精神等内容。召开教职工政治理论学习 13 次，党政联席会 32 次。

加强党员教育，形式丰富多样，召开党总支委员会 15 次，召开支部党员大会 58 次，召开支委会 35 次，上党课 42 次。赴渣滓洞、红岩魂陈列馆以及红岩革命纪念馆等红色教育基地开展“学党史、跟党走、颂党恩”主题党日活动，缅怀革命先烈，传承红色基因，汲取奋进力量。通过教育活动的开展，进一步增强党员同志的党性，在重点学科建设、小学教育师范专业认证等重点工作中，更好地发挥党员先锋模范作用和基层党组织的战斗堡垒作用。

坚持“成熟一个发展一个，发展一个成熟一个”原则，认真做好党员发展工作。219 人申请入党，确定入党积极分子 203 人，推选 162 名入党积极分子参加党校学习，发展预备党员 91 人，预备党员转正 32 人。学生支部现有党员 116 名，其中正式党员 29 名，预备党员 87 名。

2. 教学工作

小学教育专业二级认证顺利完成，在前期工作基础上，对人才培养方案进行几轮修改，根据课程目标达成度评价办法的要求对课程大纲进行二次修订，10 月下旬专家组进校考察，对学院的办学质量给予充分肯定。

新修订《课程目标达成度评价机制和办法》《毕业要求达成度评价机制与办法》《实践管理办法》《生产劳动教育实施方案》等制度文件，内部质量监控体系日趋完善。

应用心理学获批国家“双万计划”市级一流专业，教育创新研究院获批市级人文社会科学普及基地。学院以市级一流课程“音乐与幼儿音乐教育”“心理健康教育课程设计与指导”和校级一流课程“小学语文教材教法”为示范，以课程思政、现代教育技术与教学的深度融合、消灭“水课”、建设“金课”为重点，大力加强课程内涵建设且成效显著。15 门课程获学校专业核心课程改革立项，其中 7 门课程已结项。费秀芬老师的“小学语文课程教学设计与教学技能训练”、尚春雅老师的“班主任工作实务”、陆宇润老师的“书法鉴赏”获 2021 年学校课程思政项目立项，李晶老师的“音乐基础”被评为校课程思政建设示范项目。课程教学与一线学校和单位深度融合，9 门课程邀请 13 名一线行业专家进行 34 课时的微嵌入。

重新修订实践管理办法，针对专业特点设计指导手册，完善指导教师职责、评价标准，完成 2017 级 457 名学生的毕业论文答辩、2018 级 422 名学生的毕业实习与毕业论文开题以及 2019 级 348 名学生的试讲安排工作。

学士导师制深入开展，满足学生个性化发展需要，学院于 2019 年推行学士导师制，推出教学型、科研型、创新创业型三类导师，教学型导师 13 人，科研型导师 20 人，创新创业型导师 5 人，学士导师占学院教师总数的 56.7%，惠及学生 185 人，占学生总数的 15.1%，学士导师制指导的学生获国家级比赛奖 10 项，省级比赛奖 8 项，校级比赛奖 11 项，创新创业项目立项 5 项，发表科研论文 10 篇，实现在读学生在 SSCI/SCI 二区刊物发表科研论文零的突破。

3. 学科及科研

本年度，教育学顺利建设成重庆市级重点学科，心理学重点学科彰显出蓬勃的发展生机，与永川区兴龙湖小学签约重庆市研究生联合培养基地，并被评为市级人文社会科学普及基地。申报课题 16 项，获经费 87 万元，孔庆波负责的“学校体育赛事实践育人现存困境与发展路径研究”立项国家级项目。发表论文 59 篇，出版专著 7 部，获重庆市教育委员会 2021 年优秀教育咨政决策论文二等奖 1 项，重庆市高等教育学会 2020 年学术年会论文二等奖 1 项。

心理学实验室立项建设“重庆市高校情绪与心理健康重点实验室”，立项科研项目 6 项，其中省部级项目 4 项。发表论文 16 篇，其中核心期刊及以上论文 12 篇，被 SCI/SSCI/CSCD 收录论文 8 篇。申报专利 1 项，重庆市政协采用政策咨询报告 1 项，出版学术专著 1 部。

4. 学生工作

以党团建设为核心，进一步加强学生思想引领和教育工作，充分发挥党员学生的示范引领作用。通过理论学习和主题教育增强学生理想信念，“三全育人”获新突破，“四维协同·立德促行'管理育人创新模式的探索与实践”入选第三批重庆市高校“十大育人”精品项目中的“管理育人”项目。

做好疫情常态化下学生管理工作，认真开展各类评优评先工作，扎实抓好学生宿舍文化建设。2021年，学院有24个寝室被评为校级“文明寝室”和“特色寝室”，5个寝室评为重庆市级“文明寝室”和“特色寝室”。加强学生课堂的监控和早晚自习的管理和学生考风考纪教育，营造了良好的风气，全力保障了学风建设的有效推进。

持续不断开展学生安全教育，加强学生干部的引导和培养，2021年举办学生干部培训10余场，对学生干部队伍的思想政治素质、管理能力和工作方法进行培训，进一步提升学生干部自我教育、自我服务的意识。以学生成长为中心，积极做好各类困难群体学生的关注和帮扶，及时筛查学业困难学生，建立帮扶机制并做好跟踪教育。开展学生心理健康教育工作，建立专门档案，建立重点人群防控制度和体系，开展心理健康主题班会，普及心理常识，开展自我教育。做好经济困难学生的认定和资助工作，3 人获国家奖学金，44 人获国家励志奖学金，459人获国家助学金，同时为部分学生申请学费减免。

精心策划组织开展各项团学活动，举办“学生说课讲课比赛”“庆祝中国共产党成立100周年原创诗歌朗诵大赛”“儿童情景剧表演大赛”“教具制作比赛”“育和杯辩论赛”“庆祝中国共产党成立100周年书画比赛”等第九届“教育节”系列活动，学生参与率 90%以上。指导学生社团健康繁荣发展，组织指导学生参加校内外各项活动和比赛。本年度，41人次获一等奖，75人次获二等奖，41人次获三等奖。在学校“第二十一届田径运动会”中，学院再次获得甲组总成绩第一名和甲组女子团体总分第一名，实现了总成绩七年冠，300余人在学校各级各类活动和比赛中获奖。

细致入微做好新生入学及教育工作，学院2021级新生录取336人，实际报到331 人，报到率 98.51%。真抓实干，做好毕业生就业指导和教育工作，邀请校内外专家开展专题讲座 6 场，线上线下专场招聘 23 场。截至 12 月底，2021 届 456名毕业生已就业人数 423 人，就业率 92.76%。其中，253 人（含小学教育全科教师专业）实现对口就业，21 人考上研究生。

经济管理学院

1. 党建工作

结合新冠疫情防控工作实际，坚持线上与线下相结合、集中学习与自主分散学习相结合、学政治理论与学业务知识相结合的原则，通过上专题党课、学生周末思想教育课、教职工政治理论学习等途径，以看视频、听报告、专题辅导领学、讨论交流、志愿服务等多种方式，开展师生的思想政治教育。组织集中学习 10 场次，组织党员开展现场教学 3 场，现场宣讲活动 3 场，组织党员开展党性实践教育活动 3 次，其中新发展党员 100 余人参加 2 场活动，撰写学习心得 70 余篇。

推进“我为群众办实事”实践活动，联合重庆市永川区税务局机关第三党支部和永川区税务局卫星湖税务所党支部共同开展“学党史、践初心、我为群众办实事”主题党史学习教育实践活动，师生党员深入校园、永川区行政服务大厅和社区开展税收政策宣传、网上个税申报指导等志愿服务活动。联合学校红十字会、机关第四党总支第三支部在中山路街道社区养老服务中心开展“春日学雷锋、温暖养老院”关爱空巢老人志愿服务活动。

组织党总支成员、教工支部和学生支部委员开展党务工作专题培训 4 次，其中学校层面的培训 1 次，同化学与环境工程学院开展交流培训 1 次，学院内部培训 2 次，提升党务人员工作水平和能力。开展新生入党培训、积极分子培训、发展对象培训 5 次，严格按照程序发展中共预备党员 105 名，完成预备党员转正 34 名，培养入党积极分子 58 名，学生新提交入党申请书 100 余份。认真组织学生参加学校党校入党积极分子培训，考试合格通过率 100%。

2. 教学工作

立足物流工程专业建设成果，持续推进物流工程一流本科专业建设，获重庆市一流本科专业立项建设点。“企业质量文化”“财务管理”“物流系统建模与仿真”“国际营销学”“基于物流机器人的无人仓系统仿真实验”5 门课程立项为重庆市一流课程，“物流成本管理”立项校级线上一流课程培育项目。遴选苏燕老师组建“云商务概论”团队、漆沫沙老师组建“市场营销”团队、蒋先平老师组建“战略决策管理”团队。举办新文科智慧物流产教融合研讨会、新文科智慧物流产教融合建设推进会。田书芹作为第二负责人主持的项目“应用型本科高校服务乡村振兴战略的在地化模式与文理实践”，获批重庆市 2021 年高等学校教学改革研究立项重大项目，蒋先平主持的项目“基于多元融合递进模式的‘管理学’全课程思政体系的探索与实践”获批重庆市 2021 年高等学校教学改革研究立项重点项目，李云红主持的项目“基于课程思政建设的金融学课程群改革实践与探索”获批重庆市 2021 年高等学校教学改革研究立项一般项目。2021 年，学院获批 2 项学校课程思政项目和教改项目，获批教育部产学合作协同育人项目 8 项。应用型新专业工程审计专业正式招收 49 名学生。

“管理学”立项市级课程思政示范课程，获市级课程思政教学团队 1 个，学院 8 名教师获重庆市课程思政教学名师称号。在重庆市第二届高校教师创新教学比赛，田书芹、林锐、王菊和韩进 4 名教师获一等奖。在重庆市微课比赛中，范晓师获教学比赛三等奖。

整合实验室资源，实验室开放 10 万余人时数，60 余门课程完成常规实验实训教学和跨专业综合仿真实训教学。重视实验室安全，通过实验室管理责任到人，强化检查职责，完成 8 次集中检查，落实安全责任，确保安全零事故。

组织学生参加各类学科竞赛，获省部级及以上学科竞赛奖项的学生有 100 余人次，在学创杯 2021 全国大学生创业综合模拟大赛、大学生数智化企业经营沙盘大赛、第二届全国供应链大赛、第七届全国大学生物流设计大赛、全国工业经济应用创新职业技能竞赛供应链管理师赛等比赛中，获三等奖及以上的奖项 40 余项。

与重庆工业职业技术学院经济管理学院协作完成“专升本”联办工商管理专业的各项教学管理工作。赵晓飞《物流经济地理》教材由上海交通大学出版社出版，冯利朋《智慧物流技术与应用》申报校本教材。

签订“重庆文理学院与罗斯托夫国立交通大学合作举办硕士教育项目”学生联合培养项目，确定物流工程专业与俄罗斯罗斯托夫国立交通大学进行“3+1+2”办学。

3. 科研工作

开展公共管理专业型硕士点的申报工作，公共管理已经纳入学校重点学科 B

类进行管理。积极与校外开展合作，扎实推进与西南交通大学联合申报川渝共建智慧供应链与应急物流重点实验室（校级重点培育实验室）建设工作。

本年度，立项省部级以上纵向项目 13 项，其中国家社会科学基金项目 2 项，重庆市科技局技术预见与制度创新项目 1 项，重庆市社科各类项目 6 项，重庆市教委人文社科 4 项。获横向科研项目 6 项，到账科研经费 194 万余元。出版专著 4 部，其中第一作者是学院教师的 3 部、国家级出版社出版的 2 部。发表文章 22 篇，第一作者是学院教师的 18 篇，其中核刊以上 12 篇，高质量的 SCI 二区的文章 1 篇、SCI 三区的文章 2 篇、EI 期刊论文 1 篇、CSSCI 论文 4 篇。两位教师参与撰写 7 个研究报告，其中第一作者 5 项。

4. 学生工作

坚持以活动引领思想，举办形式多样丰富多彩的学生活动。开展常态化疫情防控，扎实推进安全教育。成立招生宣传专项工作组，拍摄制作时长为 3 分钟的专业宣传视频——“师说专业”之物流工程专业，相继在学院微信公众号、抖音上发布。举办“师生同当”宣传员活动，向生源基地的学生发放 6 000 册学院宣传册。2021 届、2022 届毕业生就业创业工作稳步推进，开展线上线下招聘会 200 余场次，提供就业岗位 800 余个，创建就业基地 3 个，实习实训基地 3 个，2021 届毕业生初次就业率和年终就业率均达到学校要求。

学生素质拓展与团学活动有声有色，获校级篮球赛、足球赛、排球赛冠军，其中篮球蝉联 14 次冠军，足球 7 次冠军，排球 3 次冠军。在第二十一届田径运动会上，获男子团体总分第三名、男女混合团体总分第三名，获团体优秀组织奖。12 月 4 日晚，在博文馆 101 举办“一室温馨，共绽芳华”为主题的寝室文化建设大赛。

成立“乡村振兴实践团”，于 7 月 8 日奔赴重庆潼南等地，走进社区拜访老党员同志，联系当地政府开展党史宣讲和开展重温入党誓词等活动，推动党史学习教育深入群众、深入基层、深入人心，了解社情民情、服务疫情防控和社会经济发展，助力乡村振兴。实践团中的党员进行了一次深刻的“不忘初心、牢记使命”微党课活动。7 月 9 日 “乡村振兴实践团”配合重庆市潼南区崇龛镇政府，在科学精准有效的疫情防控措施保障下，走向社区、走近村民，开展文化服务下乡活动。实践团成员《请党放心，强国有我》的演讲朗诵点燃在场观众的热情，引来阵阵掌声。演唱的《唱支山歌给党听》，将整场活动带到高潮，文化服务成效卓著。

7 月 10 日，“乡村振兴实践团”利用专业知识和网络新媒体平台，创新实践助力方式，助推乡村振兴工作。在参观重庆市潼南区崇龛镇电商公共服务中心后，实践团队联系潼南区实际发展现状，依托潼南区现有电商农业平台，结合自身专业知识，对潼南区电商助农及未来发展提出创新性高、可行性强的建议。

发挥学生骨干和学生团队作用，综合运用新媒体技术以及抖音等新媒体平台，创立学院抖音公众号，推出学长学姐系列、运动会系列、节日庆祝系列等视频 30 余条，实现抖音粉丝增长 600 余人次，累计总浏览量超 5 万余次，转发量超 1 000 次，在宣传学院特色活动以及学子风貌方面发挥了重要作用。

旅游学院

1. 党建工作

落实主体责任，加强全面从严治党，强化学习教育，促进党员素养提升。2021年开展党史学习教育15次，专题活动6次。党总支书记代武春同志在任职期间担任永川区松溉镇打渔河村驻村第一书记，完成脱贫攻坚任务，充分践行党员干部的神圣使命。

全方位学习贯彻习近平总书记在庆祝中国共产党成立100周年大会上的重要讲话精神，党总支书记宣讲1次，各支部宣讲4次，辅导员宣讲4次。在校党委统一安排部署下，集中开展政治理论学习8次，假期开展4次，主题党日8次，真正做到了入脑入心。

深入红色教育基地开展党员党性教育和实践锤炼3次，将师德师风教育学习同教职工政治理论学习、主题党日有机结合起来，塑典型，向榜样学习。

旅游学院党总支有1个教工支部、3个学生支部，增设学生第三支部委员2名，发展党员17名，吸纳入党积极分子57名，其中教师入党积极分子1名。

抓党风廉政教育，切实转变工作作风，抓党建促意识形态工作。本年度意识形态研判30余次，重点关注学生心理健康、教师师德师风建设。做好疫情防控工作，将师生的生命安全和身体健康放在第一位，推动宣传工作常态化，疫苗接种全覆盖，多种举措守住底线，建立疫情防控微信群，每日更新全国疫情发展变化情况及学校最新防疫要求，为全院师生带来最新疫情防控信息。

2. 教学工作

从专业评估、核心课程评估、课堂教学质量评价、毕业论文（设计）质量抽查、学生和企业满意度调查、学生评教六个维度对专业教学质量进行全面评价。以建设国家“双万计划”省级一流专业建设点为抓手，以“创意策划+校地合作”为方向积极开展教学改革，着力推进质量工程建设。11年蝉联全国会展专业学科竞赛一等奖，省部级以上获奖总量40项。

会展经济与管理专业位列西部会展本科高校前列，艾瑞森校友会网2021中国旅游管理类一流专业排名全国第二、重庆第一，等级 6 星，为“中国顶尖应用型专业”。旅游管理与服务教育在校友会 2021 中国大学本科专业(应用型)排名第 3。

2021 年，王爱忠老师“旅游规划与开发”、秦杨老师“重庆导游词讲解”、谢壹老师“管理学”、李朦老师“旅游接待业”、王春宝老师“西方经济学”获批校级课程思政改革项目。学院在职业场景项目行动教学模式下推进“一二三课堂”，有效衔接五大教学改革范式，创新专业核心课程教学范式，打造旅游管理类专业应用型人才培养的“教学”特色。

邀请教育部高校旅游管理类专业教指委委员、贵州大学二级教授、海南大学旅游学院教授等走进课堂，让行业专家进入到课堂中，提高课程改革的有效性。完善“三化三结合”技能训练模式，拓展“阶梯式”实践教学体系，联合教务处举办“2021 首届新媒体制作与营销特训营”。在专业实习实训上，采取分散与集中相结合的方式开展行业认知实习、区域认知实习、永川学生用品展、旅游英语听说训练等实践训练，全方位锻炼了学生的实践动手能力。本年度，学生获 2021 年第十一届全国大学生红色旅游创意策划大赛西南赛区、“云驴通杯”第十二届全国旅游院校服务技能（导游服务）大赛等国家级、省级各类比赛获奖 40 项。

承办成渝地区双城经济圈首届“双城杯”乡村旅游精品线路设计大赛、首届重庆大学生乡村振兴创意大赛，赛事参与度高，影响力大，在成渝地区高校中引起强烈反响，获上级部门肯定。

积极推进校地（企）合作项目，与重庆融汇温泉产业发展有限公司、重庆博奥研学旅行社有限公司、重庆国际博览中心有限公司等继续进行毕业实习合作，新增深圳好日子酒店有限公司、眉州东坡酒店管理公司、重庆华宜会展有限公司、杭州花家山庄酒店管理公司、康养旅千岛湖有限公司等实习点。与讯狐国际科技（北京）有限公司签署校企合作协议，与公司共建的会展经济与管理专业（校企合作班）获市教委通过备案。

成为少数几家加入世界研学组织会员单位的本科高校之一，马来西亚中国教育发展协会与重庆文理学院联合办学项目部，在旅游学院正式挂牌成立；与云南开放大学、重庆第二师范学院开展校际交流活动；为黄瓜山景区争创 4A 级景区建言献策，多次前往永川区打渔河村助力脱贫攻坚。

本年度，立项重庆市级教改项目 1 项，校级教改项目 6 项。立项校级线上一流课程培育项目 1 门。立项重庆市级大学生创新创业项目 2 项。在学校 2021 年教师分层激励入选教师名单中，2 位老师被评为优秀主讲教师，2 位教师被评为教学新秀。

推进“双师型”队伍建设，选派 6 名教师参加 2021 年全国旅游院校旅行策划职业技能等级证书师资培训、5 名教师参加马工程教材任课教师培训、1 名教师参加全国会展专业创新创业实践竞赛培训班。1 名教师被中国会展经济研究会、中国会展教育论坛评为“教学名师”，1 名教师被中国会展教育论坛评为“青年专家”。学院被中国会展教育论坛组委会评为“会展专业品牌院校”，获全国产教融合示范基地。与重庆市会展行业协会联合共建“西部会展产业研究院”。1 名教师获重庆市 2021 年本科高校微课教学一等奖，2 名教师获第四届全国会展教师微课大赛一等奖。

制定《重庆文理学院旅游学院同行评教方案》，完成评教工作。通过实行“双导师制”，开展新进教师的全面指导，加强青年教师（特别是新进教师）的跟踪指导工作。

3. 科研工作

投入经费 12 余万元，建设镜湖楼 XJ-2400 学术交流研讨室，为教师和学生研究与学术研讨提供便利条件和优良环境。研讨室备有网络接口、投影仪、空调、储物柜等设施，可容纳 60 人。

新增旅游大数据与智慧服务营销研究中心、西部会展研究院、研学旅游研究中心三个校级科研平台。积极对接旅游新业态，加入世界研学旅游组织（WRTO），成为加入世界研学组织会员单位的本科高校之一，联合发起“成渝地区双城经济圈乡村旅游校企合作联盟”并成为理事单位。

本年度，学院教师申报科研课题 33 项，包含国家社科基金项目 2 项，国家自然科学基金项目 2 项，全国教育科学规划项目 1 项，教育部人文社会科学研究项目 8 项，市级项目 15 项，校级课题 3 项。其中立项纵向课题 8 项，金额 6 万元。发表学术论文 19 篇，其中一般期刊 12 篇，中文核心期刊 1 篇，A 类期刊 1 篇，国际会议论文 6 篇，教材 1 部。有序开展学术交流，邀请校外专家进行学术讲座 5

场，教师参加国内学术会议 6 场，培训会 2 场。启动“旅游管理”校级重点（培育）学科建设，力争获批旅游管理硕士学位授权点。

4. 学生工作

旅游学院党总支下设三个学生支部，积极做好组织发展工作，不断加强组织建设。推优入党 52 人，转正党员 22 人，确立为入党积极分子的人数 113 人。2021 届毕业生党员组织关系转移 26 名，其中市外 7 名，市内 19 名，转接率和回执率均为 100%。及时维护学院及支部在 12 371 平台的数据，录入入党申请人信息 30 余条、入党积极分子 113 条、发展对象 52 条，党员转正 22 条。

优化辅导员队伍，送培辅导员外出学习进修 2 人次，退居二线的原学院党总支书记魏良福，发挥余热，深入学生工作一线，担任 2018 级 S 班的辅导员，起好模范带头作用。秦荣廷获中华魂主题征文“优秀辅导员”称号，辅导员在职业技能大赛、辅导员网文大赛、就业指导课程大赛等各级各类比赛获省市级、校级奖励。

人工智能学院

1. 党建工作

保证方向助推学院发展，党建工作取得重点突破。7 月，人工智能学院党总支学生党支部被中共重庆市委教育工委授予重庆市首批新时代高校党建“双创”样板支部称号，被重庆市委组织部推荐申请创建第三批“全国党建工作样板支部”。承办庆祝中国共产党成立 100 周年“学习新思想、共赞 100 年、奋进新征程”——讲党史故事暨新媒体展示大赛”，吸引全校 65 支队伍报名参赛。开展党史学习教育“六个一”特色党课，因其形式新颖丰富、内容贴近实际，受到重庆卫视《第一眼新闻》报道。党总支书记杨加强参加全国高校“四史”学习教育积分排名全国第 35 位，重庆市排名第四位，“学习强国”学习积分排名全校第 1 名。

开展“一对一帮扶”四困生，成立考研俱乐部，落实考研专用学习室，承办全校性的庆祝中国共产党成立 100 周年“学习新思想、共赞 100 年、奋进新征程——讲党史故事暨新媒体展示大赛”，建设党建文化，改善办公环境，提振师生精气神。开展心理素质提升训练，积极发挥样板支部引领示范、辐射带动作用等系列“我为群众办实事”实践活动。助力乡村振兴工作扎实到位，选派学工办主任、团总支书记余继军前往武隆区火炉镇鲁家村担任村“第一书记”，助力乡村振兴工作。

开展大学生“三下乡”社会实践“双维”服务，为乡镇机关党员、学校开展党史学习宣传教育。开展“国培计划一对一精准帮扶”项目，开展消费帮扶等活动。助力乡村振兴工作开展有声有色，受到《上游新闻》、重庆文理学院官网、重文理小团团等多方媒体宣传报道。

党建基础工作开展扎实，做到了规范化标准化创新化。“讲党史故事暨新媒体展示大赛”取得成功，得到党委组织部、党委宣传部和各二级单位的好评。党建文化建设特色鲜明，辐射彰显，党员学习室升级成为“党员之家”，拓展、装修 150 余平方米的党员教育阵地，购置触屏一体机，音响话筒、电脑等设施设备，开发学院党建信息化管理系统，收集梳理支部党员特别是优秀毕业生党员的先进事迹编撰成书《榜样的力量》，精心打造支部党建育人文化和人工智能学院师生精神家园，增强党员的归属感、成就感和荣誉感，效果显著。

组织党员到渣滓洞等红色教育基地开展党史学习教育“六个一”特色党课，受到重庆卫视《第一眼新闻》报道。创新开展素质拓展与团队精神训练，心理健康辅导与党建相融合，完成个体心理咨询，开展全校性心理故事比赛，利用周末教育课给全校大一新生开展巡讲，承办全校心理情景剧比赛。一批共产党员受到上级党组织表彰，杨加强同志被中共重庆市委教育工作委员会授予“重庆市教育系统优秀党务工作者”称号，3 名同志被中共重庆文理学院委员会授予“优秀共产党员”称号，1 名同志被中共重庆文理学院委员会授予“优秀党务工作者”称号。

2. 教学工作

软件工程专业获国家“双万计划”省级一流专业建设点，被重庆市推荐申报国家“双万计划”国家级一流专业建设点。软件工程为主体专业的重庆市特色学科专业群通过结题验收。借助华为 ICT 学院产教融合改造网络工程专业，继续开办华为产教融合实验班。遴选 2018 级网络工程学生 49 人，开办第三届网络工程专业产教融合实验班。截至 12 月，32 人获 HCIP 认证证书，12 人参加华为 HCIE 专家级认证学习，其中 4 人获 HCIE 认证证书。探索计算机科学与技术（专升本）专业开设 Web 前端实验班，参与学生 85 人。依托阿里开展计算机科学与技术专业国家 1+X 试点项目，深化产教融合，传统专业改造成功。

持续大类分流，衔接专本贯通，完成 2020 级计算机类三个专业（计算机科学与技术、软件工程、网络工程）修读一年以后的专业分流工作。衔接抓好“3+2”专本贯通专业的过程及转段考核工作。抓好计算机科学与技术专业与重庆财经职业技术学院联合培养“3+2”专本贯通专业 45 名学生的过程考核工作，抓好软件工程专业与重庆科创、重庆财经职业技术学院联合培养“3+2”专本贯通专业 90 名学生的转段考核工作。

以软件工程作为主体专业，建成重庆市特色化示范性软件学院、重庆市示范性现代产业学院，获华为“最佳人才生态构建奖”。以“e 创星空”俱乐部为载体，推进“互联网+”精英人才培养项目、“合格+”高端程序设计人才训练营”项目，开展多元人才培养。罗代忠课程团队“信息技术基础”、马新强课程团队“程序设计基础”等 2 门课程被重庆市推荐申报国家级一流课程，胡章平课程团队“数据结构”、王俊祥课程团队“多媒体课件制作”等2门课程被评为重庆市线上线下一流课程，代琴课程团队“Web前端开发基础”、王先平课程团队“数据库原理及应用”等2门课程被评为重庆市线上一流课程。

引进“爱课程”“玩课网”等优质课程资源，运用自建的“信息技术基础”“程序设计基础”“数据结构”“Web 前端开发基础”“多媒体课件制作”“数据库原理及应用”等MOOC资源，开展“MOOC+SPOC+翻转课堂/混合式”教学模式，提升教学效果。引入北京航空航天大学 CG 平台，探索程序设计基础课程在线实验全面改革。

融合课程思政，推动教学研究，立项校级教学改革研究“体美劳”专项项目2项、校级课程思政示范建设项目2项、校级课程思政建设项目重点项目8项和一般项目3项，立项教育部产学合作协同育人项目11项。

开展工程实践项目，毕业设计多元化，2021 届毕业设计替代率 49.6%、140人替代，其中著作权替代30人、专业认证替代80人、专业竞赛替代30人。学生参加专业学科竞赛、创新创业大赛和创业实践，获省部级以上奖励60项，其中国家级获奖19项，省部级奖励39项。邱鑫同学作为参赛成员获中国国际“互联网+”大学生创新创业大赛金奖，获中国国际“互联网+”大学生创新创业大赛重庆赛区金奖1项、银奖1项、铜奖2项，实现学院“互联网+”大学生创新创业大赛国家级奖零突破。中国高校计算机大赛-人工智能挑战赛获全国三等奖1项，中国机器人大赛暨robocup机器人世界杯中国赛专项赛获一等奖、第七届全国大学生工程训练综合能力竞赛（重庆赛区）无人机获一等奖。申报全国大学生创新创业计划训练项目13项，其中国家级7项、省部级6项。

办学成果受到中教全媒体关注并进行专题采访报道，校企合作受到华为认可并获华为“最佳人才生态构建奖”，充分展示了学校作为华为合作伙伴在ICT人才培养的示范性成效。艾瑞深校友会网（Cuaa.Net）最新2021校友会中国一流专业（应用型）排名中，人工智能专业全国排名为第1名，软件工程专业全国排名为第8名，重庆市排名为第1名。

开展“国培计划（2021）”——重庆市欠发达地区“一对一”精准帮扶（武隆区沧沟乡）培训，邀请专家亲赴天元乡和高楼小学开展为期10天的教育扶贫。站在疫情防控第一线，带头执行各项纪律要求，遵守疫情防控相关规章制度，不越底线不碰红线，全年没有出现任何疫情和舆情。

3. 学科科研工作

扎实推进学科，学科验收合格。围绕人工智能、计算机领域，作为打造电子信息专业学位建设申报重庆市重点学科并立项，学科建设取得突破。力争达到电子信息硕士专业学位点授权条件，力争获电子信息硕士专业学位授权点，力争2025年建设成为有特色优势的重庆市重点学科。

学院马新强教授团队的《数字医学影像大数据智能交互服务平台研发及应用》项目成果以学校第一单位、第一完成人获2020年度重庆市科学技术奖三等奖。立项省部级科研项目5项（重庆市科技局面上项目2项、技术预见与制度创新1项、重庆市教委科技项目2项），软件著作权2项、著作4部，发表论文28篇。

4. 学生工作

学工队伍申报各类科研项目获重庆市项目2项、校级项目2项。确定以“包干制”“周报制”形式实时了解学生就业情况，解决学生就业问题，2021届毕业生就业率94.3%，位于全校前列。开展“手机袋进课堂”行动，上课钉钉人脸识别智能考勤和携带座次牌等行动，学生迟到、旷课现象减少。加强新生班级融合和学生干部素质拓展，组织学院大一学生干部和各年级学生在校内开展团队素质拓展训练2场，组织第十四届两委会学生干部开展专题培训。

完成第六次学生代表大会，实现换届工作有序衔接。挖掘优秀党员校友典型事迹，遴选优秀校友事迹52篇，完成文化墙展示。邀请优秀毕业校友回校开展专题“校友沙龙”活动。

材料科学与工程学院

1. 党建工作

把学习宣传贯彻落实习近平新时代中国特色社会主义思想作为首要政治任务，将习近平新时代中国特色社会主义思想纳入“三会一课”学习重要内容。在党总支会、党政联席会上开展学习29次，教职工政治理论学习8次，党政班子、支部书记讲党课11次、思想教育课4次。

针对国际班俄语语言学习和习近平新时代中国特色社会主义思想学习的需要，将专业语言学习与课程思政结合起来，引导学生厚植爱国主义情怀，培养责任担当。学生在重庆市大学生中共党史多语种翻译大赛中获汉译俄一等奖等5项。

构建“专业（人生）导师+学生”指导帮扶模式，为833名学生配备人生导师。组织教师进课堂、进班级、进寝室、进食堂、进团学、进周教 192 次，举行座谈会6次。

建立意识形态“周研判+专题研判”机制，将意识形态工作纳入党政联席会、党总支会会议议题，意识形态研判28次，实行新闻审批制度，向教育部推送新闻40余条，报送学校新闻20条，上传学院网页新闻、信息140余条。注册抖音公众号——重庆文理学院材料科学与工程学院，制订学院《材料科学与工程学院新媒体管理办法》，规范管理。

开展党史学习进校园宣讲活动，党政班子、支部书记、辅导员讲授专题党课11次，进行专题宣讲8次；组织师生集中学习10余次；制作党史学习专题展板3块，组织党史竞赛、诵读、观影等活动13场。

开展“师生共讲百年党史，汲取激扬奋进力量”主题教育活动，组织教职工党员、学生党员、入党积极分子、共青团员60余人通过拍摄微视频、微宣传员讲述红色故事的形式，激励学生知史爱党、知史爱国。截至12月底，面向师生讲述红色故事50余个，拍摄微视频45支，并在抖音、微信公众号等平台发布。

推动“涂铭旌院士入党志愿书里的档案故事”进学校党校、团校课堂，讲述涂院士践行初心使命的感人故事。建成优秀共产党员涂铭旌院士展厅，以视听结合的方式展现涂院士科教报国精神，以榜样精神激励教师为党育人、为国育才。

开展“进企业，办实事，促发展”活动，组建科研服务小分队，与30多家企业进行技术对接和协同攻关，结合班子成员专业方向和分管工作，优化联系制度，班子成员联系党员、群众、统战对象200多次，指导师生党支部建设30余次，与高校、企业、社区基层党组织开展联合主题党日 9 次，与高校基层党组织开展党建工作交流学习3次。

引导统战对象积极建言献策，发挥聚智聚力作用。翟福强副研究员撰写的 3 篇信息被致公党重庆市委采用；统战委员与统战对象共同撰写的《携民族团结，绘美好蓝图》获“第二届民族团结进步教育优秀案例三等奖”；民盟盟员刘碧桃教授申报的调研课题获民盟重庆市委立项，撰写的调研报告、社情民意和提案获市区两级部门采纳；民建会员王锦标副教授提交的 3 份提案被永川区政协立案，并交区政府部门办理。

首批重庆市高校党建工作标杆院系通过验收，党总支获评重庆市教育系统先进基层党组织，被推荐参评全国高校党建工作标杆院系、重庆市先进基层党组织、重庆市高校党建典型案例。

2. 教学工作

制定《材料科学与工程学院 2020 级材料类专业分流实施方案》《材料科学与工程学院教风建设实施方案》等教学管理制度，强化日常教学运行。以材料科学与工程国家一流专业建设为引领，在工程教育专业认证准备过程中，有针对性地修订人才培养方案，构建科学合理的课程思政教学体系，将课程思政元素融入课程设置、教学大纲和教案课件中。“光电材料与器件”获批重庆市高等学校课程思政示范课程和教学团队，“以涂铭旌院士西迁精神指导应用型大学学生创新能力培养的路径探索与实践”获批重庆市高等教育教学改革研究项目课程思政专项重点项目。

获批5项教育部产学合作协同育人项目，材料科学系被认定为2021年市级优秀基层教学组织典型案例，获批3项重庆市高等教学改革项目，“西南地区光电材料与器件课程群中俄合作虚拟教研室”获批重庆市2021年市级虚拟教研室试点，光电材料与技术现代产业学院确定立项为重庆市普通本科高校示范性新型学院培育项目。在“互联网+”“全国金相大赛”等各类学科竞赛，获国家级、市级以上奖项 50 余项。

与俄罗斯托木斯克理工大学联合培养的 2019 级国际班 6 名学生获国家留学基金委公派留学出国留学资格；与俄罗斯托木斯克理工大学联合培养的 2017 级国际班 13 名学生通过国家留学基金委审核，获 2021 年“赴俄乌白专业人才培养计划（第一批）”研究生公派出国留学资格，每人获 28 万的资助，占 2017 级国际班总人数的 81%；与俄罗斯托木斯克理工大学联合培养的 3 名国际班学生被中国留俄学生总会评为优秀学联干部；2017 级国际班 5 名学生在重庆市大学生中共党史多语种翻译大赛中获一等奖 1 个，二等奖 2，三等奖、优秀奖各 1 个。

3. 学科科研工作

材料与化工硕士专业学位点获教育部批准，材料与化工获批重庆市“十四五”市级重点学科。“化学”获批学校 A 类重点学科，启动化学硕士学位点申报工作，成立工作小组，整合资源，优选学术骨干，凝练学位点的学科方向和特色，相关工作正有序进行。

申报材料表界面科学教育部重点实验室。参与申报“中俄科教合作交流平台”—中俄科技交流中心（重庆），与俄罗斯托木斯克理工大学、库兹巴斯国立技术大学等俄方高校开展国际合作，围绕电子信息显示领域核心关键材料及器件领域开展科研、人才培养等合作。完成光电薄膜与器件重庆市工程实验室 2018—2020 年评价总结。翟福强老师入选重庆英才·青年拔尖人才。

2021 年，学科科研到账总经费 1 284.65 万元（纵向科研经费 512.6 万元，横向经费 74.05 万元，平台经费 600 万元，重点学科 100 万元）。新增纵向项目共计 24 项，其中国家自然科学基金面上项目 2 项，军委科技委项目 1 项，国防科工局项目 1 项，重庆市科技局项目 6 项，重庆市教委项目 11 项（重点 1 项、青年 9 项、“成渝地区双城经济圈建设”科技创新项目 1 项），重庆市人力资源和社会保障局创新创业项目 1 项，重庆市城市管理局科研项目 1 项，永川区科学技术协会“科创中国”科技服务团建项目 1 项；横向项目 14 项。

发表科研论文 93 篇，其中 SCI 收录论文 86 篇（一区 9 篇，二区 53 篇）。授权中国发明专利 21 件，实用新型专利 20 件。获批国家标准《精细陶瓷界面弯曲强度测定四点弯曲法》。

获 2021 年度重庆市科技进步奖一等奖 1 项，重庆市科技进步奖二等奖 1 项，中国产学研合作促进会一等奖 1 项。“低阻高效改性熔喷聚丙烯纤维新型过滤材料开发及其在医用防护口罩中的应用关键技术”“无线充电技术”等 9 项科技成果、36 件国家发明专利和实行新型专利转化于重庆再升科技股份有限公司、重庆触视科技有限公司、重庆锐喆数控科技有限公司等企业。

协助重庆市永川区科学技术协会举办中国-俄罗斯光电关键技术国际学术研讨会。会议以“聚国际力量，促区域发展，助双城建设”为主旨，邀请库兹巴斯国立技术大学的尼基坚科·米哈伊尔、佩夫涅娃·因娜教授以及马来西亚双威大学庄国文高级研究员线上作《先进制造技术在俄罗斯库兹巴斯地区重型机械生产中的应用》《中子衍射应用于材料应力探测》报告。会议期间举办“科创中国”科技成果转化对接会、校企合作助力“一带一路”建设交流会，翟福强、王锦标老师分别分享《高性能超细玻璃纤维材料关键制造技术研究与产业化应用》《金属表面防护技术》两项科技成果，进行了专精特新企业需求发布。

学院教师 10 人次参加中国材料大会 2021、第三届西部材料大会、第二届新基建+铝加工与促进铝应用技术研讨会等国际国内学术会议。

4. 学生工作

通过学院全员参与，上下联动，采取到外宣介、线上线下宣传等方式，做好 2021 级本科生、联合培养研究生招生工作，本科生录取率 99%；通过实施“5744”育人机制，51 人录取研究生，占比全院学生的 33%，居全校首位。2021 届毕业生年底就业率 95%，毕业学生中，16 人被国外世界 500 强高校录取为研究生，35 人被重庆大学、中国地质大学、西南大学等协同高校录取为硕士研究生。

获 2021 年招商局集团、重庆三友机器制造有限责任公司设置的“企业奖学金”支持，奖学金面向材料类专业学生，以表彰和奖励品学兼优的学生。截至 12 月底，招商局集团、重庆三友机器制造有限责任公司已累计向材料学子资助 50 万元。

为传承涂铭旌院士“大爱无疆，科教报国”精神，凝聚优良学风，引导同学们热爱材料学科，争做“优秀材料工程师”“大国工匠”，创建“材料科技社”学科型社团，累计赛事培训 600 余人次，获国家级、市级以上奖项 50 余项。

学生获第七届中国国际“互联网+”大学生创新创业大赛重庆赛区选拔赛高教主赛金奖 5 个，并在全国总决赛中获金奖 1 个，实现学校在中国国际“互联网+”大学生创新创业大赛全国总决赛中金奖零的突破，成为重庆市唯一进入本科生创意组三强赛排位赛的项目。

智能制造工程学院

1. 党建工作

落实好“三会一课”、支部主题党日、组织生活会、民主评议党员等制度。开展党史学习教育，践行学史明理，学史增信，学史崇德，学史力行。

按照党员标准和考察程序，培养和考察了一批爱学习、有理想、成绩好、品德好的优秀学生，发展47名学生党员，135名学生向党组织递交入党申请书，120名学生被确定为入党积极分子。注重发展高职称高学历教师，2021年1名教师申请入党，1名教师转正。

加大师资队伍建设力度，营造风清气正的师德师风环境，引进博士1名，严把人才引进的政治关。重视高层次人才的提升锻炼，派出两位博士教师参加行业“双师”锻炼和科技局挂职。7名教师考取博士入学资格，博士（含在读）教师占比学院专任教师近80%。加强师德师风教育和经常性提醒，把师德师风作为人才考核引进和培养使用的重要依据，并实行一票否决。学院辅导员李树明老师获重庆市辅导员技能大赛三等奖，姚宜华老师获学校辅导员职业技能大赛三等奖。

2. 教学工作

坚持日常教学巡查、开学教学检查、教学中期检查、专项教学检查、开展学生中期座谈会、国际班座谈会、考研学生座谈会、长航学生座谈会等，从不同角度开展教学质量检查，确保了教学工作正常运行。

加强新进青年教师的指导，为新进青年教师指派经验丰富的老教师作为其指导老师，指导其教学技巧、撰写教案、备课等。新进教师须定期与指导老师交流，并记录相关的意见。

开展同行评教和教师自我评价、教师教学能力提升培训，尤其是课程思政相关的教学培训，教师教学质量意识教学水平得到显著提升。学院老师积极申报2021年校级教学改革研究专项项目，申报校级课程思政建设项目11项，立项2项，培育6项。

组织2020级全体学生赴长城汽车股份有限公司重庆分公司等多家企业开展行业认知见习教学活动，同学们近距离观看了长城汽车自动装配生产线、华数机器人装配线、广数机器人生产装配线等。使同学们对专业相关企业的文化、产品、技术和未来发展有宏观的认识和了解，同时也对自己所学专业和未来工作的行业有了更加深入的认识，学生的实践应用能力与水平得到提高。

2021 届毕业生 261 人，教师 38 人次参与指导，毕业论文形式实现多样化，学生结合教师科研项目、生产实践项目、知识产权项目等开展毕业论文工作。应用设计类题目占毕业论文（设计）题目超过 90%，来自企业一线实际生产类的题目约占 37%，教师科研类题目约占 20%。

获批重庆市智能制造现代产业学院，获 1 500 万元市级财政资金支持。与俄罗斯托木斯克国立大学签署国际合作办学协议，招收首届机器人工程“2+2 中俄国际合作班”。

虚拟仿真实验教学课程“典型智能生产线系统集成虚拟仿真实验”和线上课程“工业机器人技术及应用”获批重庆市高校一流课程。2021 校友会中国一流专业排名中，机械工程专业和机器人工程专业均居校友会 2021 重庆市一流专业排名（应用型）首位。其中机械工程专业位居全国第二、重庆第一，获“6★”评级评价，办学层级为“中国顶尖应用型专业”，机器人工程专业位居全国第六、重庆第一，获“4★”评级，办学层次为“中国高水平应用型专业”。

依托学院立项建设的重庆市智能制造新型二级学院经过三年的建设，取得重要阶段成果，通过市级验收。举办大型学科竞赛。承办第七届全国大学生工程训练综合能力（重庆赛区）竞赛，川渝地区 25 所高校的 259 支代表队，约 1 000 人次参加。

3. 学科科研工作

面向世界科技前沿，推动前瞻性基础研究再创新高，在国家级项目申报方面，获批国家自科基金项目 2 项，其中面上项目 1 项，青年基金项目 1 项，实现了学院国家自然基金面上项目零的突破；省部级及其他纵向科研项目 25 项。

在 *Chinese Journal of Aeronautics* 等权威期刊发表高水平论文 23 篇，其中发表在《西北工业大学学报》等中文权威期刊的论文 12 余篇。

针对企业生产实践需求，突破“卡脖子”关键技术难题，学院师生密切联系区域经济发展的迫切需求，着力开展应用基础研究和工程技术开发。全年新增工程技术项目 14 项，累计到账经费近 500 万元；“高效环保智能化双层就地热再生装备的关键技术研发与工程应用”获 2020 年度江苏省科学技术奖二等奖。

新签署企业横向课题 13 项，合同经费近 500 万元，另服务区域内离散制造企业 10 项/次，获得近 400 万元的科研经费支持，展现了服务区域经济能力强、效率高、质量优的特点。

面向国家重大需求，依托在智能制造、工业机器人等领域的技术积淀、人才储备和基础设施优势，围绕机械硕士专业学位点打造了以机器人专业为核心的市级机器人与智能装备学科专业群，不断打磨先进制造系统与工程、机器人技术与应用、智能测试系统与传感器三个特色学科方向。11 月，获批机械硕士专业学位授权点，实现了硕士点“零”的突破，机械专业学位成为重庆市“十四五”重点学科，学科建设取得重大突破。

4. 学生工作

突出工作重心，落实常规工作，实行辅导员巡课制度、听课制度、谈话制度、深入宿舍制度，定期对辅导员的工作展开检查。坚持做好“四困生”帮扶工作，建立“四困生”档案，实行领导干部联系基层制度，对接班级、寝室、社团、学生干部、“四困生”等，帮助他们健康成长。学院学子取得校级田径运动会男子团体第一、女子团体第二、男女团体混合第二的成绩。

举行第四届“智造科技文化节”，开展循迹小车大赛、先进成图暨产品信息建模创新设计大赛等五项比赛，学生参与学科竞赛的积极性有了极大提高。

做好 2021 届毕业生的就业工作，3 月和 10 月举行两次行业招聘会，引进优质企业进校招聘，为毕业生搭建平台，毕业生初次就业率全校第二，年底就业率位居全校前列。毕业生进入大型央企、国企的情况较上一届有提升。

立项国家级大学生创新创业训练项目 1 项、重庆市级创新创业训练计划项目 1 项，申报大学生微型企业孵化园项目，学生成功孵化项目成立三家公司。

2021 年，组织学生参加 16 项赛事，获奖 106 次。其中参加国家级赛事 7 项（中联重科杯、中国机器人大赛 2 项比赛受疫情影响延迟），获奖 26 项，其中获一等奖 3 项，二等奖 12 项，三等奖 11 项，优秀工作者 1 人，优秀组织单位奖 1 项，优秀指导教师 2 项。参加省部级赛事 9 项，获奖 80 项，其中获特等奖 4 项，一等奖 14 项，二等奖 22 项，三等奖 36 项，优秀奖 1 项，银奖 3 项，优秀工作者 5 项，优秀组织单位奖 3 项，优秀指导教师 4 项。

药学院（创新靶向药物国际研究院）

1. 党建工作

强化政治引领，聚焦新药研发和人才培养，深学笃用，勇于担当，砥砺奋进。教工支部被市委教育工委授予重庆市教育系统先进基层党组织称号，通过市级样板支部中期验收，获校级优秀党员1人，校级优秀党务工作者1人。组织60名入党积极分子参加第75、76期党校培训，获“入党积极分子培训先进集体”。

坚持“党的建设、学科建设和新药研发”融通发展思路，将学科建设、新药研发与党的建设有机结合，坚持党建引领新药研发。自主研发的“PDE5抑制剂（DDCI-01胶囊）——治疗ED和肺动脉高压一类新药”即将完成临床I期试验。研发的RET/VEGRF2双靶标抑制剂（PZ-1片），是全球首创首个同时针对RET/VEGRF2双靶标小分子药物，该新药已拿到国家药品监督管理局颁发的一类药物临床试验批件（批件号：2021LP01810，2021LP01811）。研究成果“新一代PDE5抑制剂创制关键技术及应用”获中国发明协会发明创业奖创新奖一等奖。立项中国博士后科学基金项目3项，实现此类科技项目历史性突破，且立项数占全校50%。

严格落实“三会一课”、主题党日、民主评议等组织生活制度，各支部书记累计讲党课15次，召开支部大会25次，支委会26次。对入党申请人、入党积极分子及发展对象进行培养教育，累计谈话132人次。发展党员41名，转正党员18名。

加强理论学习，提高党员履职能力，开展教职工政治理论学习9次，组织开展教职工党员知识竞赛1次。组织学院各年级党员及入党积极分子、入党申请人代表120余人开展“讲党史故事·拾红色记忆”讲党史故事大赛。开展习近平总书记“七一”重要讲话精神宣讲4场，累计参与师生671人并及时提交观后感64人。学生支部预备党员参加学习贯彻十九届六中全会精神团组织生活宣讲6人次（大一新生入党申请宣讲6人次）。2021年，支部党员、入党积极分子、入党申请人在大学生周末思想教育课堂、QQ群讨论等进行主题引领发言1 000余人次。

积极开展“学史力行”党员志愿者活动，4月，组织20余名党员赴永川区松溉镇打鱼河村开展“学史力行”党员志愿者活动，为中药种植基地负责人指导黑参种植、土壤治理、田间管理、采收加工等工作。12 月，赴永川区青峰镇参加“我为群众办实事，安全用药乡村行——药学院党总支走进青峰镇”党员志愿者活动，进行安全用药科普及宣传，留守儿童送温暖，义务劳动及消费振兴。组织 110 余名师生参加长城汽车·2021 永川马拉松暨重庆市第六届运动会半程马拉松。渝西都市报宣传报道药学院（创新靶向药物国际研究院）党史学习教育。与学校机关第二党总支联合开展“缅怀涂铭旌院士”主题党日活动和党史学习，追忆涂铭旌院士“大爱无疆、科教报国”的家国情怀和甘为人梯、奖掖后学的育人精神，缅怀涂铭旌院士对我国科教事业的突出贡献，表达对涂铭旌院士无限的哀悼和崇敬。

2. 教学工作

按照“党政同责、一岗双责、齐抓共管”要求，建立实验室安全负责人岗位责任、卫生管理制度、危险品管理领用办法、高温室操作规则、面向本科生开放的管理办法等 15 项管理制度，保障实验室的安全管理。按照“定期检查、及时整改、责任到人”原则，对教学科研实验室的仪器设备，消防设备，喷淋设备进行检查，定期更换过期（损坏）部件，形成安全隐患排查工作常态化，坚决执行“把风险防控放在隐患前边、把隐患排查治理做到事故前边”，有效杜绝各类安全事故的发生。

秉承“以赛促练，以赛促教，整体提高”理念，组织青年教师备赛、参赛，获全国高校生命科学微课教学比赛三等奖 1 项、重庆市高校微课教学竞赛一等奖 1 项。围绕“双一流”建设，制药工程获批重庆市一流本科专业建设项目。“药物合成反应”获批校级课程思政示范建设项目、重庆市级课程思政示范团队（名师）。“制药工艺学”推荐申报重庆市一流课程。

围绕第七届“互联网+”大学生创新创业大赛、第十四届全国大学生节能减排社会实践大赛、第四届重庆市创新方法大赛等赛事，有效推动学生专业技能训练，调动学生的学习热情，从而提高教学成效和全面育人效果。2021 年，药学院学子连续 2 年，获互联网+青年红色筑梦之旅赛道省级金奖。新增大学生创新创业训练项目国家级 1 项、省部级 5 项。

推动制药工程、药学专业课程思政建设，新增省级课程思政教改项目 2 项，省级课程思政示范教学团队 1 个，校级课程思政教改项目 6 项，校级课程思政示范建设项目 2 项。11 月 26 日，受邀参加重庆药学教学学术年会并做课程思政教学改革成效发言，受到药学同行的一致好评。

3. 学科科研

落实党管人才原则，聚天下英才而用之，加快建设创新型、高水平人才团队，狠抓人才工作。本年度，陈中祝研究员获“2021 十大重庆科技创新年度人物”称号，新增“巴渝学者计划”特聘教授 1 人、重庆市“巴渝学者”青年学者 1 人；引进中国科学院深圳先进技术研究院博士后 1 人，引进四川大学博士 1 人。8 名博士被中药研究院国家级博士后工作站与重庆大学、西南大学流动站联合招收从事博士后科研工作。

坚持守正创新，以新药研发引领科学研究。自主研发的“PDE5 抑制剂（DDCI-01 胶囊）——治疗 ED 和肺动脉高压一类新药”即将完成临床 I 期试验。研发的 RET/VEGRF2 双靶标抑制剂（PZ-1 片），是全球首创首个同时针对 RET/VEGRF2 双靶标小分子药物，该新药已拿到国家药品监督管理局颁发的一类药物临床试验批件（批件号：2021LP01810，2021LP01811）。一些具有潜在抗肿瘤靶点的新药正在进行深入研究，治疗非小细胞肺癌新药研究取得重要突破，已发现全新结构的先导化合物 2 ~ 3 个；治疗白血病新药正在进行体外活性研究。研究成果“新一代 PDE5 抑制剂创制关键技术及应用”获中国发明协会发明创业奖创新奖一等奖。

2021 年，投入 369 万元用于平台建设，购买仪器设备，不断完善教学科研实验环境。获中国博士后科学基金项目 3 项，立项数占全校 50%；获重庆市科技局自然科学基金博士后项目 3 项、面上项目 1 项；获重庆市教育委员会科学技术研究项目 4 项，其中重大项目 1 项；获永川区科技局自然科学基金项目 2 项；获校级科研项目 6 项，其中塔尖计划项目 4 项，人才引进项目 2 项。以重庆文理学院为第一单位发表 SCI 论文 16 篇，与外单位合作发表 SCI 论文 9 篇。出版学术著作 5 部，其中在国家级出版社出版专著 2 部，在一般出版社出版专著 3 部。获专利授权 7 项，其中国家发明专利授权 2 项和实用新型专利授权 5 项。

4. 学生工作

线上线下联动，助推思想教育入脑入心，500 多名学生参加习近平新时代中国特色社会主义思想、习近平总书记“七一讲话”重要精神、十九届六中全会精神学习活动。开展周末思想教育126次，开展主题班会50余次，开展主题讲座10余次，开展团组织生活4次。利用微信公众号、QQ空间、QQ群等新媒体，打造思政教育网络宣传新阵地。2021年，“IATTI药院春华”公众号共发布推文累计442篇（含转载、视频），“小药丸频道”QQ空间发布说说310条，QQ群主题研讨20余次。

2021级新生报到率95%，2021届毕业生年底毕业去向落实率达98.33%，位列全校第一，考研录取率30%，位列全校前列。其中参加全国硕士研究生入学考试34人，报考率为56.66%，上线22人，上线率为64.7%，18人分别被中国科学院大学、中国医科大学、沈阳药科大学、西南交通大学等高校录取，录取率为81.8%。

2021年，学院在第十七届“挑战杯”全国大学生课外学术科技作品竞赛重庆市选拔赛中获一等奖1项，在第七届中国国际“互联网+”大学生创新创业大赛重庆选拔赛决赛中获金奖1项、银奖2项，学生获批国家级大学生创新创业训练项目1项、推荐重庆市大学生创新创业训练项目5项，学生申请发明专利3项，申请实用新型专利4项，授权1项，学生发表核心论文3篇。

2名辅导员立项校级辅导员工作室1个，立项省部级教改项目1项、校级教改项目1项，获省部级奖1项、校级奖4项。王俊“创@文理”辅导员工作室获批重庆文理学院辅导员工作室。

王俊、杜高峰等获2021年重庆市高校就业创业指导课程大赛决赛创业组三等奖、成渝地区双城经济圈首届高校就业创业指导课程教学大赛校级决赛三等奖、重庆文理学院第七届辅导员素质能力大赛综合二等奖、基础知识测试一等奖，队伍建设及团学工作成效显著。

团总支获重庆文理学院2020—2021学年“五四红旗团总支”称号，“科普药健康”项目获重庆市“志愿青春”大学生志愿服务项目设计大赛铜奖，青年大学生平均参学率97.57%，居全校第一。参与“宪法卫士”2021年行动计划100%，并列全校第一，率先开展第二课堂学分试点工作。

490名同学参与主题班会活动，开展2期心理直播间之心理健康家长会，198人参与此次家长会。开展4次心理委员及室长培训，1次心理委员团体心理辅导技术培训。开展心理健康、讲故事主题活动、心理健康情景剧大赛等活动，整合多方资源，助推心理健康落细落实。

土木工程学院

1. 党建工作

扎实开展党史学习教育，党员群众接受党性教育，开展“我为群众办实事”10余次，受益群众和师生近100人次。开展教职工政治理论学习12次、主题党日活动14次，党组织书记带头上党课19次，覆盖学习师生总人次1 300人次。确定入党积极分子144名，发展对象94名。

落实《重庆文理学院二级学院党总支委员会会议议事规则》等规定，召开党总支会议13次、党政联席会18次，从源头上防控廉政风险，逐步规范领导权力的正确行使，有效推进学院班子建设，促进队伍健康发展。

坚持每周至少进行一次意识形态集中研判，全年48次。学院有“重文理土木年华”“解构结构”“先进成图”和“力学及建筑模型”微信公众号4个，QQ工作群13个以及微信工作群2个，每个微信公众号和QQ群落实专人管理，严格把控新媒体信息发布源头，申请注销“重庆文理学院微博协会”学生社团1个。

大力加强作风建设，开展党风党纪教育、警示教育、师德师风教育10余次。对处级干部、科级人员、教学系主任、辅导员以及有关教职工谈心谈话10余次，受众30余人次。

携手永川区残联共同启动“芬芳助残”项目，截至12月底，吸纳170余名学生志愿者，开展10余次“芬芳助残”活动，帮助残疾人上百余名，荣获“重庆市第三届残疾人工作先进集体称号”，受到永川区委高度赞扬。

2. 教学工作

以工程教育专业认证为着力点，集中学院优势资源，发挥教学团队的优势，积极进行专业认证全方面工作改革，切实做好自评整改、入校考察各项工作，按时保质完成自评报告的撰写和修改。其中专家入校考察工程管理专业高票通过认证，成为学校首个通过工程教育专业认证的专业，通过以评促建，形成“智能建造、应用为本、跨界交融、内涵发展”专业建设思路，工程管理专业入围国家“双万计划”市级一流专业。

坚持学生中心，构建“合格+”多元人才培养体系，探索特色小班教学，推进开放办学，与重庆大学等高校开展合作，实施“手拉手”工程。推进俄罗斯托木斯克国立建筑大学合作举办“2+2”国际班，拓展办学国际视野，开办工程项目经理班，全力提高学生实际应用能力。

深入推进“五大教学改革”，在课程教学内容、教学方式、考核方式、毕业论文（设计）等方面持续改进。张海龙老师的“基于 OBE 理念的土木工程应用型人才培养模式创新与实践”项目，被确立为重庆市 2021 年高等学校教学改革研究重点项目；魏燕老师的“工程教育认证背景下工程管理专业法律平台课程思政建设与实践—— 以《建设法规》为例”，被确立为重庆市 2021 年高等学校教学改革研究一般项目；龙丽洁老师的“房屋建筑学课程设计中习近平新时代中国特色社会主义思想‘三进’工作的路径探索与实践”的课题，被确立为校级“三进”项目；4 门课程在 2021 年度校级课程思政建设项目中立项，4 门课程完成 2020 年度校级教学改革研究项目结项。魏燕、杨惠会老师在学校 2021 年教师分层激励评选中被评为优秀主讲教师。成功立项教育部“校企合作协同育人”项目 10 余项。新申报 2 项市级教改项目、4 项校级“课程思政”建设项目、1 项校级“三进”建设项目，发表教研教改论文 5 篇。

对 18 名教师开展同行评教，开展教师课堂教学质量自评和学生进行课堂教学质量评价工作。做好毕业设计（论文）答辩、毕业实习工作安排，开展教学常规审核和评估工作。优化实验实训设施设备，完成用电线路重大安全隐患、监控、网络等的改造以及实验室的硬件与软件的维护升级。

3. 科研工作

2021 年，申报国家自然科学基金 12 项、国家社会科学基金 2 项、教育部人文社科项目申报 8 项、国家乡村振兴局项目 1 项、重庆市科技局项目 10 项、重庆市教委项目 11 项、重庆市社科规划及教育规划项目 3 项。立项重庆社科规划项目 2 项、重庆教育规划项目 1 项、重庆科技局面上项目 1 项、重庆市博士后项目 1 项、重庆市教委科学技术项目 7 项、学校塔尖项目 5 项、学校塔基项目 4 项。

与中铁二十局集团第五工程有限公司、中铁二十三局集团第六工程有限公司、重庆赛迪造价咨询有限公司等形成良好的合作关系，进账科研经费 60 余万元。

本年度，发表论文32余篇，出版专著教材6部，申请专利5项。和中铁二十一局集团第五工程有限公司联合申报重庆市政府科技进步奖 1 项，中国交通运输协会科技进步奖 2 项。邀请四川大学、重庆大学等大学教授来院进行学术报告讲座，举办学术沙龙4期。

土木工程学科逐步形成山地城镇智能防灾减灾、山地城镇工程结构抗震及控制和生态建筑与可持续发展研究为特色的应用型学科，立项学校第五轮重点培育学科。

4. 学生工作

开展向“时代楷模”王红旭老师学习实践活动，组织专任教师结合专业学习经验予以学生“现身说法”，培养学生良好学习品质。通过辅导员周末教育，狠抓教材征订、教学大纲及教案审核，充分发挥教师课堂育人作用，着力推动课程思政与专业教育深度融合。通过学生专业社会实践、端午中秋节日慰问、“芬芳助残”、劳动教育等方式，强化活动育人作用且效果明显。借助学生考研交流会、学业朋辈互助、学生讲党史等方式，构建“朋辈育人”学生培育机制，取得较好育人效果。

加大课堂教学管理力度，强化任课教师课堂管理责任，严格落实教学督导巡教、听课制度以及学生请销假制度，着力提升学生课堂学习质量。实施学生早晚自习改革，创建更具需求性、适应性的学习方式，着力提升学生自主学习效果，学风建设成效显著。学院有 104 人次获第三届重庆市大学生结构设计竞赛暨第十四届全国大学生结构设计竞赛、第十四届全国大学生先进成图技术与产品信息建模创新大赛一、二、三奖；学院团总支获学校2020—2021学年“五四红旗团总支”称号；获“重庆市第三届残疾人工作先进集体”，创建“芬芳助残”“三下乡”团学工作品牌。

建立“四困生”台账及帮扶机制，常规教育管理常抓不懈，始终坚持将学生日常管理教育落实到具体工作中，做到警钟长鸣教育常在，学生精神面貌积极向上，各项工作抓得稳落得实，保障教学工作的顺利开展。

本年度，2 人获国家奖学金、34 人获励志奖学金、349 人获助学金、1 人获学费减免、1 人获成都校友奖，学院与中铁二十一局建立奖学金，每年向学生提供10余个助学机会，助力学生发展。

与中铁二十一局等多家央企、国企建立实习实践及就业合作关系，新增 6 个实习基地。截至12月底，2021届毕业生初次就业率为88.74%，年终就业率为94%。

国际教育学院/文化遗产学院

1. 党建工作

认真开展教职工政治理论学习和主题党日活动，认真学习《论中国共产党历史》《中国共产党简史》《习近平总书记“七一”重要讲话》《中共中央关于党的百年奋斗重大成就和历史经验的决议》等重要文献，并结合教学、科研工作开展讨论，引领学院开展教育国际合作、校地横向合作和科研工作。组织观看习近平总书记在庆祝中国共产党成立 100 周年大会上的讲话，加深师生对党的认识，坚定共产主义理想信念。

党政领导班子带领党员看望慰问学院“四困生”，着重解决家庭困难学生的奖助学金、勤工助学岗位。始终把廉洁自律作为党风廉政建设和师德师风建设的重要工作来抓，要求党员干部、党员教师在工作中发挥清正廉洁的表率作用。干部一岗双责制，意识形态风险防控有成效。

2. 教学工作

受新冠疫情影响，继续采取“录播预习课+直播讲授互动课+课后线上答疑巩固”三位一体的线上教学模式。按照学校要求规范教学过程，加强课堂教学质量监控，加大教学巡查力度，主管教学领导和督导委员、辅导员、教学秘书坚持每天教学巡查。遴选 2 名青年教师参加学校说课比赛，有效提升教学质量，圆满完成各项教学工作。

经过近 4 年努力，完成第一轮文化遗产本科专业人才培养，通过市教委评审验收，获文化遗产专业学士学位授予权。在 2021 年学校新专业评估工作中获得肯定与鼓励，根据反馈意见，制定整改方案，建立整改台账。2021 年，学院师生积极参加各级各类学科竞赛，参与学生 60 余人次，获市级奖项 3 项。获重庆文理学院第十七届“挑战杯”全国大学生课外学术科技作品竞赛校级三等奖 1 项，获第七届中国国际“互联网+”大学生创新创业大赛市级铜奖 1 项、校级银奖 3 项、校级铜奖 1 项，获首届重庆市大学生乡村振兴创意大赛市级二等奖 1 项、市级三等奖 1 项，获全国大学生英语竞赛重庆赛区市级一等奖 1 项。探索课程思政融入专业课教学，4 位老师立项学校 2021 年课程思政建设项目，1 名教师参与的教学案例获“2021 年高等学校（本科）外语课程思政优秀案例征集与交流活动”重庆市一等奖。

积极融入川渝经济圈，人才培养协同发展，11 月 23 日，启动与四川大学协同教学实践项目“博物馆与文化传承研习营”活动，邀请四川大学教授为文化遗产专业学生讲授文化遗产学科专业知识。该活动提高了文化遗产专业同学的专业认知，促进校际文化遗产教学教研活动的联合开展，加强川渝两地人才培养协同发展的深度合作，实现川渝两地资源互享。

在与重庆市非遗保护中心和区县文旅委开展实习合作的基础上，继续向永川、万州、合川、彭水等区县文化馆、博物馆等单位输送实习生。多地文旅委和文化遗产保护单位主动与学院联系，就学生实习就业开展合作，綦江区文化馆馆长一行人来学院考察并达成实习合作意向。新增重庆市文物考古研究院、秀山县大溪乡人民政府和荣昌区安富镇哑口村等 3 个教学实践基地。

教师深耕教学，提高自身教育教学能力，2021 年，立项重庆市高等教育教学改革研究项目 1 项，立项校级教学改革研究专项项目 4 项，1 人入选 2021 年教师分层激励“优秀主讲教师”，获学校成渝地区双城经济圈首届高校就业创业指导课程教学大赛一等奖 1 项，获重庆市高校就业创业指导课程大赛三等奖 1 项，获学校第七届辅导员素质能力大赛谈心谈话环节三等奖 1 项。

3. 学生工作

抓紧抓实疫情防控，加强学生日常管理，严格执行返校流程，防疫工作稳步进行。深入课堂、宿舍，及时发现和解决学生中的困难和问题，定期开展安全隐患排查，建立学生心理健康档案，疏通学生的负面情绪，并及时采取有效疏导措施。利用周末教育、谈心谈话、主题班会、主题团日活动等引导青年大学生坚定理想信念，树立正确的世界观、人生观和价值观。

2021 年，文化遗产专业招收 40 人，第一专业报考率 100%，录取率 100%，报到率 100%。遵循“从行业需求出发、从社会需要出发”办学方略，贯彻落实学校“培养应用型人才”教育理念。从行业需求出发，联系市内外公司及重庆各县区文旅委提供实习岗位，形成“实习+就业”一体化就业模式，将实习和就业紧密联系在一起，多地文旅委和文化遗产保护单位主动与学院联系学生实习就业工作，让学生通过实习获得更多就业机会。2021 届毕业生年底就业率 89%，考取硕士研究生 9 人。

4. 学科科研工作

学科组积极探索“双一流”背景下学科建设和发展，完成了“十四五”市级重点学科申报工作，对非遗中心近 5 年建设工作进行了梳理，完成了市教委组织的重庆市人文社科重点研究基地验收工作。文化遗产专业上榜软科 2021 年 A+专业。

本年度，学院立项市级及以上项目 7 项，入选文化和旅游部 2021 年非遗传承人研修培训计划，获批经费 60 万元。国务院关于公布第五批国家级非物质文化遗产代表性项目名录中，委托非遗中心申报的“蹬技”和“奉节木雕”入选国家级非遗代表性名录。学院科研人员带队赴酉阳花田乡进行非遗资源调研，服务乡村振兴建设。本年度学院共发表论文 7 篇，其中《新华文摘》电子版全文收录 1 篇，出版专著 5 部，历史丛书编著 20 册。研究报告和地方性法规分别被重庆市文旅委和文物局采纳。

5. 国际合作交流

本年度，招收来华留学生 17 人，来自印度尼西亚、蒙古、越南、老挝、哈萨克斯坦、乌兹别克斯坦等“一带一路”沿线国家，国别数维持在 9 个左右。学院为“一带一路”沿线国家学生提供优良的师资和开阔的平台，鼓励和支持他们参加各类比赛。受新冠疫情影响，继续采取“录播预习课+直播讲授互动课+课后线上答疑巩固”三位一体的线上教学模式为留学生授课。以中欧文化遗产研究中心为平台，与意大利佩鲁贾大学的学术交流和合作办学工作稳步推进，因受新冠疫情影响，学院与意大利佩鲁贾大学采用线上交流的方式开展学术科研活动。

大事记

DASHIJI

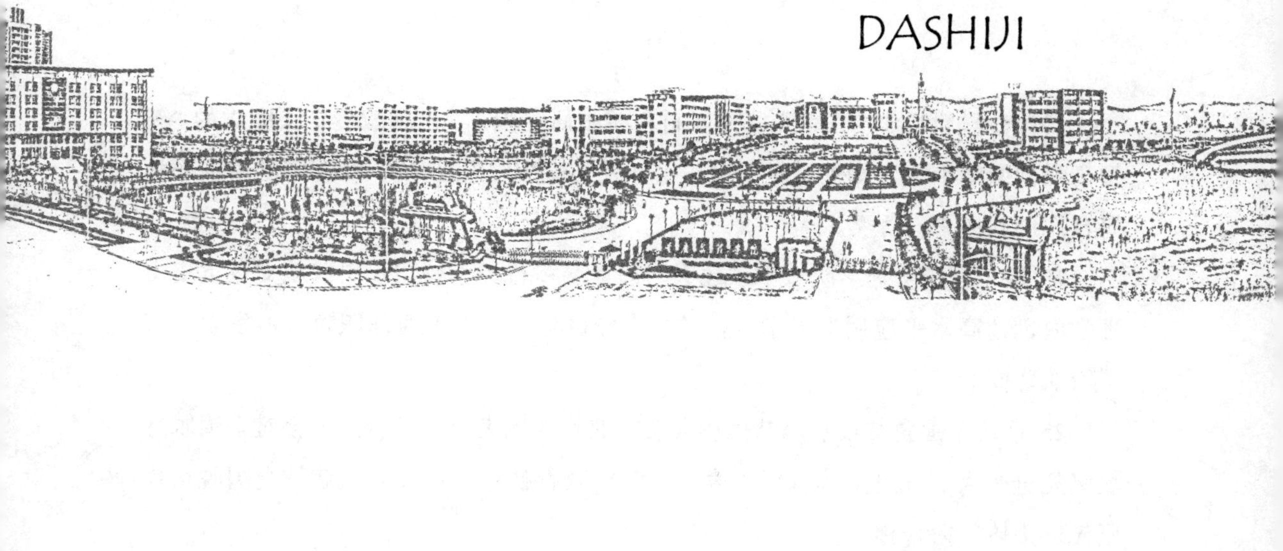

重庆文理学院2021年大事记

1月

6日，在西部（重庆）科学城首届双高赛中，李璐教授牵头完成的柔性显示触摸关键材料高价值专利项目获一等奖。

15日，材料科学与工程学院申报的“中国重庆文理学院与俄罗斯托木斯克理工大学联合办学项目”入选国家留学基金委促进与俄乌白国际合作培养项目。

26日，团委报送的《多彩周末、缤纷校园——大学生周末素质拓展工程》，获2020年重庆市高校首批“一校一品”优秀团学工作品牌培育建设“优秀团学工作品牌”。

29日，重庆市人力资源和社会保障局发文批复同意学校设立重庆文理学院博士后科研工作站。

2月

10日，材料科学与工程学院（新材料技术研究院）姜山副教授牵头完成的“新型高强韧微纳米金属陶瓷材料关键技术开发与应用”项目，获2020年度中国产学研合作创新成果一等奖。

25日，重庆文理学院“申硕建大”座谈会举行。学校与永川区就支持重庆文理学院创建高水平应用型大学、推进城东校区建设、助力西部职教基地发展进行了洽谈磋商。

25日，全国脱贫攻坚总结表彰大会在北京人民大会堂举行。大会对全国脱贫攻坚先进个人、先进集体进行了表彰。学校教育扶贫工作办公室获“全国脱贫攻坚先进集体”荣誉称号。

3月

12日，学校创刊8年的《重庆高教研究》首次入选教育类核心期刊。

12日，学校驻松溉镇打鱼河村第一书记代武春、驻宝峰镇龙凤桥村第一书记李兴春，获永川区2020年度脱贫攻坚工作先进个人贡献奖。

22日，学校团委在2020年度重庆市共青团工作目标考核中获“一等奖”。

25日，艾瑞深校友会网（cuaa.net）正式公布“2021校友会中国大学排名”，学校排名居校友会中国大学排名（主榜）第282位。

30日，根据市委巡视工作安排，市委第四巡视组巡视重庆文理学院党委工作动员会在恪勤楼304多功能厅召开。

3月，材料科学与工程等4个专业获批“双万计划”国家级一流本科专业建设点，软件工程等4个专业获批国家“双万计划”省级一流本科专业建设点。

3月，教育部高等教育司印发《关于公布2020年产学合作协同育人项目立项名单的通知》(教高司函〔2021〕3号)，学校《新工科背景下人工智能产教模式研究与实践》等47个项目获批立项。

4月

1—9日，学校男篮在第23届CUBA中国大学生篮球联赛西南赛区获全国32强比赛直通资格，这是学校男子篮球队自2015年来第5次进入全国32强比赛。

10日，学校党校第75期入党积极分子培训班创新开展以“信仰的力量：入党志愿书里的档案故事”为主题的红色记忆党课。

15日，重庆市脱贫攻坚总结表彰大会举行。学校副校长金盛作为全国脱贫攻坚先进集体代表参加表彰大会。学校选派扶贫干部的市教委扶贫集团驻巫溪县天元乡工作队和永川区宝峰镇龙凤桥村驻村工作队被表彰为全市脱贫攻坚先进集体。学校档案馆档案建设科科长、驻宝峰镇龙凤桥村第一书记兼工作队队长李兴春作为获奖代表上台领奖。

4月，学校“乡村景观规划设计”“管理学”“光学材料与器件”“电力电子技术”“纪录片创作”“药物合成反应”6门课程获批重庆市高校课程思政示范建设项目，相应授课教师团队被认定为重庆市课程思政教学团队。

4月，学校“Web前端开发基础”“统计学”“数据库原理及运用”“工业机器人技术及运用”4门课程获重庆市2020年高校线上一流课程（精品在线开放课程）认定。

4月，学校2017级材料科学与工程专业国际班学生蒋宁涛在2021年度俄罗斯“奥林匹克竞赛（open doors）”上获工程技术类最高奖，获俄罗斯全额奖学金资助、免试入学俄罗斯高校资格。

4月，四川省科协、教育厅、交通运输厅、农业农村厅、中科院成都分院等单位共同举办致敬“四川百年百杰科学家”活动，由学校材料科学与工程学院与四川大学材料科学与工程学院共同提名申报的学校原名誉校长、新材料技术研究院创建人涂铭旌院士入选。

5月

6日—9日，学校田径队参加2021年重庆市大学生田径丙组（高水平组）比赛，获5金3银4铜。

17日—18日，在以“因聚而生，有能有为”为主题的华为中国生态大会中，重庆文理学院（人工智能学院）作为重庆唯一本科高校代表被授予华为“最佳人才生态构建奖”。

19日，文化与传媒学院党总支、机关第一党总支、机关第二党总支、材料科学与工程学院党总支、图情党总支联合开展“信仰的力量：入党志愿书里的档案故事”主题党日活动。

21日，校长黄伟九带队参加“重庆英才讲堂”，结合企业难题与团队研究，以“高性能航空铝材与表面功能化材料”为题做专题报告。

21日，“研究扎根巴渝文化”主题展在博文馆5楼非遗陈列展厅展出，展览汇集展示学校“重庆市非物质文化遗产研究中心”自2005年成立以来在教学、科研和实践方面取得的优秀成果，涵盖年画、川剧、竹帘画、陶器、折扇、民俗物品等多方面的展示内容，以及以“君意”食品为代表的巴渝食品企业的多种产品。

27日—30日，学校在2021年第十七届Microsoft Office Specialist（简称MOS）大赛全国总决赛中获全国一等奖6项、全国二等奖1项、全国三等奖2项。

5月，学校旅游学院在第十一届全国大学生红色旅游创意策划大赛中，5个团队获奖，其中一等奖3项，二等奖2项。

5月，园林与生命科学学院在第20届韩国国际压花大赛中获2项银奖、3项特选奖佳绩。

5 月，副校长李天福入选教育部 2021—2025 年全国普通高校毕业生就业创业指导委员会新闻出版行业就业创业指导委员会委员。

6 月

18 日上午 9：00，学校 2021 届学生毕业典礼暨学位授予仪式在红河 B 区体育馆举行。

22 日，高等教育评价专业机构软科发布 2021“软科中国大学专业排名”，学校文化遗产专业获 A+级。

26 日晚，学校举行“百年奋斗路·启航新征程”庆祝中国共产党成立 100 周年文艺晚会。

27 日晚，由中共重庆市委宣传部、重庆红岩精神研究会等主办，中共重庆文理学院委员会承办的“红岩革命故事展演”在红河校区 B 区体育馆举行。

28 日，重庆市举办“永远跟党走——重庆市庆祝中国共产党成立 100 周年文艺演出”，学校音乐学院师生承担其中《沁园春·雪》等 5 个节目的演出任务。

6 月，住房和城乡建设部高等教育工程管理专业评估委员会《关于重庆文理学院工程管理专业评估结论的通知》（工管评〔2021〕第 32 号），工程管理专业通过专业评估（认证）。

6 月，学校数学与应用数学、汉语言文学、应用心理学、制药工程、物流工程 5 个专业获重庆市一流本科专业建设项目。

6 月，重庆市档案局、重庆市教委联合下发文件，公布高校档案工作优秀案例评选结果，学校《“信仰的力量：入党志愿书里的档案故事活动”融入高校党性教育的探索与实践》案例获二等奖，位居市属高校第一名。

6 月，学校 24 名老党员获中共中央首次颁发的“光荣在党 50 年”纪念章，其中党龄最长的 71 年，年龄最大的 96 岁。

6 月，学校被确定为重庆市首批校地共建乡村振兴大学生社会实践基地共建高校。

7月

3日—5日，学校男篮在2020—2021赛季中国大学生3×3篮球联赛全国总决赛中获全国第七名。

6日，材料科学与工程学院开发的OLED柔性显示屏激光高频切割装备生产、空间站和火星载人舱用关键隔热隔音复合材料及其大规模产业化两个项目，在2021年重庆科技成果转移转化峰会上签约落地。

13日，学校与华东师范大学重庆研究院结对签约。

13日，市委第四巡视组召开向重庆文理学院党委反馈巡视情况会议。

21日—22日，学校国家级专家服务基地组织农业、林业和农业机械等领域的专家赴丰都县开展乡村振兴活动，着力解决地方在产业发展中遇到的重点、难点和堵点问题。

20日—26日，学校跆拳道代表队在2021年中国大学生跆拳道锦标赛中获金牌。

7月，重庆市教育委员会与重庆市财政局下发《关于公布重庆市高校智慧校园建设创新示范项目立项名单的通知》，学校“面向产出的教学质量评价大数据分析平台建设”项目，获批重庆市高校智慧校园建设创新示范项目。

7月，学校申报的“校地合作共建重庆乡村振兴学院试点成果”在重庆市第四届教育改革试点成果奖评选中，获全市本科高校唯一一等奖。

7月，学校“重庆市深化新时代教育评价改革重庆文理学院试点校——应用型高校教师教学科研业绩评价与激励机制”获批立项。

7月，重庆市社会科学界联合会发布《关于命名第五批重庆市人文社会科学普及基地的通知》，学校教育创新研究院获“重庆市人文社会科学普及基地”称号。

8月

5日，园艺类高水平期刊“*Horticulture Research*”在线发表学校生姜基因组文章“*Haplotype-resolved genome of diploid ginger*（*Zingiber officinale*）*and its unique gingerol biosynthetic pathway*”。

8月，学校“‘四维协同·立德促行’管理育人创新模式的探索与实践”项目，入选重庆市高校“十大育人”精品项目。

8月，学校在第七届中国国际“互联网+”大学生创新创业大赛重庆选拔赛决赛中，9个项目入围冠军争夺赛，其中“柔纤-航空用隔热超细纤维棉领航者”“姜山如此多娇”等7个项目成功晋级国家赛，获10金12银，晋级项目数量位列全市高校第三。

8月，重庆市教育委员会发布《关于公布2021年度高等教育教学改革研究项目评选结果的通知》，学校35个项目获批立项。其中，“应用型本科高校服务乡村振兴战略的在地化模式与文理实践”等3个项目获批为重大项目，“一流课程建设背景下‘汉语方言调查与保护’课程‘政产学研’四位一体协同育人的探索与实践”等8个项目获批为重点项目，重大项目立项数量并列市属本科高校第一。

9月

2日，第六届东方经济论坛“中国重庆市-俄罗斯克麦罗沃州教育合作视频会”在重庆市教育委员会第一会议室举行。视频会上，校长黄伟九代表重庆市内高校发言，并与俄罗斯克麦罗沃州内库兹巴斯国立技术大学线上签署《材料成型与控制工程》3+1本科联合培养协议，以及“矿山机械及综合体”“机械工程”“化工技术”等专业的博士研究生联合培养协议。

4日，2021年新进专任教师“教学预演课”现场验收活动在学校教师发展中心举行，13名新进专任教师和首次申请开课教师参加验收活动。

10日，重庆市学习贯彻习近平总书记“七一”重要讲话精神市委宣讲团报告会在学校举行。

15日，学校在恪勤楼304会议室召开市委巡视反馈意见整改工作动员大会。全体在家校领导、全体中干以及学校巡视整改工作领导小组办公室工作人员参加会议。

17日，学习贯彻习近平总书记“七一”重要讲话精神校内首场宣讲报告会在恪勤楼304报告厅举行。

23日，在2021成渝高校院所科技成果转化资源共建共享战略合作签约仪式暨科技成果转化（重庆）路演活动活动中，学校与重庆工商大学、重庆科技学院、重庆第二师范学院、国科创新投资（成都）有限责任公司、重庆大学（知识产权运营中心）共同签署《成渝高校科技成果转化资源共建共享战略合作框架协议》。

9月，学校成功获批重庆市高水平新工科建设高校（培育），成为全市13所高水平“新工科、新医科、新文科、新农科”建设高校之一，智能制造现代产业学院、光电材料与技术现代产业学院获批重庆市示范性现代产业学院（含培育），获市财政建设经费1 500万元。

9月，学校申报的“中俄科教合作交流平台” 获批重庆市国际化特色项目立项建设单位。

9月，学校在2021—2025年重庆市普通本科高等学校教学指导委员会中，入选委员数量达78名，其中主任委员1名、副主任委员9名，入选数量在全市普通本科高校中名列第6位。

9月，市编办批复同意学校挂牌重庆乡村振兴研究院。

10月

8日，“智创巴蜀”首届成渝地区双城经济圈创新创业峰会校地联席筹备会议在永川区政府八楼常务会议室举行。永川区相关部门和学校有关部门及学院负责人参加会议。

10日，学校以“心理健康宣传月”为契机，开展面向全体新生家长的心理健康教育的专题讲座。蔚蓝心理健康教育与咨询中心专职教师、国家二级心理咨询师葛宁老师为家长们作“与你聊聊大学‘心’事”的专题讲座，2021级新生家长、其他年级学生家长共计12 700余人聆听讲座。

13日—15日，学校参赛队在第七届中国国际“互联网+”大学生创新创业大赛总决赛中获全国金奖1项、全国银奖1项、全国铜奖5项。

15日，学校党委书记孙泽平，党委副书记、校长黄伟九率学校党政代表团赴四川省内江市推进校地、校校合作，黄伟九代表学校分别与内江师范学院、内江职业技术学院、内江市教育局签订合作协议。

15日，中文1978级2班37名校友相聚母校卫星湖校区2400教室举行毕业四十周年座谈会，重温青春岁月，再叙同学情谊。

16日，学校电子信息与电气工程学院任晓霞教师在“赓续百年初心，担当育人使命”寻访“重庆最美女教师”公益活动中，获2021第三届“重庆最美女教师”称号。

18日，“用生命托起师魂的好老师”——“时代楷模”王红旭先进事迹巡回报告会在恪勤楼304报告厅及红河一阶教室举行，现场600人聆听报告，其他全体师生通过网络直播平台聆听报告。

20日，学校基层教学组织课程思政建设工作推进会在恪勤楼221会议室召开，全校教研室主任、教务处相关人员参加会议。会议强调，课程思政建设是学校落实立德树人的重要举措，全体教师要把思想政治教育贯穿教育教学全过程，寓价值观引导于知识传授和能力培养之中，在课程教学中将“价值塑造、知识传授与能力培养”这三者有机融合，帮助学生塑造正确的世界观、人生观、价值观。

21日，由永川区文化艺术馆、学校音乐学院联袂报送的原创舞蹈作品《书记，爸爸》从863部作品中脱颖而出，作为重庆市2部作品之一，同全国其他88部舞蹈作品共赴广州第十三届全国舞蹈展演。

22日，由中共重庆市委教育工委主办、中共重庆理工大学委员会承办的“不忘初心 与党同心 共抒统战情 同筑中国梦”重庆市2021年高校诵读总决赛在重庆理工大学举行。学校教师组队参赛的《读中国》，以充沛的情感、真挚的表达、多元的形式，演绎了文理人礼赞祖国、感怀党恩，不懈奋斗的精神，获特等奖。

30日，在重庆市科技工作者众创之家举行的2021年重庆高校年度十大“双创”明星评选活动中，学校赵立军教授获2021年重庆高校年度十大“双创”明星称号。

30日—31日，在2021年中国创新方法大赛（重庆赛区）暨第四届重庆市创新方法大赛中，学校学生团队获一等奖2项，二等奖5项，三等奖10项。

10月，学校数学与大数据学院数学与应用数学专业、马克思主义学院思想政治教育专业通过教育部师范类专业第二级认证。

10月，学校入选文化和旅游部、教育部和人力资源社会保障部共同发布的2021年度中国非遗传承人研培计划参与院校名单。

10月，学校入选全国高校毕业生就业能力培训基地。

10月，学校在重庆市2021年高校“生态文化周”活动中，被评为第一批“重庆市绿色学校建设示范学校”并获授牌。

11 月

10 月 30 日—11 月 2 日，学校组织“系统化备战全国高校教师教学创新大赛”工作坊线上培训，邀请首届大赛评委专家及获奖选手进行线上指导，来自二级学院近 70 名教师参加培训。

3 日，学校党委书记孙泽平带队赴四川省内江市出席“2021 四川内江人才活动周”活动，受聘为“东兴引才大使”，并做主旨演讲。

12 日，重庆文理学院获批成为硕士学位授予单位，机械硕士、材料与化工硕士、农业硕士三个硕士专业学位授权点同时获批。

24 日，智能制造工程学院党总支学生第一和第二支部的党员同志及入党积极分子，走进学校档案馆，开展“跨越时空”对话老党员活动。

11 月，教育部办公厅下发通知，公布全国高校毕业生就业能力培训基地名单，学校入选全国高校毕业生就业能力培训基地（重庆市 6 所高校入选）。

11 月，药学院（创新靶向药物国际研究院）最新研发的抗癌新药 PZ-1 片获国家药品监督管理局颁发的一类药物临床试验批件。

11 月，园林与生命科学学院刘嘉教授受邀出任国际 SCI 期刊“*Emirates Journal of Food & Agriculture*”（《阿联酋食品与农业杂志》）新一届科学咨询委员会委员。

11 月，材料与化工硕士专业学位点学科带头人黄伟九教授、郭朝中教授被聘为重庆大学兼职博士生导师；李璐教授、韩涛教授、郭朝中教授被聘为俄罗斯库兹巴斯国立技术大学兼职博士生导师；韩涛教授被聘为俄罗斯托木斯克理工大学兼职博士生导师。

11 月，学校获 4 项中国博士后科学基金会博士后科学研究基金资助项目。

11 月，学校游泳队参加 2021 年重庆市大学生游泳比赛，获 22 块金牌、3 块银牌、1 块铜牌，男子团体总分第一，女子团体总分第一。

11 月，学校 5 项科研成果获 2020 年度重庆市科学技术奖。

12 月

12 月 1 日，新建红河校区菁华广场室外停车场和改建的原东门停车场启动使用，此次启用的两个停车场总面积为 4 871 平方米，共 188 个车位。

12 月 5 日，成渝地区双城经济圈首届大学生创新创业大赛重庆赛区选拔赛暨第八届重庆市大学生创新创业大赛校级决赛在文理创谷多功能厅举行，80 余个创业参赛团队的 100 余名学生代表参加比赛。比赛评出 24 个获奖团队，并遴选 40 个团队进入决赛。其中，“国产大飞机用隔音隔热超细玻璃纤维棉”等 2 个项目获一等奖，“智柔——中国柔性基板领航者”等 4 个项目获二等奖，“先发之刃——国内精密刀具领衔者”等 6 个项目获三等奖，“面向汽车工位的智能识别与异常检测预警”等 12 个项目获优秀奖。

12 月 7 日，药学院（创新靶向药物国际研究院）院长陈中祝获“2021 十大重庆科技创新年度人物”称号。

12 月 6 日—10 日，由重庆市委组织部主办、重庆永川区委组织部和学校乡村振兴学院承办的全市新任驻村第一书记培训示范班在学校举办，来自全市 37 个区县和万盛经开区的 110 名新任驻村第一书记集中参加培训。培训邀请来自国内知名学者、各级行政主管人员、“三农”专家和优秀第一书记为学员们进行专题辅导，并通过调研访谈、经验分享、分组交流等方式展开深度研讨。同时还开展了“信仰的力量——入党志愿书里的档案故事”党性教育活动、集中收看学习建党一百周年特别节目“榜样 6”、与全市大学生创新创业团队面对面交流，提高培训的针对性和实效性。

12 月 18 日—20 日，由人力资源社会保障部、广东省人民政府共同主办的第一届全国博士后创新创业大赛在广东省佛山市举行，学校翟福强博士后带领的《国产大飞机用隔音隔热超细玻璃纤维棉材料领航者》项目获创新赛新材料组第一名，摘得全国首届博士后创新创业大赛金奖。

12 月 22 日，中国高等教育学会在线发布“2021 版全国普通高校教师教学发展指数”。学校教师教学发展指数位列全国新建本科院校第 8 名，排在该榜单中重庆市高校首位。

12 月，学校音乐学院原创舞蹈作品《书记，爸爸》获文化和旅游部第十三届全国舞蹈展演优秀节目。

12 月，学校 5 个乡村振兴专家团队入选第三批重庆市专家服务团服务基层专家团队。

12 月，学校在 2021 年思政课程与课程思政（学科德育）优秀案例及论文评选活动中，有 14 篇优秀案例和论文获奖，其中，基于“德能双修，知行合一”的“管理学”课程思政实践获优秀案例特等奖，“纵向贯通，横向融合”的全科网格化课程思政体系构建与探索——以重庆文理学院为例获优秀论文一等奖。

12 月，学习强国的“中国语言文字”学习强国号，教育部、国家语委组织的“中华经典诵读工程”公众号，中国教育电视台的“推普助力乡村振兴”公众号等多家新媒体，相继以“重庆文理学院凝聚语言力量助力乡村振兴”为题，报道学校语言文字工作助力乡村振兴。

12 月，数学与大数据学院报送的《“数之韵”学生能力提升计划与实践》获评 2021 年重庆市高校“一校一品”优秀团学工作品牌培育建设项目。校团委、教育学院分别报送的《周末文化广场》《创诗歌 · 颂祖国 · 育英才——礼敬中华传统文化》项目获市级立项。

12 月，教育部印发《教育部高等教育司关于公布 2021 年第一批产学合作协同育人项目立项名单的通知》和《教育部高等教育司关于公布 2021 年第二批产学合作协同育人项目立项名单的通知》，学校 88 个项目获立项。

12 月，学校入选首批西部（重庆）科学城大创谷卫星园建设高校名单。